Abhandlungen

des

kriminalistischen Seminars

an der Universität Berlin.

Herausgegeben

von

Dr. Franz v. Liszt,

ord. Professor der Rechte zu Berlin.

Neue Folge. Sechster Band. 3. Heft.

Dr. Horst Kollmann:

Die Lehre von der Erpressung nach deutschem Recht.

Berlin 1910.

J. Guttentag, Verlagsbuchhandlung,

G. m. b. H.

Die
Lehre von der Erpressung
nach deutschem Recht.

Von

Dr. Horst Kollmann.

Berlin 1910.

J. Guttentag, Verlagsbuchhandlung,

G. m. b. H.

Inhaltsverzeichnis.

BUCH II.

Die Erpressung im Lichte der Rechtsvergleichung und der Rechtsgeschichte.

Kapitel I.

Die Erpressung in der außerdeutschen Gesetzgebung.

Kapitel II.

Die geschichtliche Entwickelung der Erpressung als **rechtswidrige** Vermögensverletzung.

BUCH III.

Die Erpressung in einem künftigen deutschen Recht.

„Wer, um sich oder einem Dritten einen rechtswidrigen Vermögensvorteil zu verschaffen, einen Anderen durch Gewalt oder Drohung zu einer Handlung, Duldung oder Unterlassung nötigt, ist wegen Erpressung mit Gefängnis nicht unter einem Monat zu bestrafen.

Der Versuch ist strafbar." (§ 253 St.G.B.).

Jedes Tatbestandsmerkmal der Erpressung ist bestritten, dem entsprechend herrscht keine Einigkeit über die grundsätzliche Auffassung des Delikts. Die einzelnen Formen des Verbrechens (Versuch — Vollendung; Grundtatbestand und gesetzlich geregelte Sonderfälle der Erpressung) werden demnach verschieden bestimmt. Unklar bleibt ferner die Beziehung der Erpressung zu verwandten Tatbeständen (Nötigung, Bedrohung, Raub, Wucher, Betrug).

Diese allgemeine Unstimmigkeit führt zur Aufgabe der Arbeit. Die Gegensätze, welche sich bei Erörterung der einzelnen Tatbestandsmerkmale ergeben, sind zu überwinden. Auf Grundlage der entsprechenden Feststellungen ist der Begriff, sind die Formen der Erpressung nach geltendem Recht zu bestimmen und die Beziehungen zu den verwandten Delikten zu entwickeln.

Die deutschrechtliche Regelung der Erpressung ist des weiteren an der Hand rechtsvergleichender und rechtsgeschichtlicher Grundlagen zu würdigen. Endlich ist im Hinblick auf die kriminalpolitischen Bestrebungen unserer Tage das Gebotene zu einer Betrachtung de lege ferenda zu verwerten.

Buch I.

Die Erpressung im Reichs-Strafgesetzbuch.

Kapitel I.

Die Tatbestandsmerkmale der Erpressung.

Abschnitt 1. Die Erpressung als Nötigung.

§ 1.

Der Begriff der Nötigung.

I. Die in § 253 geregelte Handlung besteht in der Nötigung eines Anderen durch Gewalt oder Drohung zu einem Handeln, Dulden oder Unterlassen. Die Auffassung dieses Begriffes ist grundsätzlich bestritten. Man hat das Nötigen definiert als das Herbeiführen eines unerwünschten Entschlusses. Die herrschende Meinung will überdies in jeder gewaltsamen Erzwingung eines körperlichen Verhaltens eine Nötigung erblicken. Für beide Ansichten soll der Text des Gesetzes sprechen, beide berufen sich auf den allgemeinen Sprachgebrauch. Je nachdem das Gericht der einen oder der anderen Begriffsbestimmung zu folgen hat, ist der Umkreis möglicher Handlungen, die als Erpressung zu bestrafen sind, weiter oder enger. So kann beispielsweise nur bei Anwendung der herrschenden Lehre § 253 auf den Fall Anwendung finden, daß die Unterschrift einer Schuldurkunde durch gewaltsames Führen der widerstrebenden Hand erzwungen wurde [1]). Ist die Nötigung ausschließlich eine Veranlassung zu gewolltem Verhalten, bietet die Regelung des Gesetzes, nach welcher auch durch Gewalt

[1]) Vgl. Frank, Vergleichende Darstellung des deutschen und ausländischen Strafrechts. Besonderer Teil, Band VI, (des weiteren zitiert als Frank: Rechtsvergleichung) S. 56/57.

genötigt werden kann, der Auslegung besondere Schwierigkeiten. Kann dagegen auch ein rein körperliches Verhalten abgenötigt werden, fragt es sich, wie die Worte des Gesetzes zu verstehen sind, nach denen zu einem Handeln, Dulden oder Unterlassen genötigt werden soll. Nach der engeren oder weiteren Definition der Nötigung muß sich schließlich die Bestimmung der Beziehung der Erpressung zum Raube richten.

II. Die engere Auffassung der Nötigung als Herbeiführung eines unerwünschten Entschlusses entspricht der gemeinrechtlichen Tradition. Das römische Recht forderte zur Erpressung (concussio) eine Motivierung des Anderen durch Furcht [1]), insbesondere durch Drohung [2]). Im Anschluß an die römischen Texte sah ein Teil der gemeinrechtlichen Autoren wie Engau [3]), Meister [4]), Kramer [5]), Feuerbach [6]), Grolman [7]), Salchow [8]), Tittmann [9]), in der Erpressung einen Sonderfall des falsum, da die motivierende Furcht gemäß 2. Dig. 47,13 durch Vorspiegelung falscher Tatsachen erregt werde. Dem gegenüber wird von einer anderen Richtung die Erpressung als Gewalttat, als Abart des Raubes oder als Sonderfall des crimen vis aufgefaßt, indessen unter Gewalt nur vis compulsiva, mithin unter Nötigung nur die Herbeiführung eines Entschlusses verstanden. So erblicken die großen sächsischen Juristen in der concussio eine willkürlich zu strafende Abart des Raubes. Wie Carp-

---

[1]) 1. Dig. 47,13. Si simulato praesidio jussu concussio intervenit oblatum eiusmodi terrore restitui praeses provinciae iubet et delictum coercet.

[2]) 2. Dig. 47,13. Concussionis judicium publicum non est; sed si ideo pecuniam quis accepit, quod crimen minatus sit, potest judicium publicum esse ex senatusconsultis, quibus poena legis Corneliae teneri jubentur, qui in accusationem innocentium coierint quive ob accusandum vel non accusandum, denuntiandum vel non denuntiandum pecuniam acceperint.

[3]) Engau, Elementa juris criminalis, ed. nov. 1742, p. 281.

[4]) Meister, G. F. Fr., Principia juris crim. III, p. 305.

[5]) Kramer, Versuch einer systematischen Darstellung des peinlichen Rechts 1798, S. 246.

[6]) Feuerbach, Lehrbuch des peinlichen Rechts, 14. Auflage, S. 658.

[7]) Grolman, Grundsätze der Kriminalrechtswissenschaft, 4. Auflage, S. 216.

[8]) Salchow, Lehrbuch des peinlichen Rechts, 3. Auflage, S. 410.

[9]) Tittmann, Handbuch der Strafrechtswissenschaft, II. Band, 2. Ausgabe, S. 49.

zow[1]) nimmt auch Mathaeus[2]) Raub i. e. S. bei gewaltsamer Wegnahme an, während die Erpressung Hingabe, also ein im Sinne der engeren Definition abgenötigtes Verhalten erfordern soll. Wenn Kreß[3]) und nach ihm J. S. Fr. Böhmer[4]) Erpressung und Raub danach unterscheiden, ob gegenwärtige Gewalt (vis facti proprieque dicta) Anwendung fand oder nicht, so nehmen auch sie bei rein physischer Erzwingung eines Verhaltens nicht Nötigung im Sinne der Erpressung an[5]). Gleichermaßen ist die Erkenntnis, daß der Erpressung der psychische Zwang wesentlich sei[6]), für Heffter[7]) und Marezoll[8]) der ausdrücklich hervorgehobene Grund, die concussio dem crimen vis anzugliedern. Da dem psychischen Zwange die Anwendung einer Täuschung unwesentlich sei, polemisieren viele, so Bauer[9]), Wächter[10]), Henke[11]), Cucumus[12]), Köstlin[13]) mit Nachdruck gegen die einseitige Bestimmung der Erpressung als Sonderfall des falsum. Martin[14]) und an der Hand eingehender Quellenbenutzung, wie sie sich bei Damhouder[15]) oder Quistorp[16]) findet, Abegg[17]) meinen

---

[1]) Carpzovius, Practica nova, pars II, quaestio 90, n. 68.

[2]) Mathaeus, Commentarius ad lib. 47, 48. Dig. Lib. 47 tit. VII, cap. I (p. 206, 4. Auflage, eine ausgezeichnet klare Darstellung).

[3]) Kreß, Commentarius in CCC Art. 124, Notae § 4.

[4]) J. S. Fr. Böhmer, Meditationes in CCC Art. 126, Notae § 4.

[5]) Entsprechend: Bluhme, System des in Deutschland geltenden Strafrechts, Bonn 1854, S. 56.

[6]) Häberlin, Grundsätze des Kriminalrechts, III. Band, S. 422.

[7]) Heffter, Lehrbuch des gem. deutschen Strafrechts, 6. Auflage, S. 291, Anm. 7.

[8]) Marezoll, das gem. deutsche Kriminalrecht, 3. Auflage, S. 512.

[9]) Bauer, Lehrbuch der Strafrechtswissenschaft, S. 359, lit. 6.

[10]) Wächter, Lehrbuch des römisch-teutschen Strafrechts, II. Band, 1826, S. 47.

[11]) Henke, Handbuch des Kriminalrechts, III. Teil, S. 173/174.

[12]) Cucumus, Archiv des Kriminalrechts, N. F. 1834, S. 57.

[13]) Köstlin, Abhandlungen aus dem Strafrecht, S. 410/411.

[14]) Martin, Lehrbuch des deutschen gem. Kriminalrechts, Heidelberg 1829, 2. Ausgabe, S. 473/474.

[15]) Jod. Damhouder, Praxis rerum criminalium, 1601, cap. CXXXI (p. 469).

[16]) Quistorp, Grundsätze des deutschen peinl. Rechts, I. Teil, 5. Auflage 1794, S. 285.

[17]) Abegg, Lehrbuch der Strafrechtswissenschaft 1836, S. 300.

endlich, man müsse die beiden aufgeführten Ansichten verbinden, um dem Tatbestand der Erpressung gerecht zu werden.

Der § 234 des preußischen St.G.B. von 1851 beschränkte die Nötigungsmittel bei der einfachen [1]) Erpressung auf die Drohungen bestimmten Inhalts. Noch im ersten Entwurfe eines St.G.B. für den Norddeutschen Bund kehrt dieser § 234 als § 230 unverändert wieder. So wird von den älteren, vom preußischen Strafrecht beeinflußten Autoren [2]) jene engere Bestimmung der Nötigung bei Auslegung des geltenden Rechts vorausgesetzt.

Ferner korrespondiert die in Frage stehende Bestimmung der Nötigung der von den Zivilisten [3]) im Anschluß an § 123 des B.G.B aufgestellten Definition der Erpressung, welche Herbeiführung eines Entschlusses, einer Willenserklärung erfordert.

Die neueren strafrechtlichen Vertreter [4]) der rein psychologischen Auffassung der Nötigung berufen sich auf den allgemeinen Sprachgebrauch [5]), vor allem aber auf die Bestimmung des Gesetzes, daß zu einem Handeln, Dulden oder Unterlassen genötigt werden muß.

Daß die Nötigung zu einem Handeln in der Herbeiführung eines Entschlusses zu bestehen habe, gibt auch die herrschende Lehre zu. Im abgenötigten Unterlassen erblickt auch sie ein

---

[1]) Im Gegensatz zur räuberischen Erpressung (§ 236), bei welcher durch Gewalt gegen eine Person genötigt werden konnte. Das preußische St.G.B. hat im Prinzip also die gemeinrechtliche Auffassung der erpresserischen Nötigung aufgegeben.

[2]) So: John, Ztschr. f. ges. Strafrechtswiss. Band I, S. 242. — Rudorf, Kommentar, 2. Auflage, § 240, Nr. 4. — Oppenhof, 10. Auflage des Kommentars, § 240[1]. — Meves, die Strafgesetznovelle von 1876, S. 107. — Kronnecker, Ztschr. f. ges. Strafrechtswiss. Band III, S. 638. — Auch Katz, Gerichtssaal Band 31, S. 429.

[3]) Dernburg, Das bürgerliche Recht, Band I, S. 441. — Endemann, Lehrbuch des bürgerl. Rechts, Band I, S. 359, Anm. 7. — Kohler, Lehrbuch des bürgerl. Rechts, Band I, S. 515 ff. — Kuhlenbeck, Von den Pandekten zum bürgerl. Gesetzbuch, Band I, S. 452. — Leonhard, Der allgem. Teil des bürgerl. Gesetzbuches, S. 257.

[4]) v. Katte, Der § 240 des St.G.B., S. 44/45. — Gauß, Raub und Erpressung, S. 59. — Kleineberg, Die Drohung als Mittel zur Begehung strafbarer Handlungen, S. 17 u. 33.

[5]) So mit besonderem Nachdruck Gauß a. a. O. S. 59.

bewußtes Nichthandeln. Nur vereinzelte Autoren behaupten, es könne ein Unterlassen rein physisch abgenötigt werden [1]). Indessen ist doch dem physisch Genötigten die Möglichkeit zu eigener Aktivität genommen; nicht er kann etwas unterlassen, sondern nur sein Bezwinger kann es unterlassen, die Glieder des Vergewaltigten in eine bestimmte Lage zu bringen. Mithin fordert sowohl das abgenötigte Unterlassen als das Handeln einen entsprechenden Entschluß des Genötigten. Insoweit würden die Vertreter der engeren Auffassung der Nötigung mit den meisten der herrschenden Lehre gleicher Auffassung sein. Dagegen soll nach letzterer das Dulden keine Entschlußbildung voraussetzen [2]). Denn man „duldet" ihr zu folge das gewaltsam erzwungene körperliche Verhalten, man duldet die „erzwungene" Körperbewegung, die gewaltsame Bewegungshinderung. Ist aber diese Auffassung des Wortes „dulden" verfehlt, setzt also jedes Dulden eine entsprechende Entschlußbildung voraus, so findet die von der herrschenden Lehre abweichende psychologische Bestimmung der Nötigung im Gesetze ihre Stütze.

Nun hat aber die herrschende Lehre die Begriffe „Dulden" und „Erdulden" verwechselt [3]). Jedes Leiden, auch der gewaltsame körperliche Eingriff wird erduldet, wird erlitten [4]). Nur

---

[1]) So Binding, Lehrbuch des besonderen Teils, I. Band, 2. Aufl., S. 82 ff. — Helmke, Der Begriff der Gewalt im R.St.G.B., S. 16. — Widersprechend: Olshausen, Kommentar, 8. Aufl., § 240, Anm. 4. (Durch vis absoluta könne nur ein Unterlassen oder ein Dulden abgenötigt werden) in Verb. mit § 176, Anm. 7 (die Duldung setze die Einwilligung des Betroffenen voraus).

[2]) So insbesondere: v. Liszt, Lehrbuch des Strafrechts, 14./15. Aufl., S. 356. — Frank, Kommentar, 5./7. Aufl., S. 376 und Rechtsvergleichung, S. 26. — Merkel, Holtzendorffs Handbuch des Strafrechts, Band III, S. 728. — v. Buri, Gerichtssaal, Band 33, S. 416 ff. — Winkler, Der Begriff der Gefahr im Strafrecht, S. 22.

[3]) Typisch: Kühne, Der Tatbestand der Erpressung 1906, S. 56. „Die sprachliche Bedeutung des Wortes »Dulden« liefert keinen Anhaltspunkt. Denn man sagt »Dulden« ebensosehr im Sinne von »Erlauben«, wie man vom »Erdulden« einer Krankheit spricht."

Ein weiteres Beispiel derartiger Verwechselung bietet der Vorentwurf zu einem deutschen Strafgesetzbuch § 244 [1], im Gegensatz zu der richtigen Unterscheidung des § 176 [1] des R.St.G.B. Vgl. auch Winkler a. a. O. S. 22.

[4]) Daß jedes Erleiden ein bewußtes Empfinden voraussetzt, verkennt Helmke. Der Begriff der Gewalt im R.St.G.B., S. 14.

dasjenige Leiden kann „geduldet“ werden, dem man ein Ziel zu setzen vermag. Man duldet den Eingriff, den Schmerz, welchen man beheben konnte und welchen man gleichwohl bestehen läßt, weil bei dem möglichen Widerstande um höhere Güter zu fürchten wäre. Der bei etwaiger Gegenwehr mit Erhebung einer Strafklage Bedrohte „duldet“ die Wegnahme seiner Sachen; körperliche Fesselung würde dagegen „erduldet“. Bei Nötigung zu einer Duldung wird mithin der Entschluß herbeigeführt, einer schmerzlichen Lage nicht unter den gegebenen Verhältnissen ein Ende zu bereiten.

Setzt demnach jedes Dulden wie das Handeln oder das Unterlassen einen entsprechenden Entschluß [1]) voraus, so muß der nötigende Erpresser im Sinne des deutschen Strafrechts einen Entschluß notwendig machen.

III. Auch die herrschende Meinung hat ihre Tradition. In der gemeinrechtlichen Periode wurde, wie erwähnt, die Erpressung nach Vorgang der großen sächsischen Juristen als Abart des Raubes oder als Sonderfall des crimen vis aufgefaßt. Freilich sollte, wie dies schon Mathaeus [2]) mit aller Schärfe betonte, bei der concussio nur psychische Gewalt, vis compulsiva, Anwendung finden. Jene Verbindung von Erpressung und Raub erhielt ihren ersten gesetzgeberischen Ausdruck im 2. Kap. § 19 des I. Teils des Codex juris criminalis bavarici: „Gewaltsame Abnahm und Abnötigung oder bedröhliche Abschröckung fremden beweglichen Guts, um Gewinns oder Vorteils wegen auf öffentlicher Straß oder anderwärts, wird mit dem Strang bestraft“. Die spätere deutsche Partikulargesetzgebung suchte zu differenzieren. Man unterschied zwischen Raub, der durch die Mittel des Raubes ausgeführten „räuberischen“ und der gewöhnlichen Erpressung. Konnte aber die Erpressung durch die Mittel des Raubes, insbesondere also durch Anwendung körperlicher Gewalt ausgeführt werden, so war damit auf die gemeinrechtliche Beschränkung

---

[1]) Daß der Sprachgebrauch des Gesetzes — vgl. insbesondere § 176 [1] und § 305 — der vertretenen Auffassung entspricht, betont nachdrücklich Olshausen § 116, Anm. 7. Die Duldung müsse als Unterlassung bezeichnet werden, die dem freien Willen bzw. Interesse des Duldenden entspräche. Entsprechend auch Kühne a. a. O. S. 55/57.

[2]) Mathaeus, Commentatio ad lib. 47 et 48. Dig. lib. 47, tit. VII.

der Erpressung auf Fälle der Abnötigung durch vis compulsiva verzichtet.

Die hiermit gegebene Erweiterung der Bestimmung des Begriffes Nötigung füllt, wie dies Merkel[1]) und Binding[2]) mit Nachdruck hervorgehoben haben, eine Lücke des Gesetzes, mit welcher sich die zuvor besprochene Auffassung abzufinden hätte. Letzterer zufolge müßte die zweifellos strafwürdige gewaltsame Hinderung oder Erzwingung von Körperbewegungen, welche in der Absicht erfolgte, sich oder einem Dritten unter entsprechender Schädigung des Betroffenen einen rechtswidrigen Vermögensvorteil zu verschaffen, straffrei bleiben, wofern nicht die Tatbestandserfordernisse des Raubes gegeben wären. Eine noch fühlbarere Lücke würde sich bei Handhabung des § 240 herausstellen. Jede durch körperliche Vergewaltigung hervorgerufene Rechtsgüterverletzung müßte nach geltendem Rechte straffrei bleiben, sofern nicht besondere Tatbestände, wie der des § 176, Platz greifen.

Nun kann aber nach § 253 durch Gewalt genötigt werden. Gewalt ohne weiteren Zusatz bezeichnet in erster Linie körperlichen Widerstand überwindende körperliche Kraft. Soll also durch Gewalt genötigt werden können, muß unter Nötigung auch die rein physische Erzwingung eines körperlichen Verhaltens verstanden werden können.

Auch diese herrschende Auffassung will mit dem allgemeinen Sprachgebrauch in Einklang stehen[3]).

IV. Beide Auslegungen des Wortes Nötigung können sich nicht mit Unrecht auf den Sprachgebrauch berufen. Der herrschenden Lehre entspricht mehr die ältere[4]), der anderen Ansicht mehr die neuere Redeweise. Beide Begriffsbestimmungen haben ihre Tradition, beide ihre Vorzüge im Sinne der Rechtsanwendung. Es ist zweifellos von Bedeutung, wenn Straf- und Zivilrecht die Erpressung gleichmäßig auffassen, ebenso ist es von hohem Werte, wenn Lücken der Strafgesetzgebung aus-

---

1) Merkel, Holzendorffs Handbuch des Strafrechts, Band IV, S. 418, Nr. 3.

2) Binding, Lehrbuch des besonderen Teils, 2. Aufl., Band I, S. 346.

3) Hill, Der subsidiäre Charakter der Nötigung, Marburg 1895, S. 1 ff.

4) Ausführliche Nachweise bei Hill a. eben a. O.

gefüllt sind. Beide Definitionen finden überdies im Gesetze ihre Stütze. Handeln, Dulden und Unterlassen setzt einen Entschluß voraus. Wird durch Gewalt, durch physische Kraft genötigt, so beruht das also abgenötigte Verhalten nicht auf einem entsprechenden Entschluß des Vergewaltigten. Eine gewissenhafte Gesetzesauslegung kann sich demnach für keine der beiden Thesen entscheiden. Beide Beweise sind möglich und folgt man dem einen, so muß man den anderen durch Interpretation zu umgehen suchen. So will beispielsweise Oppenhoff[1]) im Gegensatz zur herrschenden Lehre unter Gewalt nur die vis compulsiva verstehen, während nach Liszt[2]) alles „Dulden" auf einem Müssen beruhen soll, mithin als „Erdulden" aufzufassen ist. Demnach liegt eine richtige Antinomie vor, ein Parteiergreifen ist ohne Willkür unmöglich. Die weiteren Ausführungen werden demnach die beiden Auffassungen als gleichermaßen gerechtfertigt nebeneinander in Erwägung zu ziehen haben. Erst die Betrachtung de lege ferenda ist berechtigt, den für die an den gesetzlichen Wortlaut gebundene Auslegung unlöslichen Knoten zu zerschneiden.

V. Die herrschende Lehre faßt durch den Begriff der Nötigung zwei grundsätzlich verschiedene Vorgänge zusammen: die rein physische Erzwingung eines körperlichen Verhaltens und das Herbeiführen eines unerwünschten Entschlusses. Eine zweite Meinung scheidet bei ihrer Definition die körperliche Vergewaltigung aus. Die psychologische Seite der herrschenden Begriffsbestimmung, welche den Inhalt der Gegenthese bildet, bedarf einschränkender Richtigstellung. Nicht jedes Herbeiführen eines unerwünschten Entschlusses ist als Nötigung zu bezeichnen. Warnt jemand einen anderen davor, einem Vergnügen nachzugehen unter Hinweis auf die damit verbundenen Gefahren, so ist dieser letztere, wofern er der warnenden Stimme folgt, nicht von dem Mahnenden „genötigt" worden, von seiner unverständigen Absicht abzustehen. Auch die herrschende Meinung, welche freilich nur das Wesen der psychischen Nötigung, insoweit diese durch Drohung herbeigeführt wird, behandelt, nimmt bei gutgläubiger Warnung keine motivierende Drohung,

---

[1]) Oppenhoff, Kommentar, 10. Aufl., § 240 [1].

[2]) v. Liszt, Lehrbuch des deutschen Strafrechts, 14./15. Aufl., § 100.

mithin keine Nötigung an [1]). Demnach muß das Herbeiführen eines unerwünschten Entschlusses in einer bestimmten Weise erfolgen, wenn Nötigung des Beeinflußten angenommen werden soll. Um daher zur richtigen Einschränkung der vorläufigen Definition zu gelangen, ist zunächst zu entwickeln, wie überhaupt ein unerwünschter Entschluß herbeigeführt werden kann. Sind die dem Begriff der Nötigung nicht entsprechenden Veranlassungsarten ausgeschieden, ist damit die notwendige Abgrenzung vollzogen.

Unerwünscht ist der Entschluß, dessen Verwirklichung ein Leiden, einen Nachteil bedeutet. Indessen kann sich der Mensch nur zur Befriedigung eines Begehrens entschließen. Ein unerwünschter Entschluß ist allein dann möglich, wenn die Verwirklichung eines Unheils den Inhalt eines Begehrens bildet, mit anderen Worten erwünscht erscheint. Und dies ist denkbar, wenn es gilt, sich durch das Leiden einen höheren Erfolg zu erringen oder wenn durch Verwirklichung eines bestimmten Unheils ein schwerer wiegendes Mißgeschick abgewendet werden muß. Nur im letzteren Falle darf der Entschluß als unerwünscht bezeichnet werden, und die vorläufige Bestimmung ist entsprechend einzuschränken. Wenn aber die Verwirklichung eines Unheils den Schlüssel zum Glück, zum sicheren Gewinn darstellt, ist das den Erfolg erkaufende Opfer nicht mehr unerwünscht. Wer den Augenblick ersehnt, in dem man das Leiden herbeiführen kann, dessen Verwirklichung dem Ziel näher führt, dem ist der entsprechende Entschluß nicht unerwünscht. Mithin ist es nur der Entschluß, ein Leiden zu veranlassen, um einem größeren zu entgehen.

Ein derart unerwünschter Entschluß kann also nur gefaßt werden, wenn das Subjekt widrigenfalls den Eintritt eines entsprechend schweren Mißgeschickes erwartet. Bestimmt man die Gefahr [2]) als die der Sachlage nach gegebene,

---

[1]) Vgl. z. B. Frank, Vergleichende Darstellung, S. 108/109. — v. Liszt, Lehrbuch, 14./15. Aufl., S. 352. — Thurow, Beiträge zur Lehre von der Erpressung, S. 35.

[2]) Im Zusammenhange bedarf die Frage nach der subjektiven oder objektiven Auffassung der Gefahr keiner Erörterung, da auch die Vertreter der objektiven

Besorgnis erregende Möglichkeit eines Unheils, so wird ein unerwünschter Entschluß gefaßt, um eine Gefahr abzuwenden. Wer sich demnach für einen unerwünschten Entschluß entscheidet, geht davon aus: 1. daß ein bestimmtes Geschehen zu erwarten steht, 2. daß dessen Eintritt ein Unheil bedeutet, 3. daß dieses nur dann verhindert werden kann, wofern er in die Verwirklichung eines Leidens willigt, 4. daß die erwarteten Leiden schwerer wiegen als das Ungemach, durch das die Rettung zu erkaufen wäre.

Unter dem Eindruck dieser vier Vorstellungen kommt ein unerwünschter Entschluß zustande. Soll ein solcher bei einem Anderen erregt werden, ist dafür zu sorgen, daß sie beim Betreffenden zur Entstehung gelangen. Wie dies im einzelnen zu geschehen hat, richtet sich nach dem Vorstellungsinhalt und dem Empfindungsleben des anderen Teiles. Es ist denkbar, daß jede der Vorstellungen erweckt werden muß. So kann z. B. der Handelnde den Gegner darauf aufmerksam machen, daß er gewillt und noch berechtigt ist, gegen ihn Strafklage zu erheben. Die weitere Mitteilung vom Tode des Entlastungszeugen läßt den Betroffenen die Klagerhebung fürchten. Weiter gibt man ihm zu verstehen, daß der Kläger bei Ausstellung einer Schuldurkunde auf den Antrag verzichten werde. Endlich wird gezeigt, daß eine Verurteilung oder auch nur die bloße Prozeßführung den Betroffenen viel schwerer treffen müsse als die Ausstellung der Urkunde. Natürlich können die Verhältnisse auch so liegen, daß nur die eine oder die andere der entscheidenden Vorstellungen wachgerufen zu werden braucht. Der Gefährdete im angeführten Beispiel überblickt von vornherein genau die möglichen Folgen des Strafverfahrens, indessen fürchtet er sich in viel höherem Maße vor der Übergabe der Urkunde. Der Handelnde vermittelt aber die Überzeugung, daß seine Sorge übertrieben sei — und der Entschluß wird gefaßt. Entsprechend kann der Betroffene

---

Bestimmung (vgl. v. Liszt, Lehrbuch, 16./17. Aufl., S. 124) den weiteren Ausführungen beipflichten werden.

Vgl. im übrigen gegen die objektive Theorie: v. Buri, Gerichtssaal, Band 40, S. 503 (insbesondere gegen v. Rohland) und Band 44, S. 321 (gegen Binding); ferner Finger, Der Begriff der Gefahr 1889, Separatabzug aus der juristischen Vierteljahrsschrift, S. 8 ff. — Lammasch, Das Moment der objektiven Gefährlichkeit im Begriff des Verbrechens 1879, S. 12.

die Konsequenzen jener Urkunde richtig bewerten, indessen bringt man ihm die Überzeugung bei, daß er den Prozeß in noch höherem Maße zu fürchten habe.

Gilt es, eine Befürchtung zu mehren oder zu mindern, so kann dies erfolgen durch Hinweis auf die Folgen eines Geschehens, ferner durch psychische Beeinflussung. Man kann einen Menschen verängstigen, mürbe machen. Ist die psychische Widerstandskraft gelähmt, so erscheinen gleiche Folgen in einem neuen beängstigenden Lichte. Umgekehrt kann der Mut in irgendeiner Hinsicht gestärkt werden. Im obigen Beispiele konnte der Betroffene die mit der Ausstellung der Urkunde verbundenen pekuniären Nachteile mehr als das Übrige fürchten. Indessen reift bei ihm, etwa unter dem Einflusse religiöser Vorstellungen, der Entschluß, sich vom Bann der Geldgier zu befreien. Jetzt steht er dem drohenden Vermögensverluste gelassener gegenüber und gibt nach.

Soweit es darauf ankommt, gewisse Vorstellungen herbeizuführen, kann dies direkt oder indirekt geschehen. Man kann dem Betroffenen etwaige Folgen oder Geschehnisse mitteilen, man kann ihm auch die Voraussetzungen an die Hand geben, dieselben zu erschließen. Statt zu sagen: sobald Ihr Chef von Ihrer Verfehlung erfährt, wird er Sie entlassen, kann man in gleicher Absicht darauf hinweisen, daß der Chef unter genau entsprechenden Umständen einen Anderen sofort weggejagt habe.

Das Herbeiführen eines unerwünschten Erfolges kann mithin ein äußerst komplizierter Vorgang sein, welcher von langer Hand vorbereitet war. Alle Arten, nach denen eine Vorstellung herbeizuführen ist, vermögen Anwendung zu finden. Die verschiedensten Möglichkeiten, die psychische Widerstandskraft der Betroffenen in irgendeiner Hinsicht zu heben oder zu lähmen, können planmäßig verwirklicht werden. Eine fast unübersehbare Fülle von Formen für das Herbeiführen eines unerwünschten Entschlusses würde sich ableiten lassen. Indessen genügt dem Zusammenhang die Erkenntnis, daß die in Frage stehende Handlung durch ein einzelnes bestimmtes Verhalten, durch ein Wort, durch ein bedeutsames Schweigen auszuführen ist, daß aber auch unter Umständen ein gleiches Ziel eine unendlich verwickelte Verbindung der verschiedensten Akte erfordert.

Nunmehr fragt es sich, wie ein unerwünschter Entschluß herbeizuführen ist, soll von Nötigung die Rede sein. Zweifellos ist diese nicht anzunehmen, wenn der Handelnde einen anderen nur auf die Möglichkeit aufmerksam gemacht hat, sich der Gefahr zu entziehen, falls er dem Bedrohten begreiflich machte, daß die aus der Notlage rettende Verwirklichung des Unheils das geringere Übel darstelle. Jede Nötigung hat vielmehr zur Voraussetzung, daß der Betroffene auf das Bestehen der Gefahr und auf die Unmöglichkeit hingewiesen wird, ihr ohne das angesonnene Opfer zu entgehen.

Doch auch nicht jeder Hinweis auf eine Gefahr, um den Betroffenen zu einem unerwünschten Entschlusse zu bewegen, darf als Nötigung aufgefaßt werden. Man kann in voller Anteilnahme über das Bestehen einer Gefahr und den schmerzlichen Weg einer Rettung aufgeklärt werden, ohne daß derartige Mahnung oder Warnung als Nötigung anzusehen wäre. Der also Ratende stellt sein Wissen in den Dienst des Betroffenen; nicht er, sondern die Personen oder Umstände, welche den Betroffenen in die nunmehr mit Hilfe des anderen erkannte Gefahr brachten, haben diesen genötigt. Der Begriff der Nötigung fordert mithin, daß der den Entschluß Veranlassende den Grund zur Annahme der Gefährdung gelegt hat.

Im Gegensatz zur bloßen Übermittlung wird der Grund der Gefahrvorstellung gelegt durch wirkliches Gefährden sowie durch Vorspiegelung nicht vorhandener Gefahr. Es kommt ja bei einer Entschlußbildung nicht darauf an, daß die vermittelten Vorstellungen den Tatsachen entsprechen, wofern nur das Subjekt von ihrer Richtigkeit überzeugt sein muß. Der Nötigende muß den Grund der Gefahrvorstellung gelegt haben. Er kann dies mithin, indem er den Betroffenen wirklich gefährdet oder einen überzeugenden Schein der Gefährdung zu erwecken versteht.

Nach Maßgabe der Gefahrvorstellung muß der Betroffene ein Unheil erwarten, wenn er nicht den ihm angesonnenen unerwünschten Entschluß verwirklicht. Solange er jedoch glaubt, sich auf günstigere Weise der Gefahr entziehen zu können, kommt der fragliche Entschluß nicht zustande. Ist dem Betroffenen ein derartiger Ausweg verbaut, so ist die Gefahr vergrößert und seine Lage verschlechtert worden. Der Gefährdung ist demnach die Zerstörung einer Rettungsmöglichkeit gleichzuachten. Steht jemand unter dem Eindruck einer Gefahrvorstellung, so wird er genötigt, indem der Grund zur Annahme gelegt wird, daß die Verwirklichung des angesonnenen Entschlusses das günstigste Rettungsmittel bilde. Gutgläubige Übermittelung seines sachgemäßen oder unsachgemäßen Wissens scheidet auch hier aus. Es nötigt demnach, wer durch tatsächliches Eingreifen oder durch Täuschung bei dem Betroffenen die Überzeugung erweckt, daß die Verwirklichung des unerwünschten Entschlusses seinen letzten Ausweg aus (wirklicher oder vermeintlicher) Gefahr bilde.

Die bezeichneten Nötigungsmittel können miteinander verbunden in Anwendung kommen. Der Handelnde kann seinen Gegner, nachdem er ihn wirklich in Gefahr gebracht hat, über das Bestehen anderweitiger Rettungsmittel hinwegtäuschen. Umgekehrt kann er ihn wirklich daran hindern, Schritte zu unternehmen, welche ihn retten müßten, falls die vorgespiegelte Gefahr den Tatsachen entspräche.

Nötigung ist sonach jedes willkürliche Herbeiführen eines unerwünschten Entschlusses durch Gefährdung des Betroffenen bzw. Vereitelung anderweiter Rettung oder durch Erregung der entsprechenden Vorstellungen mittels böswilliger Täuschung.

§ 2.

Der Begriff der Drohung.

I. Die Erpressung kann gemäß § 253 ausgeführt werden durch nötigende Drohung. Trotz unzureichender Fassung und Unklarheit im einzelnen herrscht in bezug auf die Bestimmung des Begriffes Drohung grundsätzliche Übereinstimmung. Allgemein wird unter *Drohung die Mitteilung des Schädigungsentschlusses an den zu Schädigenden* verstanden [1]).

---

[1]) Vergl. etwa *Frank*, Kommentar, 5./7. Aufl., S. 2; desgl. Rechtsvergleichung, S. 23. — v. *Liszt*, Lehrbuch, 14./15. Aufl., S. 352. — *Kohler*, Studien aus dem Strafrecht, Band I, S. 189.

Die Drohung muß ein Übel ankündigen, welches der Drohende selbst verwirklichen will[1]). Aber nicht jede Ankündigung eines Übels kann, wie vielfach[2]) behauptet wird, als Drohung angesehen werden. Die Wetterwarte bedrohte nicht den Seemann, als sie ihm für den Tag der Ausreise Sturm signalisierte. Auch genügt es nicht, wenn menschlicherseits zu verursachende Übel für den Betroffenen in Aussicht gestellt werden[3]). Wenn englische Blätter in unseren Tagen einen kriegerischen Angriff durch die deutsche Flotte ankündigten, bedrohten sie doch damit nicht ihr Vaterland. Der Ankündigende muß eben selbst entschlossen sein, das Übel zu verwirklichen, soll von Drohung die Rede sein.

Die Mitteilung des Entschlusses, den Betroffenen zu schädigen hat sich naturgemäß auf ein künftige's Unheil zu beziehen. Eine gegenwärtig stattfindende Schädigung kann nicht mehr angekündigt werden. Glaubt man dennoch — unter Durchführung von Gedanken, welche schon Kress[4]) und J. S. Fr. Böhmer[5]) angeregt hatten, um eine scharfe Grenze zwischen Raub und Erpressung zu gewinnen — es sei möglich, zwischen Drohung mit gegenwärtigem oder mit künftigem Unheil zu scheiden[6]), so bedeutet dies entweder eine Verwechslung oder eine ungenaue Fassung einer richtigen Erwägung. Wenn Wanjek[7]) meint, der Vater, vor dessen Augen der Sohn gemartert

---

[1]) v. Liszt, Lehrbuch, 14./15. Aufl., S. 352. — Kohler, Studien aus dem Strafrecht, Band I, S. 189.

[2]) So: Wanjek, Goldammers Archiv, Band 27, S. 197. — Bollag, Die Grenzen der strafbaren Nötigung 1900, S. 40. — Olshausen, Kommentar, § 48, 11 a. — Meyer-Allfeld, Lehrbuch des Strafrechts, S. 409. — Katz, Gerichtssaal, 21. Band, S. 435.

[3]) So: Binding, Die Normen und ihre Übertretung, II. Band, S. 525/526; Lehrbuch I, 2. Aufl., S. 84. — Oppenhoff-Delius, Kommentar, § 48, Anm. 30. — Winkler, a. a. O. S. 8.

[4]) Kreß, Commentatio in CCC, Art. 126, § 4.

[5]) J. S. Fr. Böhmer, Commentatio in CCC, Art. 126, § 4; Observationes ad Carpzovii practicam novam, quaest. 50, Nr. 70. (Dazu vgl. Frank, Rechtsvergleichung, S. 12/13.)

[6]) Gegen die bei derartiger Scheidung unterlaufende Ungenauigkeit v. Schwarzes, Sächs. Gerichtszeitung, Band 16, S. 47 u. 55, gut v. Katte: Der § 240 des R.St.G.B., S. 46.

[7]) Wanjek, Goldammers Archiv, Band 26, S. 198.

wird, sei mit gegenwärtigem Übel bedroht, so verwechselt er das angedrohte Übel mit dem gegenwärtigen, welches die Drohung konkludent zum Ausdruck bringt. Bedroht wird der Vater nicht durch die sich vollziehende Quälerei, sondern mit der Fortsetzung der Peinigung. Dagegen kann man dann ungenau von der Ankündigung eines gegenwärtigen Übels reden, wenn der Drohende solches noch vor Abschluß des gegenwärtigen Zusammentreffens bei etwaigem Widerstand des Bedrohten diesen zufügen will [1]). An der Hand dieser mit dem Wesen der Drohung im Einklang stehenden Auffassung würde sich eine Unterscheidung von Raub und Erpressung durchführen lassen [2]).

Ob der Eingriff, zu welchem der Drohende entschlossen ist, als Übel zu gelten hat, bestimmt nach der herrschenden Lehre das subjektive Empfinden des Betroffenen. Der Handelnde selbst muß annehmen, daß der Gegner die Verwirklichung seines Entschlusses als Übel auffassen werde [3]). Er muß davon überzeugt sein, daß er, um mit Liszt [4]) zu reden, einen eindruckfähigen Nachteil in Aussicht stelle. Er beurteilt dies nach seiner Annahme von der subjektiven Empfindungsweise des anderen. Hat er sich geirrt, steht der Gegner dem geplanten Eingriff gleichgültig gegenüber, so ist nur ein Versuch der Drohung gegeben [5]). Mit Beschränkung auf die wirksame Drohung hat Bayerhammer [6]) Recht, wenn er behauptet, das Angekündigte müsse vom Drohenden und vom Bedrohten als Übel für letzteren angesehen werden.

II. Die Richtigkeit der zuletzt besprochenen herrschenden Auffassung bestätigen die vergeblichen Versuche, einen objektiven

[1]) Vgl. dazu v. Schwarze, Sächs. Gerichtszeitung, S. 53: Drohung mit gegenwärtiger Gefahr ist solche, deren Vollzug „sofort zu erwarten" steht. (Also: Das Unheil ist künftig, es ist noch zu erwarten.) Dazu a. a. O. S. 47 u. 55 in Verb. mit Kommentar, 5. Aufl., S. 730, § 253, Anm. 5: Das angedrohte Übel braucht nicht künftig zu sein. Vgl. vorletzte Anm.

[2]) Eine derartige Unterscheidung findet sich — abgesehen vom R.St.G.B. — in mehreren ausländischen Rechten: § 406 des italienischen St.G.B. (dazu Frank, Rechtsvergleichung S. 68), Sect 390 des indischen St.G.B. (dazu Frank, ibidem S. 79), des dänischen St.G.B. Vergl. auch das von Frank über den Raub im schottischen Rechte Ausgeführte, S. 76.

[3]) So mit besonderem Nachdruck: Thurow, a. a. O. S. 34.

[4]) v. Liszt, Lehrbuch, 14./15. Aufl., S. 352.

[5]) v. Liszt, Lehrbuch, S. 353.

[6]) Bayerhammer, Das Delikt der Bedrohung, S. 5.

Maßstab zur Scheidung von Übel und Unannehmlichkeit aufzustellen.

Da die Gesetzgebung ihr Nötigungsverbot unmöglich von dem schwankenden Faktor „subjektives Urteil“ abhängig machen dürfe, fordert Binding[1]) zum Begriff der Drohung Ankündigung von Übeln im Rechtssinne. Die Forderung, daß ein derartiger objektiver Maßstab bei Beurteilung der nötigenden Drohung angewendet werde, ist jedoch, wie sich zeigen wird, ungerechtfertigt. Überdies wäre die von Binding vertretene Einschränkung des Begriffes der Drohung auf die Ankündigung von Übeln im Rechtssinne durchaus ungeeignet, das geforderte objektive Kriterium abzugeben.

Schon Schütze[2]) hatte in Anschluß an l. 6 Dig. 4,2 zum Begriff der Drohung verlangt, daß sie einen vir constantissimus[3]) zu beunruhigen vermöchte. Drohung wäre demnach der Entschluß, eine Beeinträchtigung zu verwirklichen, welche nach allgemeiner Lebensauffassung als Übel empfunden wird[4]). Indessen gibt es kein allgemein gültiges Kriterium für das normale Empfinden. In den Grenzfällen kann doch nur die subjektive Ansicht des Beurteilenden darüber entscheiden, ob eine gewisse Beeinträchtigung auch allgemein als Übel empfunden wird. Der subjektive Faktor wäre nicht entfernt, sondern käme nur an einer anderen Stelle zur Geltung. Zudem wäre, selbst wenn das Unmögliche möglich würde, und sich der so oft schmerzlich vermißte Maßstab des Normalen finden ließe, eine derartige Einschränkung des Begriffes Drohung eine arge Ungerechtigkeit. Bei unerfahrenen, verschüchterten, krankhaft-empfindlichen Na-

---

[1]) Binding, Die Normen und ihre Übertretung, II. Band, S. 526; Lehrbuch des besonderen Teils, 2. Aufl., Band I, S. 85.

[2]) Schütze, Lehrbuch des Strafrechts, 2. Aufl., S. 455.

[3]) Das heutige englische Recht kennt ein entsprechendes Erfordernis: die Drohung müßte a firm man in Furcht versetzen können (Frank, Rechtsvergleichung, S. 71).

[4]) Dagegen behauptet freilich v. Schwarze: Sächs. Gerichtszeitung, Band 12, S. 46: „Selbst die vis atrox (vis violenta), welche in dem gemeinen Recht und der älteren Praxis vielfach verlangt wurde, ist immer nur eine Gewalt, welcher der Angegriffene und gerade dieser keinen erfolgreichen Widerstand zu leisten vermochte.“ Dabei ist zu beachten, daß Schwarze Drohung und vis compulsiva (psychische Gewalt) identifiziert (a. a. O. S. 42).

turen kann die Ankündigung einer geringfügigen Unannehmlichkeit bereits zur Preisgabe wertvoller Rechtsgüter führen. Und diesen besonders Schutzbedürftigen gegenüber sollte der Rechtsschutz versagen, weil der Durchschnittsmensch nicht gleich leicht in Furcht zu versetzen ist [1])?

Nach Binding soll der Begriff der Drohung im Sinne des Gesetzes fordern, daß Übel im Rechtssinne in Aussicht gestellt werden. „Übel im Rechtssinne sind aber stets wirkliche Eingriffe in den unversehrten Bestand von Rechten oder Rechtsgütern eines Rechtssubjekts oder Gefährdung derselben [2])." Diese Bestimmung soll zunächst nicht dahin verstanden werden, daß die Drohung des § 253 notwendig auf rechtswidrige Verletzung rechtlich geschützter Interessen gerichtet sein müsse; denn auch er hält mit der herrschenden Meinung nötigende Androhung einer Rechtsausübung für möglich [3]). Mithin will er sagen, daß nur die Verletzung solcher Güter im Sinne des Rechtes „angedroht" werden können, welche die Rechtsordnung des Schutzes für würdig erachtet.

Dieses von Binding ohne Rückhalt am Gesetzestext aufgestellte Erfordernis wird seinem Zwecke nicht gerecht. Seine Durchführung würde an Unbilligkeit die Schützesche Lehre übertreffen [4]). Es ist weder richtig, daß jede Verletzung rechtlich geschützter Güter als Übel angesehen werden muß, noch daß die Verletzung sonstiger Interessen stets eine in den Augen des Rechtes unbeachtliche Unannehmlichkeit sei. Die so unendlich häufigen Verletzungen von Rechtsgütern geringfügiger Art — Eigentumsvorenthaltungen, Sachbeschädigungen usw. — werden glücklicherweise in sehr vielen Fällen von den Beteiligten als ganz harmlos aufgefaßt: die Ankündigung solcher Eingriffe braucht keinerlei unangenehmen Eindruck zu machen. Und umgekehrt: soll die Ankündigung, man werde

---

[1]) Vgl. v. Schwarze, a. a. O. S. 47: „Das Gesetz schützt den Dummen wie den Klugen; so hier den festen und besonnenen wie den schwachen und ängstlichen Mann."

[2]) Binding, Lehrbuch, I. Band, 2. Aufl., S. 83.

[3]) Vgl. Binding, Lehrbuch, S. 85 u. 379.

[4]) Vgl. auch die entsprechenden Ausführungen von Frank, Rechtsvergleichung, S. 24. — Thurow, a. a. O. S. 31 ff.

eine Verlobung hintertreiben, die Wahl zum Abgeordneten zu hindern wissen, sich der Patentierung zum Reserveoffizier widersetzen, im Sinne des Gesetzes niemals eine Drohung bedeuten können? Ob ein Eingriff sich als Übel darstellt, hat gar nichts damit zu tun, ob der Betroffene an rechtlich geschützten Interessen verletzt werden soll oder nicht. Sind die fraglichen Güter rechtlich geschützt, so entscheidet auch hier immer wieder der „schwankende Faktor subjektiven Empfindens", ob der Eingriff als Übel zu bewerten sei; — sind sie es nicht, kann es zur schreienden Ungerechtigkeit werden, den Eingriff für eine rechtlich unerhebliche Unannehmlichkeit zu erklären. Will man solchen Unbilligkeiten nicht das Wort reden, muß von einer Durchführung dieser Theorie abgesehen werden. Ein sprechender Beweis hierfür sind die Ausführungen von Kühne [1]). Zunächst bezeichnet er im Anschluß an Binding jeden Umstand als Übel, „welcher für den Bedrohten eine Einbuße an Rechten und Rechtsgütern bewirken wird". Trotzdem erblickt er weiterhin in der Nervenbelästigung durch rechtlich zulässige Tierquälerei den Inhalt einer möglichen Erpressungsdrohung [2]).

III. Nach herrschender Auffassung ist es gleichgültig, auf welche Weise der Drohende seinen Schädigungsentschluß dem Betroffenen mitteilt. Die Mitteilung kann direkt, sie kann indirekt erfolgen. Der Drohende kann mit klaren Worten sagen, was er vor hat, er kann aber auch dem Bedrohten die Voraussetzungen an die Hand geben, die Richtung seines Willens zu erschließen. Dieses indirekte Mitteilen vermag beliebig kompliziert zu sein. Die Drohung läßt sich durch eine große Zahl für sich genommen unverfänglicher Mitteilungen zum Ausdruck bringen, welche den Betroffenen unter richtiger Würdigung der Begleitumstände zur Erkenntnis der Gefahr führen. Je größer die Zahl der Glieder einer solchen Schlußkette ist, desto schwieriger wird es für einen Dritten, in die Situation nicht völlig Eingelebten, den inneren Zusammenhang eines derartigen Vorgehens zu erfassen. Mit dem Raffinement einer indirekten Drohung steigt die Wahrscheinlichkeit, daß sie von Unbeteiligten nicht

[1]) Kühne, Der Tatbestand der Erpressung, S. 73.
[2]) A. a. O. S. 75.

als solche erkannt wird. Zu Zeiten hochentwickelter Zivilisation tragen nicht selten die Verbrechen den Stempel geistiger Verfeinerung. Dem geistig hochstehenden Verbrecher kann die Drohung zu einem für Dritte oft völlig verborgenen und deshalb um so sicherer wirkenden Angriffsmittel werden. Typaldo Bassia[1]) konnte auf dem Brüsseler Kongresse von 1901 mit gutem Grunde den modernen Erpresser dem attischen Sykophanten an die Seite stellen.

Um ein Beispiel für eine indirekte Drohung gekennzeichneter Art zu geben, sei an folgenden, täglich möglichen Vorgang gedacht: der Hausherr schickt seinen Diener fort; er will unbeobachtet eine Dame empfangen. Der heimkehrende Diener findet im Arbeitszimmer einen Damenkamm mit silbernem Monogramm. Nach einigen Tagen bittet er seinen Herrn um eine Summe zur Unterstützung seiner Mutter. Der Wunsch wird abgeschlagen mit Rücksicht auf die relativ günstigen Verhältnisse, in denen die Mutter lebe. Indem sich der Diener bescheidet, äußert er beiläufig, er habe vor einigen Tagen einen Damenkamm mit silbernem Monogramm gefunden, und da der Herr nicht danach gefragt hätte, habe er es vergessen, früher davon Meldung zu machen. Ein Blick in die Augen des Dieners und der Herr weiß, woran er ist. Nach kurzer Pause versetzt der Diener: „ich hoffe, daß es der gnädige Herr nicht für zu unbescheiden hält, wenn ich meine Bitte zu wiederholen wage“. Der Herr gibt nach. Aus dem Umstande, daß ihm der Diener erst nach einigen Tagen von dem Funde Mitteilung machte, daß er ihn erwähnte, nachdem die Bitte um Geld abgeschlagen war, aus dem lauernden Blick in dem sonst völlig starren Antlitz des Dieners — mußte der Herr erkennen: mein Diener hat ein Beweismittel für mein Zusammentreffen mit der Frau v. Z. in Händen, er will uns kompromittieren, wenn ich ihm nicht seinen Willen tue.

Eine Fülle interessanter Drohungsfälle ähnlicher Art bietet Reinhold[2]) im ersten Abschnitt seiner Arbeit über die Chantage.

---

[1]) Typaldo Bassia, Actes du congrès pénitentiaire international. Bruxelles 1901, vol. II, S. 709.

[2]) Reinhold, Die Chantage, Berlin 1909, S. 7 ff.

Beachtet man schließlich, daß es dem Begriff der Drohung nicht wesentlich ist, daß der Bedrohte sofort merkt, daß die Verwirklichung des Entschlusses ihn schädigen werde und daß diese Erkenntnis nicht vom Drohenden selbst übermittelt zu werden braucht, so ergibt sich hieraus eine weitere Handhabe, die Drohung unauffällig zu gestalten. Man denke etwa an folgenden Fall. Es schwebt ein Verfahren. Der Beschuldigte fragt einen Bekannten, der sich zum Zeugnis gemeldet hat, ob er sich seiner Sache annehmen werde. Dieser antwortet: „alles, was nach Lage der Sache zu Ihren Gunsten sprechen könnte, soll von mir ins richtige Licht gesetzt werden. Jedoch bitte ich Sie, jetzt nicht auf die Sache einzugehen, damit ich völlig unbefangen aussagen kann". Kurz vor der Verhandlung erfährt der Angeklagte, daß sich sein Bekannter erst zum Zeugnis erboten habe, nachdem ihm den Angeklagten schwer belastende Beweismittel in die Hände gefallen waren. Jetzt erkennt er, welche Drohung in jenen Worten enthalten war.

Wenn Reinhold [1]) behauptet, das gekennzeichnete Durchblickenlassen, daß man in der Lage sei, einen Schaden zuzufügen, falle nicht mehr unter den Begriff der Drohung, verkennt er die Eigenart der indirekten Mitteilung. Es hat deshalb auch keinen Sinn, die Erpressung vom Tatbestand der Chantage derart zu unterscheiden, daß die Erpressung nötigende Drohung, die Chantage dagegen eine Nötigung voraussetze, welche dadurch erfolgt, daß man den Betroffenen wissen läßt, man sei imstande, ihm einen Schaden zuzufügen. Jenes Wissenlassen der Schädigungsfähigkeit kann doch nur dann Nötigungsmittel werden, wenn der Betroffene den Entschluß, wirklich zu schädigen, fürchtet. Das Wissenlassen einer Schädigungsmöglichkeit in Nötigungsabsicht ist mithin Drohung [2]). Dem vergeblichen Versuche, zwischen derartigem Wissenlassen und Androhen zu unterscheiden, entspricht die Unklarheit in den Ausführungen Reinholds, soweit sie die nötigende Drohung von der Nötigungsweise des Chanteurs abgrenzen sollen. Bald heißt es, die Chantage sei im Gegen-

---

[1]) Reinhold, a. a. O. S. 29 u. 107.

[2]) Entsprechend: R.G. 2. Juli 06, 16. Sept. 07, zitiert nach Warneyer's Jahrbuch der Entscheidungen, Band II, S. 71.

satz zur Erpressung die verkappte Drohung wesentlich [1]), bald soll der Begriff der Drohung ungeeignet sein, das Nötigungsmittel des Chanteurs [2]) zu bezeichnen.

IV. Die den in Einzelfragen abweichenden Meinungen gegenüber also gerechtfertigte Definition der Drohung ist im Einklang mit der herrschenden Ansicht als ein Nötigungsmittel aufzufassen, welches der im § 1 aufgestellten Bestimmung der Nötigung als einer Entschlußherbeiführung völlig entspricht. Einstimmig gilt es für unwesentlich, ob die Drohung ernst [3]) gemeint war, ob sie ausführbar war oder ob der Drohende an die Durchführbarkeit glaubte. War die Drohung ernst gemeint, so bedeutete der Schädigungsentschluß eine Gefahr für den Betroffenen; war der Drohende in Wahrheit nicht entschlossen, die Schädigung auszuführen, oder glaubte er nicht an die Möglichkeit, sie zu verwirklichen, so erregte er durch böswillige Täuschung die Vorstellung einer nicht vorhandenen Gefahr. Nun ist aber Nötigung jedes willkürliche Herbeiführen eines unerwünschten Entschlusses durch Gefährdung des Betroffenen bzw. durch Vereitelung anderweiter Rettung oder durch Erregung der entsprechenden Vorstellungen mittels böswilliger Täuschung.

Daß Drohung nur dann anzunehmen ist, wenn die kundgegebene Gefahr in dem Entschluß des Handelnden bestehen soll, daß nicht die Mitteilung vom Bestehen anderweiter Gefahr als Drohung angesehen werden darf, ist unbestritten [4]). Danach entscheidet sich gleichfalls die Frage, ob mit einem Unterlassen gedroht werden kann. Die Ankündigung eines Unterlassens kann nur dann als Drohung in Betracht kommen, wenn das entsprechendr Handeln ein Unheil abgewendet hätte. Das fragliche Ankündigen

---

[1]) So a. a. O. S. 102: „Der Erpresser bedient sich der Gewalt oder offener Drohung, der Chanteur verkappter Drohung.“ So auch die Definition auf S. 29.

[2]) S. 107: „Es steht fest, daß der Begriff der Drohung nicht geeignet ist, der Eigenart des Verbrechensmittels in allen Fällen der Chantage gerecht zu werden.“ Auch S. 106.

[3]) Frank, Kommentar, 5./7. Aufl., S. 91, Rechtsvergleichung, S. 23. — v. Liszt, Lehrbuch, 14./15. Aufl., S. 352. — Olshausen, Kommentar, St.G.B. § 240, Anm. 9. — Binding, Lehrbuch, S. 84. — Kohler, Studien, Band I, S. 189. — Thurow, a. a. O. S. 26 ff.

[4]) Vgl. v. Liszt, Lehrbuch, S. 352. — Frank, Rechtsvergleichung, S. 23.

eines Unterlassens müßte als Hilfsverweigerung aufgefaßt werden. Nun enthält aber die Erklärung, nicht helfen zu wollen, sich passiv zu verhalten, nichts über einen Entschluß, den Gefährdeten selbst zu schädigen. Es wird nur auf eine bestehende Gefahr verwiesen, mithin weder „genötigt" noch „gedroht". Dies entspricht durchaus der herrschenden Meinung [1]). Der Begriff der Drohung fordert Ankündigung einer Schädigung, eines Handelns. Ebensowenig wie das Unterlassen ein Handeln ist, stellt sich die Ankündigung eines Unterlassens als Drohung dar. Soweit jedoch im Sinne des Strafrechts eine Unterlassung so angesehen werden muß, als ob sie eine Handlung wäre [2]), ist auch die Ankündigung derartiger Unterlassung als Ankündigung einer Handlung, mithin als Drohung zu bewerten. „Ein Unterlassen und demgemäß auch die Ankündigung eines Unterlassens steht nur dann dem positiven Tun gleich, wenn eine Pflicht zum Handeln besteht, sei es infolge einer positiven Tätigkeit, welche ein Eingreifen in den weiteren Kausalitätsverlauf erheischt, sei es in Kraft einer Gesetzesvorschrift, einer Amts- oder Dienstpflicht, einer vertragsmäßigen oder sonst aus einem Rechtsverhältnis erwachsenen Verpflichtung" [3]).

V. Die Drohung ist wohl das markanteste, keineswegs aber das einzige Mittel zur physischen Nötigung, wenn auch der § 253 kein anderes kennt. Findet die wirkliche oder vorgespiegelte Gefahr nicht im Entschluß des Nötigenden ihren Anlaß, ist dem Tatbestande der Erpressung nicht genügt.

Hat der Nötigende, anstatt zu drohen, den Betroffenen wirklich in Gefahr gebracht oder hat er ihm eine Gefahr vorgelogen, deren Eintritt nicht in der Hand des Täuschenden liegen soll, so ist Nötigung im Sinne des Gesetzes nicht gegeben; ebensowenig, wenn der Handelnde dem Gegner einen günstigeren Ausweg aus seiner Notlage verlegte oder ihm dessen Unmöglichkeit

---

[1]) Frank, Kommentar, a. a. O. S. 91. — Olshausen, Kommentar § 48, Anm. 11 a. — Kohler, Iherings Jahrbücher für Dogmatik, Band 25, S. 28; Studien, I. Band, S. 189. — v. Bluhme, Iherings Jahrbücher, Band 38, S. 225.

[2]) Hierüber ausführlich: Horst Kollmann, Die Stellung des Handlungsbegriffes im Strafrechtssystem, S. 98 ff.

[3]) So Rechtsprechung des Reichsgerichts in Strafsachen, Band 10, S. 582. Urteil vom 19. Oktober 1888, Entscheidung des Reichsgerichts, Band 14, S. 265.

vortäuschte. Die erwähnten Nötigungsarten mögen durch folgende Beispiele veranschaulicht werden.

Ein Gastwirt möchte den Weinberg des Nachbarn um billigen Preis erstehen. Er bringt die Reblaus an die Stöcke. Das Ungeziefer breitet sich aus. Um den Weinberg zu einem erträglichen Preise loszuschlagen, ehe ihn die Phyloxera gänzlich entwertet, greift der Besitzer auf den ihm ehemals vom Gastwirt gemachten Vorschlag zurück. Der Eindruck einer schweren Gefahr für das Vermögen nötigt den Nachbarn also zu dem unerwünschten Entschlusse, billig zu verkaufen.

Jemand bietet sich gegen hohes Entgelt einem furchtsamen Reisenden als Führer durch eine ganz friedliche Gegend an: dieselbe sei durch eine Räuberbande unsicher gemacht. Er erreicht seinen Zweck.

Ein Reisender muß um jeden Preis den Auslanddampfer erreichen. Hafenarbeiter hindern ihn mit Gewalt, die letzte Barkasse zu benutzen. Er muß sich jetzt gegen einen übertriebenen Preis an den Dampfer rudern lassen.

Unter den gleichen Verhältnissen versichern die Arbeiter wider besseres Wissen, die letzte Barkasse sei abgefahren, der Reisende müsse sich nun um den von ihnen geforderten hohen Lohn in ihrem Boote an Bord bringen lassen.

In allen vier Fällen ist Nötigung im Sinne einer Entschlußveranlassung gegeben, ohne daß eine Drohung zur Anwendung kam. Sollten auch die übrigen Tatbestandsmerkmale der Erpressung gegeben sein, kann dennoch § 253 nicht Platz greifen. Die Interpretation hat hier nur die Lücke zu konstatieren; der Schluß, das Gesetz wolle, wenn es von einer nötigenden Drohung spreche, alle übrigen Arten der psychischen Nötigung mit bezeichnen und sei mithin extensiv zu interpretieren, würde im Gesetze keine Stütze finden. Die Erwägung, daß es für die strafrechtliche Bewertung keinen Unterschied machen dürfe, ob die in Nötigungsabsicht erregte Gefahr in dem Entschlusse des Handelnden begründet sei oder nicht, ob die entsprechend vorgetäuschte Gefahr in dem Entschluß des Täuschenden ihren Anlaß haben solle oder nicht — ist zweifellos gerechtfertigt, doch kann sie nur bei einer Betrachtung de lege ferenda zur Geltung kommen.

VI. Die Drohung wird zur nötigenden Drohung, wenn die Schädigung so angekündigt wird, daß den Betroffenen nur die Verwirklichung des unerwünschten Entschlusses vor der ihm angesonnenen Schädigung bewahren kann. Die Nötigung durch Drohung ist mithin ein einfacher oder komplizierter Vorgang, je nachdem der Handelnde weiter die zu seinem Zweck erforderlichen Vorstellungen wachrufen muß oder nicht, ob er die einzelnen Vorstellungen auf direktem oder indirektem Wege herbeiführt. Die Drohung teilt nur den Entschluß zu einem bestimmten Vorgehen mit. Weiß der Betroffene sofort, was jener Eingriff für ihn zu bedeuten habe, ist er weiter sofort davon überzeugt, daß der allein mögliche Ausweg in der Verwirklichung des unerwünschten Entschlusses bestehe, auf welchen es der Drohende abgesehen hatte, so hat letzterer sein Ziel erreicht, der Bedrohte ist also genötigt worden. In der Regel wird aber der Drohende seinem Gegner noch klar machen müssen, auf welchem Wege er der Verwirklichung des Entschlusses entgehen kann. Es ist dies der Fall der sog. imperativen Drohung, welche nicht mit der nötigenden Drohung schlechthin gleichgestellt [1]) werden darf. Der Nötigende muß unter Umständen seinem Gegner erst zum Verständnis bringen, wie schwer ihn die Verwirklichung der Drohung treffen werde, daß ferner der angesonnene Entschluß das viel geringere Übel darstelle. All diese Überzeugungen können nach und nach erweckt werden. Der vorsichtige Gegner gibt nur Voraussetzungen an die Hand, mit deren Hilfe der Betroffene zur Erkenntnis seiner Lage gelangt. Auch können die Verhältnisse so liegen, daß der Drohende nur dann den unerwünschten Entschluß zu veranlassen vermag, wenn er günstigeren Auswegen von vornherein vorbeugt.

Hat der Drohende dem Bedrohten zur Überzeugung gebracht, daß der ihm angesonnene Entschluß der günstigste Weg sei, der Gefahr zu entgehen, ist die Nötigung vollendet. Glückte es ihm dagegen nicht, eine entscheidende Vorstellung hervorzurufen, blieb die Nötigung im Stadium des Versuches. Der unerwünschte Entschluß kommt nicht zustande, wenn es dem

---

[1]) Wie dies z. B. geschieht bei Merkel in Holzendorffs Handbuch des Strafrechts, Band III, S. 728.

Handelnden nicht gelang, sich dem Gegner verständlich zu machen, wenn dieser nicht erfaßt hat, was ihm bevorsteht oder was man von ihm will; sodann, bei richtigem Verständnis seitens des Bedrohten, wenn nicht alle vier Vorstellungen erweckt werden, welche das Entstehen eines unerwünschten Entschlusses bedingen, wenn also der Betroffene erstens an die Möglichkeit den Entschluß zu verwirklichen, nicht glaubt, zweitens die Verwirklichung desselben nicht fürchtet, drittens günstigere Möglichkeiten zu sehen glaubt, viertens den angesonnenen Entschluß und seine Folgen mehr fürchtet als das ihm angedrohte Übel.

Der Anfang der Ausführung einer Nötigung durch Drohung ist anzunehmen, sobald der Handelnde gedroht hat und aus den Begleitumständen zu entnehmen ist, daß dieses in Nötigungsabsicht geschah. Wann die Drohung selbst vollzogen ist, bleibt in Fällen indirekter Ankündigung quaestio facti. Es kommt darauf an, daß der zur Beurteilung Berufene aus der sachgemäßen Verbindung der einzelnen Mitteilungen auf den Schädigungsentschluß und den Willen, ihn mitzuteilen, zu schließen vermag.

Wann der Versuch endet, die Ausführungshandlung abgeschlossen ist, läßt sich gleichfalls nur von Fall zu Fall entscheiden. Der Nötigende kann seinen Plan von langer Hand her vorbereitet haben. Er kann gezwungen sein, die verschiedensten, oftmals vergeblichen Schritte zu unternehmen, um die vier entscheidenden Vorstellungen entstehen zu lassen. Solange hierbei feststeht, daß der Nötigende noch an die Möglichkeit glaubt, auf dem eingeschlagenen Wege sein Ziel zu erreichen und solange er seine Bemühungen dabei nicht aufgibt, ist der Versuch nicht beendet.

Unter Umständen kann die Ausführungshandlung beendet sein, bevor der Betroffene merkt, was man gegen ihn im Schilde führt. Dies ist der Fall, wenn der Nötigende weiß, daß der Gegner den diesem unerwünschten Entschluß fassen wird, sobald er merkt, welche Folgen ein ihm mitgeteilter Entschluß des Drohenden haben würde. Den Gegner selbst darüber aufzuklären, hält der Nötigende aber für inopportun in der Überzeugung, diese Erkenntnis werde dem Bedrohten schon auf anderem Wege kommen. Es sei das an folgendem Beispiele veranschaulicht. Jemand überzeugt seinen Bekannten, daß er, um den Prozeß zu gewinnen, dem Inhaber gewisser Papiere eine hohe Summe bieten müsse, damit dieser nicht etwa dem Gerichte die Urkunde vorlege, und bemerkt zugleich, daß er entschlossen sei, die wenigen Sachen, welche er habe, dem Gerichte zu unterbreiten. Der um den Ausgang des Rechtsstreites Besorgte telephoniert den vermeintlichen Inhaber wegen der Papiere an und erfährt von diesem, daß er sie um eine gewisse Summe gerade an den abgetreten habe, welcher dem Anfragenden jenen guten Rat erteilt hatte. Der Betroffene versteht jetzt — nachdem die Ausführungshandlung lange beendigt war — den bedrohlichen Charakter jener Mitteilung; nur einen Ausweg glaubt er zu wissen und macht dem hinterlistigen Berater das vorgeschlagene Angebot.

Von Bedeutung ist die Erkenntnis der letzterwähnten Möglichkeit für die richtige Beantwortung der später zu lösenden Frage, ob bei der Erpressung Rücktritt vom Versuche im Sinne des § 42² St.G.B. denkbar sei.

§ 3.

Die Gewalt.

I. Die Gewalt muß als Nötigungsmittel durchaus verschieden bestimmt werden, je nachdem man die Nötigung im physischen oder im psychischen Sinne auffaßt. Gemäß der herrschenden Lehre ist auch die rein physische Erzwingung eines körperlichen Verhaltens als Nötigung anzusehen. Zur richtigen Beurteilung der behandelten Probleme kommt alles darauf an, daß die Grenzen von physischer und psychischer Nötigung nicht verwischt werden [1]). Darum ist zunächst die Gewalt ausschließlich als Mittel zur physischen Nötigung, als Mittel zur körperlichen Erzwingung eines körperlichen Verhaltens zu betrachten und deshalb zu definieren als

---

¹) Entsprechend: Rosenfeld, Vergleichende Darstellung des deutschen und ausländischen Strafrechts. Besonderer Teil, Band V, S. 394. — Winkler, a. a. O., S. 14.

den körperlichen Widerstand des Genötigten überwindende physische Kraft. Von dieser grundsätzlich anerkannten [1]) Begriffsbestimmung aus sind die vorgeschlagenen Erweiterungen des Gewaltbegriffes zu verstehen.

II. Die physische Nötigung, die Erzwingung eines körperlichen Verhaltens durch Gewalt, kommt dadurch zustande, daß der Muskelwiderstand gebrochen wird. Der Betroffene kann seine Gliedmaßen nicht seinem Willen entsprechend gebrauchen; nicht er, sondern der Gewalttätige bestimmt die Lage seiner Glieder. Wenn allgemein zum Begriff der nötigenden Gewalt die Entfaltung „physisch wirkender nicht unerheblicher Kraft" [2]) gefordert wird, wenn entsprechend Liszt [3]) Kraftanwendung „zur Überwindung eines erheblichen Widerstandes" für begriffswesentlich erachtet, ist dies insoweit richtig, als die entfaltete Kraft stark genug sein muß, den ernstlichen Muskelwiderstand des Genötigten zu brechen [4]). Dieser allgemein anerkannten Auffassung der Gewalt gegenüber erheben sich die Fragen: ob das entscheidende Resultat, die Erzwingung eines körperlichen Verhaltens, physisch noch auf anderem Wege erreicht werden kann

---

[1]) Vgl. z. B. v. Liszt, Lehrbuch, 14./15. Aufl., S. 351. — Olshausen, Kommentar, 8. Aufl., § 113, 23 a. — Frank, Kommentar, 5./7. Aufl., S. 112. — Meyer-Allfeld, Lehrbuch des Strafrechts, S. 408. — Hälschner, Lehrbuch, Band II, Abt. 1, S. 121. — Helmke, Der Begriff der Gewalt, S. 19

[2]) So Frank, Kommentar, 5./7. Aufl., S. 112.

[3]) v. Liszt, Lehrbuch, 14./15. Aufl., S. 351.

[4]) Demnach ist Gewalt zweifellos eine Steigerung des Kraftbegriffes. Gewalt ist eine Kraft, die größer ist als der ihr entgegenstehende Widerstand. Wenn Heilborn, Ztschr. f. ges. Strafrechtsw., Band 18, S. 187 und Winkler, a. a. O. S. 38 dies im Gegensatz zur herrschenden Meinung abstreiten, lassen sie außer acht, daß Gewalt ein Relationsbegriff ist. Betrachtet man eine Kraft, insofern sie einen Widerstand überwindet, erscheint sie als Gewalt. Das Gesagte illustrieren die Beispiele, durch welche Heilborn und nach ihm Winkler seine Behauptung rechtfertigen will. „Der starke Mann, welcher 6 Zentner emporhebt, gebraucht dazu ungemeine Kraft, aber keine Gewalt." Dieser Satz konstatiert nur die ungemeine Kraft des Mannes und setzt sie nicht mit dem überwundenen Gegendruck in Beziehung. Geschieht dies aber, so erscheint die Kraft als Gewalt: Die Gewalt der hebenden Hand hat den ungeheueren Druck der 6 Zentner überwunden. Eben, weil hierbei Kraft und überwundene Gegenkraft in Beziehung gesetzt werden, erscheint nach dem zweiten dortigen Beispiele die den Bindfaden zerreißende Kraft als Gewalt. — Vergl. die in gleichem Sinne gehaltenen Ausführungen v. Schwarzes: Sächs. Gerichtszeitung, Band 16, S. 45/46.

als durch körperliches Niederringen, ob ferner auch diese physischen Nötigungsmittel unter den Begriff der Gewalt fallen.

Bei der Nötigung durch Niederzwingung eines entgegenstehenden Muskelwiderstandes nimmt der Handelnde der Körperkraft des Gegners die Widerstandsfähigkeit. Der gleiche Erfolg wird erreicht, wenn die Muskelkraft von vornherein gelähmt wird, so daß deren Widerstand nicht erst überwunden zu werden braucht. Durch jedes physische Mittel, die Muskelkraft zu lähmen, kann demnach, wie durch Gewalt im bezeichneten Sinne, ein körperliches Verhalten erzwungen werden. Die Diskussion dieser Frage hatte vornehmlich das Lähmungsmittel der Betäubung, insbesondere durch Narkotisierung, ferner das der Hypnose [1]) im Auge. Indessen besteht natürlich kein Anlaß, Lähmungsmittel anderer Art [2]) — z. B. der Muskelstarre durch böswilliges Erschrecken nervenkranker Personen — auszuschließen. Dieser richtigen Erwägung gibt der Vorentwurf zu einem deutschen Strafgesetzbuch in § 12, Nr. 4 durch die Bestimmung Ausdruck: „das Gesetz versteht unter Gewalt auch die Versetzung in einen Zustand der Bewußtlosigkeit oder Widerstandsunfähigkeit durch hypnotische oder narkotische oder ähnliche Mittel". Der Zusatz „durch ähnliche Mittel" soll nach den Motiven Sorge tragen, daß „die Erläuterung nicht etwa durch die Fortschritte der Wissenschaft oder Technik überholt wird". Alle Mittel der Nervenlähmung sind aber im fraglichen Zusammenhang denen der Narkose oder Hypnose „ähnlich".

Die weitere Frage, ob die Anwendung derartiger Lähmungsmittel im Sinne des Gesetzes als nötigende Gewalt anzusehen sei, ist lebhaft bestritten: ist uneingeschränkt bejaht, bedingt bejaht und unbedingt verneint worden. Wenn man wie Binding[3]), Frank[4]), Kohler[5]), v. Lilienthal[6]),

[1]) Darüber die ausführliche Darstellung von Lilienthal, Der Hypnotismus und das Strafrecht, Ztschr. f. d. ges. Strafrechtsw., Band VII, S. 281 ff.

[2]) Eine ausführliche Übersicht möglicher Lähmungsmittel bietet Winkler, a. a. O. S. 42.

[3]) Binding, Lehrbuch, S. 82/83.

[4]) Frank, Kommentar, 5./7. Aufl., S. 112.

[5]) Kohler, Studien I, S. 188.

[6]) v. Lilienthal, Ztschr. f. ges. Strafrechtsw., Band VII, S. 374.

Meyer[1]) und andere[2]) den Nachdruck auf die Wirkung legt und dann schließt, was wie Gewalt wirkt, müsse auch als Gewalt angesehen werden, bzw. sei auch Gewalt, wird die Frage unbedingt bejaht.

Binding[3]) findet die Grundbedeutung des Wortes „Gewalt" in der vi corpore corpori afflicta. Das Gesetz nennt als Mittel zum Unmöglichmachen von Willensbildung oder Willensbetätigung allein die Gewalt, „obgleich seit lange die ungewalttätigsten Begehrungsarten eingebürgert und zur Verantwortung gezogen sind". Eine ausdrückliche Definition der Gewalt kennt das Gesetz nicht. Also will Binding deren Wesen an der Hand des Zweckmomentes bestimmen. Dieses verlange aber, „daß alles, was wirkt wie die überlegene physische Gewalt auch unter der Gewalt begriffen werde".

Der gleiche Schluß wie bei Binding findet sich, wenn auch nicht mit der gleichen logischen Sicherheit, in der Arbeit von Helmke[4]). Er bestimmt auch die Ausführungen von Meyer-Allfeld[5]), der zunächst die Gewalt definiert als „Anwendung irgendwelcher erheblichen Kraft zur Überwindung eines Widerstandes", um im Anschluß daran fortzufahren: „als Gewalt ferner erscheint auch Betäubung, auch wenn sie durch narkotische Mittel bewirkt ist". Endlich leitet der gleiche Schluß die charakteristische Bemerkung von Kohler[6]): es sei „berechtigt beim Raube (mithin bei der Erpressung) solche einschläfernde, die Person durch Einwirkung auf den Organismus physich und psychisch niederdrückende Mittel als Gewalt zu betrachten".

Frank[7]), Lilienthal[8]) und Winkler[9]) nehmen das Resultat dieses Schlusses vorweg. Sie definieren die Gewalt als Mittel zu bestimmter Wirkung und zwar zum Unmöglich-

---

1) Meyer-Allfeld, Lehrbuch, S. 408.
2) So z. B. Helmke, a. a. O. S. 32 ff. — Winkler, a. a. O. S. 42 ff.
3) Lehrbuch, a. a. O. S. 82/83.
4) Helmke, a. a. O. S. 13 in Verbindung mit S. 32.
5) Lehrbuch, S. 408/409.
6) Kohler, Studien, Band I, S. 188.
7) Frank, Kommentar, 5./7. Aufl., S. 112.
8) v. Lilienthal, Ztschr. f. ges. Strafrechtsw., Band VII, S. 375.
9) Winkler, a. a. O., S. 45.

machen eines wirklichen oder möglichen Widerstandes. Logisch betrachtet bedeutet eine derartige Definition nicht mehr als die der Begründung bedürftige Erklärung: „unter den Begriff der Gewalt fällt auch die Anwendung von Lähmungsmitteln". Auch die Genannten müssen mit Binding zugeben, daß Gewalt in ihrer Grundbedeutung vis corpore corpori afflicta bezeichnet [1]). Dann bedeutet aber jene Definition nur eine teleologisch zu rechtfertigende Erweiterung des ursprünglichen Begriffs [2]). Von der Gleichartigkeit der Wirkung aus wird auf die Gleichartigkeit der Veranlassung geschlossen.

Indessen ist der Schluß von der Gleichheit der Wirkung auf die Gleichartigkeit der Ursache in der Regel verfehlt. In der vorliegenden Frage handelt es sich aber um ganz verschiedene Wege, um zu gleichem Ziele zu kommen. In dem einen Falle wird eine Kraft überwunden, in dem anderen unterbindet man deren Entstehung. Es ist aber — um ein Bild zu gebrauchen — etwas anderes, wenn man einen Brand löscht, als wenn man das Anzünden vereitelt. Dem Gesetzgeber steht es frei, die Elektrizität wie eine bewegliche Sache zu behandeln, er kann jedes Mittel der Nervenlähmung der die Muskelkraft überwindenden Gewalt gleichstellen: Wesensgleichartigkeit ist aber nicht gegeben. In Wahrheit bedeutet die Ausdehnung des Gewaltbegriffes auf jene Mittel eine extensive oder analoge Interpretierung des Gesetzes. Will man nicht wesensverschiedene Anlässe gleicher Wirkung grundlos als gleichartig hinstellen, so ist nur folgender Schluß möglich: „das Gesetz kennt Erpressung mittels Erzwingung eines körperlichen Verhaltens durch Niederringen des Muskelwiderstandes des Genötigten. Es besteht nicht der geringste Anlaß, die physische Erzwingung eines körperlichen Verhaltens nur zu berücksichtigen, wenn die Muskelkräfte bezwungen werden, dagegen nicht im Falle einer jeden Widerstand vereitelnden Nervenlähmung. Wenn also das Gesetz ausdrücklich nur von einem bestimmten Falle der Beraubung der Herrschaft über die Muskelkräfte spricht, muß

---

[1]) Vergl. dazu Winkler, a. a. O., S. 7.

[2]) Bei Lilienthal (a. a. O. S. 376) und bei Frank (a. a. O. S. 112) findet sich ein entsprechender Schluß bezüglich einzelner Arten der Beraubung der Herrschaft über den Körper.

es dahin verstanden werden, daß alle Arten der Entziehung der Herrschaft über den Körper gemeint sind." Ist das Gesetz derart extensiv ausgelegt, so kann man weiter per analogiam schließen, daß alle möglichen Mittel der Nervenlähmung der Gewalt gleichzuachten sind. Indessen findet eine derartige Schlußkette keine Stütze im Gesetz. Die Auslegung kann mithin im Hinblick auf die Nötigungsmittel bei der physischen Nötigung wie bei der psychischen nur eine klaffende Lücke konstatieren und so der Reform den Weg weisen [1]).

Dementsprechend haben Liszt [2]) und mit ihm Bollag [3]) und Schnabel [4]) die Frage nach der Ausdehnung des Gewaltbegriffs nur bedingt bejaht. Nur dann soll die Anwendung von Lähmungsmitteln Gewalt im Sinne des Gesetzes sein, wenn diese dem Betroffenen unter physischer Überwindung seines Muskelwiderstandes beigebracht werden (z. B. Zwang zum Einatmen von Chloroform). Diese Theorie ist die Konsequenz eines Kompromisses; man will die richtige Definition der Gewalt nicht fallen lassen, zugleich aber die mit dieser gegebenen Lücke im Gesetze nach Möglichkeit verringern. Dabei wird übersehen, daß die fragliche Auffassung zwei Nötigungsakte voraussetzt, von denen nur der eine für den Tatbestand der Erpressung in Betracht kommt. Zunächst wird der Betroffene durch gewaltsame Überwindung seines Muskelwiderstandes genötigt, das Beibringen des Lähmungsmittels zu erdulden. Sodann aber fragt es sich weiter, ob das körperliche Verhalten, welches der Betroffene nach Anwendung des Lähmungsmittels annehmen muß, durch Niederringen eines Muskelwiderstandes abgenötigt ist — und dies ist zweifellos zu verneinen. Denn daraus, daß gewaltsam die Anwendung eines Nötigungsmittels erzwungen wird, darf nicht geschlossen werden, daß letzteres als Gewalt wirkt. Beachtet

---

[1]) Daß die Tendenz, die Nötigungsmittel möglichst extensiv auszulegen, aus dem Bedürfnis der Praxis zu erklären sei, der Verfolgung der Nötigung einen möglichst weiten Spielraum zu gewähren, betont besonders Winkler, a. a. O. S. 24. Vgl. auch Rosenfeld, Vergleichende Darstellung, besonderer Teil, Band V, S. 410.

[2]) v. Liszt, Lehrbuch, 14./15. Aufl., S. 353.

[3]) Bollag, Die Grenzen der strafrechtlichen Nötigung, S. 85.

[4]) Schnabel, Über die nötigende Gewalt, S. 30/32.

man aber nicht die Zweiteilung des Vorgangs, sieht man nur eine Nötigung, so ergibt sich die These Liszts. Freilich sind die durch Liszt berücksichtigten Fälle ein sprechendes Argument gegen die ungerechtfertigte Beschränkung der Mittel der physischen Nötigung durch das Gesetz auf die Niederzwingung des Muskelwiderstandes, auf die Gewalt.

Das gleiche Argument, welches sich gegen die Auffassung Liszts richtet, trifft die Versuche [1]), welche bei Nötigung durch Anwendung von Lähmungsmitteln das Vorliegen von Gewalt unbedingt verneinen und ein Vorgehen mittels List annehmen. Falsch ist es jedoch zu behaupten, das Beibringen von Lähmungsmitteln setze stets List voraus — dagegen sprechen schon die Fälle, welche Liszt im Auge hat — oder die Anwendung derselben müsse entweder durch List oder durch Gewalt erfolgen: bei der Hypnose, bei der Lähmung durch plötzliches Erschrecken kommt weder List noch Gewalt zur Anwendung. Wird indessen wirklich der Gebrauch des Lähmungsmittels durch Hinterlist veranlaßt — das Narkotikum im Schlaftrunk — so bestimmt zwar die List dazu, ein Verhalten anzunehmen, unter welchem das Lähmungsmittel in Gebrauch treten kann. Der weitere Verlust der Herrschaft über die Muskelkräfte bzw. das Verhalten, dessen definitive Abnötigung in Frage steht, ist aber eine Folge der Wirkungen des Mittels, nicht aber hat die List die Muskelkräfte außer Aktion gesetzt [2]).

Somit muß die Frage, ob die Anwendung von Lähmungsmitteln im Sinne des Gesetzes als physisch nötigende Gewalt anzusehen ist, ihre unbedingte Verneinung finden. Der gesunde Kern der widersprechenden Auffassungen wird bei legislativer Umgestaltung des geltenden Rechts seine Berücksichtigung zu finden haben.

III. Die Gewalt ist, um mit Binding [3]) zu reden, ein Mittel zum Unmöglichmachen einer Willensbetätigung, indessen

[1]) So in erster Linie: Olshausen, Kommentar, 8. Aufl., § 240, Anm. 2. — Hälscher, Band II, Abt. 1, S. 243. — Villnow, Goldammers Archiv, Band 24, S. 113. — v. Schwarze, Sächs. Gerichtszeitung, Band 16, S. 38 ff.

[2]) Derartige Erwägungen klingen auch in den Ausführungen Hälschers, II. Band, Abt. 1, S. 379 unten durch. — Vgl. die zustimmenden Ausführungen von Helmke, a. a. O. S. 32 und besonders von Winkler, a. a. O., S. 10 ff.

[3]) Binding, Lehrbuch, Band I, S. 81.

keineswegs das einzige. Um ein körperliches Verhalten wider Willen des Betroffenen herbeizuführen, kann der Handelnde, anstatt dessen Muskelkraft zu bezwingen, ihm die Mittel oder Werkzeuge zu einem bestimmten Verhalten entziehen oder einem bestimmten Vorgehen unübersteigbare Hindernisse in den Weg stellen. Ob man einen Krüppel[1]) festbindet oder ihm die Krücken wegnimmt, um ihn zum Bleiben zu zwingen, kann auf das Gleiche hinauslaufen. Für den Halbblinden macht es keinen Unterschied, ob man ihm gewaltsam die Augen zuhält oder ihm die Brille fortnimmt. Abschließen der Türen kann wie Fesselung wirken[2]). Man kann jemanden gewaltsam an der Reise hindern und kann ihm zum gleichen Zwecke Geld oder Fahrkarte entwenden. Statt den Automobilisten gewaltsam nicht fortzulassen, vermag man dessen Benzin zum Ausfließen zu bringen. Der Maler wird dadurch am Vollenden des Bildes gehindert, daß man den Farben einen ätzenden Stoff beimischt. Entziehung des Werkzeuges, das Schaffen unüberwindlicher Hindernisse kann also wie Gewalt wirken. Das Gesetz gibt aber keine Möglichkeit an die Hand, den Gewaltbegriff etwa nach dieser Richtung extensiv auszulegen[3]). Wie den Mitteln zur Hinderung der Willensbildung[4]), den Lähmungsmitteln gegenüber darf auch hier nicht von der Gleichartigkeit der Wirkung auf die Gleichartigkeit des Anlasses geschlossen werden.

In der Literatur ist die Frage, ob physische Hinderung einer Willensbetätigung durch Entziehung der betreffenden Werkzeuge oder durch Schaffen unübersteiglicher Hindernisse im Sinne des Gesetzes als Gewalt anzusehen sei, prinzipiell nicht gestellt worden. Nur kasuistisch wird bei einzelnen derartigen Fällen die Nötigung durch Gewalt bejaht, indem aus der Gleichartigkeit der Wirkung auf die der Veranlassung geschlossen wurde[5]). Dieser Schluß ist jedoch zurückgewiesen worden.

---

[1]) Beispiel bei v. Buri, Gerichtssaal, Band 33, S. 416.

[2]) Beispiel bei Merkel, Holzendorffs Handbuch, Band III, S. 727; Binding, a. a. O. S. 83; v. Liszt, a. a. O. S. 352.

[3]) Entsprechend Winkler, a. a. O. S. 34 oben.

[4]) Vgl. Binding, a. a. O. S. 80.

[5]) So in erster Linie bei Binding, a. a. O. S. 83.

Häufig findet sich auch der Satz vertreten, daß die Entziehung von Werkzeugen oder das Setzen von Hindernissen als nötigende Gewalt aufzufassen sei, wofern dabei Gewalt angewendet wurde [1]). Diese Behauptung variiert den Fehler, welcher Liszt zu der Annahme der Nötigung durch Gewalt führte, wenn ein Lähmungsmittel durch Gewalt beigebracht war. Für die Hinderung des Betroffenen, für das Unmöglichmachen der Willensbetätigung kommt es in den fraglichen Fällen nur darauf an, daß die entsprechenden Werkzeuge entzogen oder daß unübersteigbare Hindernisse in den Weg gelegt werden. Ob dies durch Gewaltanwendung geschah oder nicht, ist für die vorliegende Nötigung völlig gleichgültig. Können die besprochenen Hinderungsmittel nicht als Gewalt im Sinne des Gesetzes aufgefaßt werden, so können sie es auch nicht, wofern bei ihrer Anwendung irgendwie Gewalt im Spiele war.

IV. Es darf also nur dann nötigende Gewalt im Sinne des Gesetzes angenommen werden, wenn durch physisches Niederringen des Muskelwiderstandes ein körperliches Verhalten erzwungen wurde [2]). Es nötigt demnach durch Gewalt, wer eine derartige Kraft auf den Betroffenen einwirken läßt. Es kann dies unmittelbar durch persönliche Kraftanspannung erfolgen, es kann dies auch mittelbar geschehen, indem dafür gesorgt wird, daß die entsprechenden Kräfte sich entfesseln. Wird die nötigende Gewalt mittelbar wachgerufen, so ist es gleichgültig, ob hierbei wieder Gewalt zur Anwendung kommt oder nicht. So nötigt durch Gewalt, wer das Pferd eines Reiters veranlaßt, sich dem Zügeldruck zu widersetzen und durchzugehen. Ob dies durch einen Hieb oder einen Pfiff geschah, ist unerheblich. Es ist irreführend, von nötigender Gewalt an Sachen zu sprechen, wenn durch Gewaltanwendung mittelbar eine nötigende Gewalt

---

[1]) So Hälschner, a. a. O. Band II, Abt. 1, S. 131, Anm. 1. — Olshausen, Kommentar, 8. Aufl., § 113, Anm. 3 a (das bloße Bereiten von Hindernissen soll jedoch nicht als Gewalt angesehen werden: so auch R.G. 3. Senat, am 5. II. 81 und am 11. I. 83). — Winkler, a. a. O. S. 35/36. — v. Liszt, a. a. O. S. 352. — Auch wohl Frank, Rechtsvergleichung 5, S. 21.

[2]) So mit besonderem Nachdruck: v. Schwarze, Sächs. Gerichtszeitung, Band VII, S. 43.

ausgelöst wird [1]). Es kann das zu dem doppelten Fehlschluß verleiten, es sei die Gewalt an den Sachen das eigentliche Nötigungsmittel, es müsse ferner das mittelbare Auslösen einer Gewalt auf gewaltsamem Wege erfolgen.

V. In ganz anderer Weise muß der Begriff der nötigenden Gewalt ausgelegt werden, soll Nötigung im psychologischen Sinne verstanden werden. Die engere Auffassung des Nötigungsbegriffes kennt nur diese zweite Betrachtungsweise, deren Resultate jedoch auch für die herrschende Lehre von Bedeutung sind, da diese die psychologische Definition anerkennt und nur deren Ergänzung fordert.

Während die Gewalt als Mittel zur Erzwingung eines körperlichen Verhaltens am Körper des Bedrohten zu vollziehen ist, verliert diese Beschränkung jede Bedeutung, wenn Abnötigung eines Entschlusses in Frage steht. Gewalt ist überall anzunehmen, wo ein körperlicher Widerstand durch körperliche Kraft überwunden wird. Es erheben sich hier die beiden Fragen: kann durch physische Gewalt psychisch genötigt werden, wäre ferner derartig psychisch wirkende Gewalt — vis compulsiva im Sinne Franks [2]) — nötigende Gewalt im Sinne des Gesetzes?

Der psychisch Nötigende muß dem Gegner die Vorstellung der Gefahr bzw. der Unmöglichkeit günstiger Rettungswege erwecken durch wirkliches Gefährden bzw. Verhindern einer Rettung oder durch böswillige Täuschung. Das Erregen der Gefahr, die Hinderung der Rettung, die Täuschung über die wahre Sachlage kann auf gewaltsamen Wege erfolgen. Durch Gewalt kann der Gegner in Gefahr gebracht werden — ein tückischer Stoß schleudert ihn in einen Sumpf —; gewaltsam kann dem Gefährdeten eine mögliche Rettung vereitelt werden — der Gegner reißt dem Ertrinkenden den Rettungsring aus der Hand und

---

[1]) So v. Liszt, a. a. O. S. 352. — Meyer-Allfeld, a. a. O. S. 408. — Hälschner, a. a. O. Band II, Abt. 1, S. 121/122. — Olshausen, Kommentar, 8. Aufl., § 240, Nr. 5. — Winkler, a. a. O., S. 23.

[2]) Frank (Kommentar, 5./7. Aufl., S. 113, vgl. auch Rechtsvergleichung, S. 20 u. 22) bestimmt freilich in Polemik gegen Binding, die vis compulsiva nur negativ durch die Behauptung, man dürfe sie nicht ausschließlich mit der durch Gewalt zum Ausdruck gebrachten Drohung identifizieren. Läßt man aber die von Binding im Sinne des gemeinrechtlichen Sprachgebrauchs aufgestellte Einschränkung fallen, ergibt sich die im Text enthaltene Auffassung.

erklärt sich gegen eine hohe Summe zur Hilfeleistung bereit. Durch entsprechende Handlungen ist es möglich, die Gefahrvorstellung vorzutäuschen. Der Sumpf im Beispiel war seicht, doch der Handelnde rechnete damit, daß dem Anderen dies entgehen werde, — der Nötigende riß dem Ertrinkenden den Ring weg, ehe er merkte, daß dieser vermorscht und unbrauchbar war. Hat der Nötigende den Gegner wirklich gefährdet und will er ihm die Augen über seine Lage öffnen, so kann auch dies gewaltsam geschehen. Daß durch gewaltsame Handlungen insbesondere der Entschluß einer Schädigung sich mitteilen läßt, steht außer Zweifel. Sieht der in Albanien von Räubern Gefangene, wie der Leidensgefährte vom gemeinsamen Gegner erdrosselt wird, bedarf die Drohung keiner Mitteilung mehr; er kennt sein Schicksal, falls auch er die Beschaffung eines Lösegeldes verweigern wollte.

Diese Beispiele scheinen für die allgemein herrschende Meinung [1]) zu sprechen, daß durch physische Gewalt psychisch genötigt werden könne. Indessen verwechselt eine derartige Betrachtungsweise das Nötigungsmittel selbst mit der Art, es anzuwenden. Die Gewalt kann dazu dienen, ein Nötigungsmittel in Anwendung zu bringen, allein sie ist kein Nötigungsmittel, soweit das Herbeiführen eines Entschlusses in Frage steht. Am durchsichtigsten ist dieses Verhältnis, insofern durch Gewalt eine Vorstellung übermittelt wird. Hier ist die Gewalt ein möglicher Weg, die beabsichtigte Vorstellung entstehen zu lassen. Sie steht darin dem gesprochenen Wort, einem Briefe, einem sonstigen konkludenten Verhalten gleich. Die Gewalt schlechthin ist, soweit es sich um Vorstellungserregung handelt, ebensowenig Nötigungsmittel, als es etwa der Brief, das gesprochene Wort schlechthin wäre. Die Nötigung fordert ein in bestimmter Weise erfolgendes Erregen einer Gefahrvorstellung. Hierbei kann Gewalt gebraucht werden, jedoch ist es der Gewalt nicht wesentlich, Vorstellungen und noch dazu von ganz bestimmten Inhalt wachzurufen. Nötigungsmittel ist ferner das Gefährden und Vereiteln einer möglichen Rettung, indem für Aufklärung des Betreffenden über seine Lage gesorgt wird. Bei derartigen Ein-

[1]) Vgl. Frank, a. a. O. S. 113. — Liszt, a. a. O. S. 352. — Meyer-Allfeld, a. a. O., S. 409.

griffen kann natürlich Gewalt in Anwendung gelangen, indessen ist für die Gewalt nicht charakteristisch, daß sie jemanden in Gefahr bringe oder dessen Lage verschlechtere. Unter Anwendung von Gewalt wird ein Tunnel gebaut, doch ist es der Gewalttätigkeit nicht wesentlich, Bautätigkeit zu sein.

Besonders klar wird die Rolle, welche die Gewalt bei psychischer Nötigung zu spielen vermag, wenn man ihr ein wirkliches Nötigungsmittel gegenüberstellt. So muß die Drohung ihrem Wesen nach eine Gefahrvorstellung erregen und ist deshalb Nötigungsmittel, von der Gewalt gilt dies keineswegs. Die physische Nötigung fordert, daß dem Betroffenen die Herrschaft über seine Glieder genommen werde. Es ist der körperlichen Gewalt daher wesentlich, die Muskelkraft zu überwinden. Insoweit ist sie Nötigungsmittel. Steht dagegen eine psychische Nötigung in Frage, so kann dabei die Gewalt irgendwie mitwirken, ohne daß sie jedoch gleichzeitig ein Nötigungsmittel ist. Man darf von motivierender Gewalt in keinem anderen Sinne reden als etwa von einem motivierenden Pferde. Denn es ist füglich denkbar, alle möglichen Vorstellungen, auch die der Nötigung wesentlichen, durch Benutzung eines Pferdes herbeizuführen.

Nach diesen Erörterungen darf die weitere Frage nicht lauten: ist Gewalt im Sinne des Gesetzes Mittel zu psychischer Nötigung? sondern: will das Gesetz der Nötigung durch Drohung jede andere psychische Nötigung gleichgeachtet wissen, wofern nur Gewalt irgend eine Rolle dabei spiele? Die Frage ist prinzipiell zu verneinen. Darin wird auch die herrschende Lehre beipflichten, daß Gewalt und Drohung Nötigungsmittel sein sollen. Das Gesetz hat die Nötigung durch Gewalt oder Drohung im Auge, nicht jede Nötigung, bei welcher irgend wie eine Drohung oder Gewalt angewendet wird.

Mit demselben Recht, mit welchem man glaubt das durch das Mittel der Drohung begrenzte Bereich der möglichen psychischen Nötigungen im Sinne des Gesetzes auf all die Fälle ausdehnen zu dürfen, bei denen irgendwie eine Gewalttat stattfand, würde man auch den durch den Begriff der Gewalt beschränkten Kreis physischer Nötigungsfälle durch alle diejenigen ergänzen können, bei denen eine Drohung irgendwie vorlag. Die von dem Wortlaut gebundene Auslegung des § 253 kann beispielsweise die Betäubung nicht der Gewalt gleichstellen. Bei Gebrauch des Betäubungsmittels ist es möglich, eine Drohung anzuwenden. Darf man aber behaupten: jede psychische Nötigung, welche nicht durch Drohung erfolgte, wird vom § 253 dann getroffen, wenn sich der Nötigende irgendwie der Gewalt bediente, sonst aber nicht — so muß man gleichfalls schließen: die Anwendung von Lähmungsmitteln unterfällt zwar nicht dem Begriff der nötigenden Gewalt, es kann aber bei Verwendung derartiger Mittel irgendwie gedroht werden; dann ist im Sinne des Gesetzes allerdings nicht Nötigung durch Gewalt, wohl aber solche durch Drohung anzunehmen.

Praktisch würde sich aus der fraglichen Auffassung folgende Konsequenz ergeben: das Gesetz beschränkt zunächst die psychische Nötigung auf das Mittel der Drohung. Nun kann bei all den sonstigen möglichen Arten psychischer Nötigung irgendwie Gewalt gebraucht werden. Also muß der findige Staatsanwalt sehen, ob sich nicht irgend ein Teilakt einer komplizierten psychischen Nötigung als Gewalt an Personen oder an Sachen würdigen läßt; gelingt dies, kann der Erpresser gefaßt werden. Eine psychische Nötigung wäre nicht zustande gekommen, ohne daß der Handelnde bei Überbringung einer Nachricht sein Pferd zuschanden ritt. Also war es eine Nötigung unter Anwendung von Gewalt gegen das Pferd!

Der Begriff der vis compulsiva im Sinne eines physischen Mittels zu psychischer Nötigung verwechselt die bei Anwendung des Nötigungsmittels geübte Gewalt mit jenem selbst. Es ist dies der Kernfehler der heutigen Gewaltlehre. Er führte zu der Behauptung, daß bei gewaltsamer Anwendung eines nötigenden Lähmungsmittels durch Gewalt genötigt sei. Ferner ergab sich so der Fehlschluß, daß die Entziehung von Werkzeugen oder das Schaffen von Hindernissen unter den Begriff der Gewalt falle, wenn die fraglichen Nötigungsmittel gewaltsam zur Geltung gebracht wurden. Endlich erklärt er die irrige Annahme, mittelbare Entfaltung nötigender Gewalt müsse durch Gewalt („Gewalt an Sachen") erfolgen. Am deutlichsten wird die Verwechselung, wenn man im Sinne des gemeinen Rechtes [1]) und besonders der älteren

---

[1]) Darüber Frank, Rechtsvergleichung, S. 9.

Autoren [1]) unserer Zeit den Begriff der vis compulsiva auf die durch Gewalt zum Ausdruck gebrachte Drohung beschränkt. Die Gewalt ist jedoch nur eine mögliche Form, in welcher das Nötigungsmittel sich darstellt und darf diesem nicht gleichgesetzt werden.

VI. Die herrschende Lehre versteht unter Nötigung das Veranlassen eines Entschlusses, ferner das Erzwingen eines körperlichen Verhaltens. Gemäß der gegebenen Auslegung der Begriffe Gewalt und Drohung muß jede der beiden Nötigungsarten im Sinne des Gesetzes durch ein in ihr eigenes Nötigungsmittel verwirklicht werden. Die psychische Nötigung wird vom Gesetze nur berücksichtigt, wenn sie durch Drohung erfolgt, die physische nur bei Anwendung von körperlicher Gewalt.

Ist dagegen im Sinne der engeren Auslegung unter Nötigung nur ein bestimmtes Veranlassen eines unerwünschten Entschlusses zu verstehen, so bildet die Erwähnung der nötigenden Gewalt gleichsam einen Fremdkörper im Gesetze, den die weitere Auslegung zu entfernen hat.

Bei psychischer Nötigung kann die Gewalt, im Sinne der herrschenden Auffassung gesprochen, nur als vis compulsiva in Frage kommen [2]). Vis compulsiva ist aber keine nötigende, sondern eine Gewalt, die gelegentlich psychischer Nötigung angewendet wurde. Das Gesetz beschränkt jedoch die psychische Nötigung auf das Mittel der Drohung. Kompulsive Gewalt wäre demnach nur solche, welche bei einer Drohung ausgeübt wurde, insbesondere also eine die Drohung konkludent zum Ausdruck bringende Gewalt. Geht man nun von der engeren Auffassung des Begriffes Nötigung aus, müssen die Gesetzesworte: „wer einen Anderen durch Gewalt oder Drohnng nötigt“ so interpretiert werden, als ob die Fassung lautete: „wer einen Anderen durch Drohung nötigt, er mag dabei Gewalt in Anwendung bringen oder nicht“.

---

[1]) So vornehmlich: Hälschner, a. a. O. Band I, Abt. 1, S. 380. — Katz, Gerichtssaal, Band 31, S. 431. — Helmke, a. a. O. S. 17. — Binding, a. a. O. S. 83, Anm. 2.

[2]) So denn auch Oppenhoff-Delius, Kommentar, § 52, Nr. 4. Ferner die Zivilisten wie Kuhlenbeck a. a. O. S. 452, Leonhard a. a. O. S. 527.

Eine solche Auslegung würde sich auf die Volksanschauung berufen können, welche im Gesetze ihren Ausdruck gefunden hat. Nach unkritischer aber volkstümlicher Auffassung wird jemand zu einem Entschlusse genötigt entweder durch Drohung oder durch gewaltsame Behandlung. Die kritische Frage, welche Bedeutung derartiger Gewalt bei einer psychischen Nötigung zukommt, ist nicht aufgeworfen worden: man läßt den ersten Eindruck entscheiden und spricht von Nötigung durch Gewalt [1]).

VII. Die bei Auffassung der Nötigung im herrschenden Sinne vertretene Annahme, das Gesetz beschränke die physische und die psychische Nötigung je auf ein bestimmtes Mittel — Drohung bzw. Gewalt — wird grundsätzlich bestritten: durch die Behauptung Bindings, das Gesetz regele die Nötigungsmittel erschöpfend, ferner durch die von Thurow vertretene Auffassung des Gewaltbegriffes.

Wenn Binding [2]) davon ausgeht, daß Gewalt im Sinne des Gesetzes „Alles zur Nötigung Taugliche" sei „das die Drohungseigenschaft nicht besitzt", so mußte er hierbei voraussetzen, daß das Gesetz mit den Worten: durch Gewalt oder Drohung alle denkbaren Nötigungsarten umschreiben wolle. Einen Beweis dieser Prämisse hat Binding nicht angetreten. Somit sprechen gegen sie die vorgebrachten Erörterungen über das Verhältnis der Nötigung überhaupt zu den gesetzlichen Nötigungsmitteln.

Den gleichen Gedanken sucht Thurow [3]) an der Hand des Gewaltbegriffes zu beweisen. Nach ihm ist unter Gewalt die Fähigkeit zu verstehen, einen anderen zu einem bestimmten Verhalten zu bringen. Der, dem diese Fähigkeit eigen ist, hat den Betroffenen in seiner Gewalt. Bei der Nötigung macht er von seiner Gewalt Gebrauch, nötigt also „durch Gewalt". Damit identifiziert aber Thurow „nötigen" und „durch Gewalt nötigen". Richtig ist, daß, wer einen anderen zu einem bestimmten Verhalten bringen, ihn also nötigen kann, diesen insoweit in seiner Gewalt hat; ebenso richtig ist aber auch, daß die Fähigkeit zu nötigen, kein Nötigungs mittel darstellt.

---

[1]) Vergl. dazu die entsprechenden Ausführungen von Frank, Rechtsvergleichung, S. 20.

[2]) A. a. O. S. 83.

[3]) Thurow a. a. O S. 13 ff.

Wäre das Gesetz wirklich so auszulegen, wie das Thurow annimmt, so würde es Beschränkung der Nötigungshandlungen auf bestimmte Mittel nicht kennen. Die Alternative durch Gewalt oder Drohung wäre verfehlt, da die Nötigung durch Drohung nur einen denkbaren Weg abgibt, die Gewalt über den Betroffenen in Anwendung zu bringen. Schließlich wären die Hinweise, daß die Nötigung durch Gewalt zu erfolgen habe, überflüssig, da eine Nötigung ja niemals anders geschehen kann, als daß der Handelnde von seiner wirklichen (bzw. beim Versuch von seiner vermeintlichen) Fähigkeit Gebrauch macht, den Betroffenen zu einem bestimmten Verhalten zu bringen. Daß Thurow auf Grund seiner Lehre über die Gewalt annimmt, jede auch nicht durch Drohung erfolgte psychische Nötigung sei als Nötigung durch Gewalt vom Gesetze berücksichtigt, liegt auf der Hand. Geht man dagegen mit der allgemeinen und zweifellos begründeteren Auffassung davon aus, daß die Worte „durch Gewalt oder Drohung" Nötigungsmittel bezeichnen sollen, daß insbesondere die Worte „Nötigung durch Gewalt" nicht pleonastisch das bloße „nötigen" wiedergeben, fällt dieser interessante Auslegungsversuch, welcher den ausdrücklichen Beifall Franks[1]) gefunden hatte, in sich zusammen.

§ 4.

Die Auslegung der Worte „durch Gewalt und Drohung" bei Gegenüberstellung der §§ 253 und 255.

I. Im Sinne der herrschenden Bestimmung der Nötigung kann durch physische Überwindung des Körperwiderstandes ein Verhalten abgenötigt werden. Soll Gewalt gemäß § 253 Nötigungsmittel sein, so muß sie am Körper des Betroffenen vollzogen werden, also gegen eine Person gerichtet sein. Nötigung durch Gewalt und Nötigung durch Gewalt gegen eine Person sind demnach identische Begriffe[2]). Trotzdem bestimmt § 253, daß Erpressung unter Anwendung nötigender Gewalt mit Gefängnis nicht unter einem Monat zu bestrafen sei, während nach

[1]) Frank, Rechtsvergleichung, S. 27.

[2]) So: v. Schwarze: Sächs. Gerichtszeitung, Band 16, S. 48 (auch S. 43 ff.).

§ 255 die Strafe des Raubes Platz greifen soll, wurde durch Gewalt gegen eine Person genötigt. Ein identischer Vorgang wäre demnach zwei ganz verschiedenen Strafsatzungen unterstellt. Die herrschende Lehre steht demgemäß vor der Aufgabe, diese zuerst durch Schwarze[1]) berücksichtigte „Antinomie" zu überwinden. Die engere Auffassung des Nötigungsbegriffes entgeht der gleichen Schwierigkeit. Wie sie den § 253 dahin versteht, als ob er lautet: „Wer durch Drohung nötigt, mag dabei Gewalt zur Anwendung gelangt sein oder nicht", müßte für sie der § 255 dahin gefaßt werden: „Wird die Erpressung unter Anwendung von Drohungen mit gegenwärtiger Gefahr für Leib und Leben begangen — es mag dabei Gewalt gegen eine Person verübt sein oder nicht — ist der Täter gleich einem Räuber zu bestrafen". Für sie ist doch Gewalt kein Nötigungsmittel sondern ein mögliches Verfahren, ein solches anzuwenden[2]). Das Wort Gewalt kann in beiden Fällen fortgelassen werden, ohne daß der Sinn der Bestimmung geändert wird. Damit entfiele der Widerspruch.

Dagegen hat die herrschende Lehre in drei Richtungen zu dem für sie bedenklichen Problem Stellung genommen. Die einen erklären den Widerspruch für scheinbar; die zweiten glauben, aus dem Gesetze eine Auslegung ableiten zu können, welche die Antinomie zwar nicht aus der Welt schafft, ihr aber praktisch die Spitze abbricht; drittens wird auch diese Möglichkeit abgestritten.

II. Ein Widerspruch zwischen den §§ 253 und 255 liegt dann nicht vor, wenn die Voraussetzung falsch ist, daß im Sinne des § 253 nur durch Gewalt an einer Person genötigt werden kann. Ist letzteres der Fall, so kann der Nötigung durch Gewalt schlechthin die durch Gewalt gegen eine Person gegenüber gestellt werden. § 255 würde einen Sonderfall des allgemeinen Tatbestandes gemäß § 253 regeln, und darin läge freilich kein Widerspruch.

---

[1]) v. Schwarze, Sächs. Gerichtszeitung, Band 12, S. 38/55, Kommentar zum Strafgesetzbuche, 3. Aufl., S. 639.

[2]) So denn auch konsequenterweise: Katz im Gerichtssaal, Band 31, S. 434, nachdem er S. 424 für die engere Auffassung des Begriffes Nötigung eingetreten war: „wenn festgestellt ist, daß die geübte Gewalt der Art war, daß sie entweder an sich oder in Betracht des Verletzten geeignet war, in dem Letzteren eine Furcht für sein Leben oder seine Gesundheit zu erzeugen, so liegt räuberische Erpressung vor".

Dieser Standpunkt wird mit Entschiedenheit durch Thurow [1]) und Frank [2]) vertreten. Beide gehen davon aus, daß Gewalt überall geübt werden kann, wo ein Widerstand entgegensteht, also an Personen wie an Sachen. § 255 soll nun den Fall berücksichtigen, daß die Gewalt gerade gegen eine Person gerichtet war. Ähnlich ist Villnow [3]) zu verstehen, welcher jedoch unter Gewalt gegen eine Person im Sinne des § 255 solche gegen den Betroffenen versteht, während sich § 253 auf Gewalt an Sachen oder dritten Personen beziehen soll.

Gegen diese Lösung spricht der im vorigen Paragraphen geführte Nachweis, daß Gewalt nur dann als Nötigungsmittel in Frage kommen kann, wenn sie an der Person des Betroffenen ausgeübt wird, also gegen eine Person gerichtet ist. Die dem Begriff der vis compulsiva zu Grunde liegende Verwechselung von Nötigungsmittel und Anwendungsweise desselben wird treffend illustriert durch die Worte von Frank [4]): „Wer z. B. die Kunstschätze eines Sammlers zerschlägt, wendet im Sinne des Gesetzes Gewalt an, mag auch, genau genommen, nur die Furcht vor Fortsetzung des Zerstörungswerkes, also die Drohung den anderen beeinflussen".

Das gleiche Argument richtet sich gegen die Versuche, welche die Antinomie durch die Unterscheidung von unmittelbar gegen die Person wirksamer und mittelbar wirksamer Gewalt zu überwinden vermeinen. Nötigende Gewalt im Sinne des § 253 ist demnach die mittelbare Gewalt. Einige Autoren, vornehmlich Olshausen [5]) und Hälschner [6]), fordern, daß die Wirkung der mittelbaren Gewalt eine physische sei, andere, wie Merkel und Liszt sehen von dieser Beschränkung ab. Olshausen und Hälschner halten die Erfordernisse des § 255 auch dann für erfüllt, wenn dem Genötigten gegenüber mittelbare Gewalt ihrerseits unmittelbar an dritten Personen verübt wird, während

---

[1]) Thurow a. a. O. S. 15 ff.

[2]) Frank, Kommentar, 5./7. Aufl., S. 411; Rechtsvergleichung, S. 21.

[3]) Villnow, Raub und Erpressung, 1875, S. 21 in Verbindung mit S. 8.

[4]) Kommentar, 5./7. Aufl., S. 411.

[5]) Olshausen, Kommentar, 8. Aufl., § 253, Anm. 11.

[6]) Hälschner a. a. O. Band II, 1. Abt., S. 379.

Merkel[1]) und Liszt[2]) für den Fall des § 255 stets unmittelbare Gewalt an der Person des Genötigten verlangen.

Nun muß aber die physisch nötigende Gewalt stets unmittelbar an der Person des Betroffenen in Wirkung treten, die Art ihrer Entfesselung ist gleichgültig. Damit entfällt der Versuch von Olshausen und Hälschner. Die Erkenntnis, daß physische Gewalt niemals als Mittel zu psychischer Nötigung in Betracht kommen kann, spricht gegen die Theorie von Merkel und Liszt, soweit sie die Auffassung der beiden anderen erweitert.

III. Eine fernere Gruppe geht richtig davon aus, daß die physisch nötigende Gewalt stets solche „gegen eine Person" sein muß[3]). Um jedoch der unvermeidlichen Antinomie praktisch die Spitze abbrechen zu können, glaubt man das Gesetz dahin verstehen zu dürfen, daß es im § 255 eine andere Art der Gewalt an der Person im Auge habe als im § 253. Zu diesem Zweck „bleibt", um mit Wächter, dem Wortführer dieser Richtung zu sprechen, „nichts übrig, als bei der räuberischen Erpressung in § 255 die Worte ‚mit gegenwärtiger Gefahr für Leib und Leben' nicht bloß auf die Drohungen, sondern auch auf die Gewalt gegen eine Person zu beziehen" [4]). Diese Wächtersche Lösung hat viel Anklang gefunden[5]), aber auch scharfen Widerspruch. Man entgegnete zunächst, die von Wächter vorgeschlagene Beziehung habe im Gesetze keine Stütze[6]) und sei daher willkürlich[7]). Daß die Lösung nicht den Wortlaut des Gesetzes für sich hat, ist richtig. Sie als „willkürlich" zu verwerfen, ist wohl nicht angängig. Geht man davon aus, daß der Gesetzgeber zweifellos keine Antinomie schaffen wollte, daß er ebenso sicher unter Gewalt gegen eine Person ein Nötigungsmittel verstanden wissen wollte, welches sich zur Gewalt schlecht-

---

[1]) Merkel, Holzendorffs Handbuch, Band III, 13, S. 727.

[2]) v. Liszt a. a. O. S. 443.

[3]) v. Wächter, Gerichtssaal, Band 27, S. 163 u. 165.

[4]) v. Wächter, ebenda S. 173.

[5]) Ein Verzeichnis der weiteren Vertreter geben Stämpfli, Erpressung und Chantage, Berlin 1903, S. 6 und Roth, das Verhältnis der Erpressung zu Nötigung und Raub, Diss. 1899, S. 19.

[6]) So Olshausen, Kommentar, 8. Aufl., § 255, Anm. 2. — Stämpfli, a. a. O. S. 11.

[7]) Kühne a. a. O. S. 68. — Thurow a. a. O., S. 16.

hin verhält wie die Drohung zur Drohung mit gegenwärtiger Gefahr für Leib und Leben, so muß man zugeben, daß die Wächtersche Lösung dem Geist des Gesetzes möglichst gerecht wird. Indessen spricht gegen sie ein Einwurf, welchen Wächter[1]) schon vorausgesehen und den Frank[2]) nachdrücklich erhoben hat. Das Gesetz will fraglos den Fall treffen, in welchem die Erpressung durch die Mittel des Raubes ausgeführt wird. Die Worte durch Gewalt gegen eine Person" müssen mithin im § 249 genau so verstanden werden wie im § 255. Nun ist es aber nicht zulässig, nach § 249 nur Raub anzunehmen, wenn die geübte Gewalt eine gegenwärtige Gefahr für Leib und Leben bedeutet; also ist die gleiche Beziehung auch für § 255 abzulehnen.

Demnach würde der Ansicht derer beizupflichten sein, welche wie Binding[3]), Geyer[4]), Glashoff[5]), Jaffé[6]) Hugo Meyer[7]) die Antinomie für unlösbar erklären.

IV. Der richtige Weg, dem scheinbar unlöslichen Problem nahezukommen, besteht jedoch in der Vorfrage nach der Bedeutung des § 255, nach dem Wesen der sog. „räuberischen Erpressung". Gemäß § 253 kann psychisch genötigt werden durch Drohung und physisch durch Überwinden der Körperkräfte des Bedrohten. Nun muß sich nach § 249 der Räuber entweder der Drohung mit gegenwärtiger Gefahr für Leib und Leben oder der Gewalt gegen eine Person bedienen. Mithin kann der Erpresser bei der Nötigung gegen den Betroffenen zweifellos so vorgehen wie der Räuber gegen sein Opfer, um sich die Wegnahme der Sache zu ermöglichen. Unter dieser Umständen entspricht es durchaus der Billigkeit, auch den als Räuber zu bestrafen, auf den bloß deshalb nicht der § 249 zutrifft, weil er, anstatt sich die Sache zu nehmen, sie sich geben ließ, oder weil der Vorteil, den er sich zu verschaffen wußte, nicht gerade in einem Sacherwerb bestand. Deshalb hatte die

---

[1]) Gerichtssaal, Band 27, S. 124.

[2]) Rechtsvergleichung, S. 22. — Vgl. auch Olshausen a. a. O. S. 959.

[3]) Binding, Lehrbuch, 2. Aufl., Band I, S. 380.

[4]) Geyer, Gerichtssaal, Band 27, S. 384.

[5]) Glashoff, Zur Lehre von der Erpressung 1902, S. 25.

[6]) Jaffé, Zur Lehre von den Delikten der Nötigung, Bedrohung und Erpressung 1899, S. 41.

[7]) Hugo Meyer, Lehrbuch, 4. Aufl., S. 410.

Mehrzahl der deutschen Partikulargesetze diesen gesunden kriminalistischen Gedanken durch die Bestimmung verwirklicht, daß der Erpresser, dessen Angriffsmittel die des Räubers waren, wie ein Räuber zu bestrafen sei: diese Regelung bildete also die Zwischenstufe bei der Differenzierung von Erpressung und Raub (§ 1, III). Diese historische Kontinuität hat auch der § 255 im St.G.B. gewahrt und sehr zu Unrecht wird der Begriff der „räuberischen Erpressung" als „Zwitterbegriff" gebrandmarkt[1]).

Bei derartiger Auffassung erklärt sich zunächst der weitere Widerspruch im Verhältnis des § 255 zum § 254, auf welchen schon Geyer[2]) aufmerksam gemacht hatte. Wird die Erpressung durch Bedrohung mit Mord, mit Brandstiftung oder mit Verursachung einer Überschwemmung begangen, so ist nach § 254 auf Zuchthaus bis zu 5 Jahren zu erkennen. Dagegen kann zu Zuchthaus bis zu 15 Jahren verurteilt werden, falls mit gegenwärtiger Gefahr für Leib und Leben gedroht wurde. Warum jedoch die Nötigung durch Drohung, eine Körperverletzung sofort zu vollziehen[3]), wenn sich der Betroffene nicht fügen sollte, soviel schwerer wiegen soll als Nötigung unter Androhung der in § 254 bezeichneten Rechtsverletzungen, ist an und für sich unerfindlich. Verständlich wird das Strafmaß des § 255 nur, wenn man voraussetzt, daß der kriminalpolitische Gedanke verwirklicht werden sollte, demzufolge der Erpresser dann als Räuber zu bestrafen ist, wenn er den Genötigten wie ein Räuber behandelt hat.

Aus dieser sachlich gerechtfertigten Übernahme des Strafrahmens des Raubes erklärt sich die weitere, durch Buri[4]) hervorgehobene Unstimmigkeit, wonach im schwereren Fall des § 255 mildernde Umstände zugelassen, für den leichteren des § 254 dagegen ausgeschlossen sind.

Freilich hat der Gesetzgeber nicht daran gedacht, daß er, sobald er auf die Strafsatzungen gegen Raub verwies, auch die des § 254 entsprechend modifizieren mußte. Bei der Aufstellung der in § 254 und § 255 geregelten Sonderfälle der Erpressung leiteten ihn zwei Gesichtspunkte: die Schwere der nötigenden

---

[1]) So v. Liszt, Lehrbuch, 14./15. Aufl., S. 497.

[2]) Geyer, Gerichtssaal, Band 27, S. 384.

[3]) Vgl. die Ausführungen im § 2 unter I.

[4]) v. Buri, Beilageheft des Gerichtssaals, Band 29, S. 68.

Drohung und die mögliche gleiche Strafwürdigkeit von Erpressung und Raub. Dabei ließ er indessen außer Betracht, daß sich diese Prinzipien bis zu einem gewissen Grade decken, da die Verwandtschaft mit dem Raube durch die Schwere der Drohung bedingt wird. Infolgedessen müssen unter Umständen zwei gleich strafwürdige Erpressungshandlungen verschieden bestraft werden, je nachdem sie dem § 254 oder § 255 unterfallen.

Die vertretene Auffassung des § 255 zeigt endlich, daß nur scheinbar zwischen den §§ 253 und 255 ein Widerspruch besteht. Nach § 253 kann die Erpressung begangen werden durch psychische Nötigung mittels Drohung und mittels gewaltsamen Erzwingens eines körperlichen Verhaltens. Bei dieser Regelung des Grundtatbestandes mußte sich der Gesetzgeber sagen, daß die Erpressung durch die Mittel des Raubes begangen werden kann und dann dem Raube an Strafwürdigkeit gleich steht. Diese Erwägung führte zur lex specialis des § 255, welcher die Erpressung durch die Mittel des Raubes in der Bestrafung dem Raube gleichstellt. Demnach wäre das begriffliche Verhältnis des § 255 zum § 253 sachlich durchaus widerspruchslos. § 253 bestimmt die Normalstrafe für Erpressung auf Gefängnis nicht unter einem Monat, dagegen tritt die Strafe des Raubes nach § 255 ein, wenn der Erpresser den Betroffenen wie ein Räuber behandelt hat. Dabei übersah allerdings der Gesetzgeber, vermutlich irregeleitet durch die allgemeine Anerkennung der vis compulsiva als Nötigungsmittel, daß jede physische Nötigung durch Gewalt eine Gewalt gegen eine Person und mithin eine „räuberische Nötigung" voraussetzt. Dieses Versehen hebt jedoch die Spezialbestimmung des § 255 nicht auf. Der Gesetzgeber nahm an, daß physisch durch Gewalt genötigt werden konnte, ohne daß dabei Gewalt gegen eine Person zur Anwendung gelangte; da es jedoch solche Fälle nicht gibt, kann § 253 auf Erpressung durch physische Nötigung niemals Anwendung finden.

Diese zutreffende Erwägung hatte die Verfasser des preußischen St.G.B. von 1851 dazu bestimmt, — im Gegensatz zu den Entwürfen — den Grundtatbestand der Erpressung auf die Nötigung durch Drohung zu beschränken [1]). Man war der An-

[1]) Goldammer, Materialien zum preuß. Strafgesetzbuch, II, S. 453. — Hälschner, Preußisches Strafrecht, Band IV, S. 179, Anm. 2.

sicht, daß für die Fälle der gewaltsamen Nötigung die Bestimmung gegen räuberische Erpressung (§ 236 jetzt § 255 R.St.G.B.) ausreiche. In dem Entwurfe eines St.G.B. für den norddeutschen Bund wurde jedoch die Gewalt wieder unter die Mittel der erpresserischen Nötigung aufgenommen, da man meinte, Übereinstimmung mit der Mehrzahl der entsprechend gefaßten Partikulargesetze erzielen zu müssen [1]).

Demnach bleibt nur dann ein Dilemma bestehen, wofern man, wie dies alle besprochenen Versuche getan haben, ausschließlich die Erpressung durch nötigende Gewalt und die Erpressung durch nötigende Gewalt gegen eine Person miteinander vergleicht. Stellt man dagegen unter sachgemäßer Würdigung der räuberischen Erpressung dieselbe als Einheit dem Grundtatbestand gegenüber, gelangt man zu dem Satze: daß die Erpressung stets als Raub zu bestrafen ist, wenn die Mittel des Raubes gegen den Genötigten angewendet wurden. Infolgedessen gibt es keinen Fall der Erpressung durch nötigende Gewalt, welcher nicht als „räuberische Erpressung" aufzufassen wäre. Der Irrtum des Gesetzes besteht nur in der Annahme, solche Fälle wären denkbar, besteht jedoch nicht in der Bestimmung verschieden schweren Strafmaßes für den identischen Vorgang.

Die gegebene Gesetzauslegung entscheidet endlich die Frage, ob nach § 255 die Gewalt gegen eine Person gerade gegen die Person des Genötigten gerichtet sein muß. Das Strafmaß der räuberischen Erpressung rechtfertigt sich eben, weil der Handelnde gegen den Genötigten wie ein Räuber vorging. Im Sinne dieser Analogie ist mit der überwiegenden Meinung anzunehmen, daß nach § 255 die physische Gewalt gegen die Person des Genötigten gerichtet sein muß.[2]).

---

[1]) Vgl. Winkler a. a. O. S. 50/51.

[2]) Widerspruchsvoll ist die abweichende Ansicht Franks, welcher — Rechtsvergleichung, S. 22 — gegen Wächter mit Recht betont, die Nötigungsmittel müßten im § 255 wie im § 249 aufgefaßt werden, um dann — Kommentar, 5./7. Aufl., S. 411 — als Nötigungsmittel der räuberischen Erpressung jede Gewalt anzusehen, die auf eine Person physisch einwirkt, während es ihm S. 406 für den Raub selbstverständlich ist, daß sich die Gewalt gegen eine Person richtet, welche den Gewahrsam der wegzunehmenden Sache schützt oder schützen will.

§ 5.

Das abgenötigte Verhalten.

I. Bei der Erpressung wird nach § 253 genötigt zu einem Handeln, Dulden oder Unterlassen. Der Genötigte muß also entweder den Entschluß verwirklichen, einen Erfolg durch eine Tätigkeit oder durch eine planmäßige Verbindung eines Verhaltens notwendig zu machen [1]) — oder er entschließt sich, eine Tätigkeit oder Handlung nicht zu unternehmen, d. h. sie zu unterlassen [2]). Das Dulden ist nur ein Sonderfall des gewillkürten Unterlassens. Der Duldende ist entschlossen, einer unerwünschten Lage unter den gegebenen Umständen kein Ende zu bereiten, mithin deren Behebung zu unterlassen. Die Worte „Handeln, Dulden, Unterlassen" können demnach zu dem Begriff „des gewillkürten Verhaltens" zusammengefaßt werden.

II. Die herrschende Auffassung der Nötigung steht ihrem Wesen nach mit der vertretenen Auslegung der Worte „Handeln, Dulden und Unterlassen" im Widerspruch. Daß physisch kein Handeln abgenötigt werden kann, wird allgemein anerkannt. Die Behauptung von Villnow [3]), „es könne ein Tun physisch erzwungen werden", „es sei aber kein Tun im technischen Sinne" und die inhaltlich gleichartige Meitzels [4]), „eine Handlung könne abgenötigt werden, es sei aber eine Scheinhandlung", stellen sich sachlich auf den Boden der herrschenden Lehre. Sprechen Binding [5]), Olshausen [6]) und andere von der Möglichkeit, vi absoluta ein Unterlassen zu erzwingen, so beachten sie nicht, daß dem körperlich Bezwungenen die Aktivität genommen ist. Nicht die Marionette unterläßt eine Bewegung, nur der, der den Draht zieht, kann es unterlassen, sie in Bewegung zu setzen. Daß der Behauptung, durch körperliche

---

[1]) Über den Handlungsbegriff und die Spezialfragen vgl. Kollmann, Die Stellung des Handlungsbegriffes im Strafrechtssystem.

[2]) Über die Lehre von der Unterlassung vgl. ebenfalls Kollmann, Das kommissive Unterlassen, Ztschr. f. d. ges. Strafrechtsw., Band 29, S. 372 ff.

[3]) Villnow, Raub und Erpressung, S. 7/8.

[4]) Meitzel, Die Delikte der Nötigung, Bedrohung und Erpressung, S. 20/21.

[5]) Binding, a. a. O. S. 82.

[6]) Olshausen, Kommentar, 8. Aufl., § 240, Anm. 4.

Gewalt könne ein Dulden abgenötigt werden, die Verwechselung von Dulden und Erdulden zugrunde liegt, ist ausführlich entwickelt worden (§ 1, II a. E.). Auch Olshausen[1]), freilich sich selbst widersprechend[2]), ist für die Richtigkeit dieser Auffassung eingetreten. Demnach kennt das Gesetz nur Nötigung zu einem gewillkürten Verhalten, und die herrschende Auffassung der Nötigung wird hinfällig, sofern man das Wesen des Nötigens nach dem abgenötigten Verhalten bestimmt.

Für eine Ablehnung jener Lehre spricht überdies die allgemeine Auffassung des Begriffes der Erpressung. Wer die einschlägige Literatur nicht kennt, wird kaum darauf verfallen, etwa die folgenden Vorgänge dem Tatbestande der Erpressung zu subsumieren. — Durch körperliche Überwältigung wird ein Gläubiger gehindert, an der Gläubiger-Versammlung teilzunehmen. Sein Nichterscheinen bedeutet für ihn einen schweren Verlust zugunsten des ihn bezwingenden Gegners. — Ein wertvolles Wild ist vom Jagdpächter und seinen Treibern umstellt; im letzten Augenblick stürzt sich ein Nachbar auf den Pächter, durch einen wuchtigen Hieb zwingt er jenen zu lautem Schmerzensschrei, die Treiber eilen dem Herrn zur Hilfe, während der Nachbar entflieht; das Wild entkommt auf das nachbarliche Grundstück, wo es von lauernden Knechten erlegt wird. — Noch deutlicher wird das Ausgeführte, wenn man mit der abgelehnten herrschenden Meinung Betäuben für ein gewaltsames Nötigen erklärt. Beim Automobilpreisrennen wird der auf die Maschine gut eingeübte Chauffeur des kräftigsten Wagens durch eine Opiumzigarette betäubt, der Wagen des also nötigenden Gegners gewinnt den Preis.. — In allen diesen Fällen wird ein Verhalten gewaltsam abgenötigt, das Vermögen des Betroffenen wird beeinträchtigt und doch wird kein Unbefangener von Erpressung reden. Es ist charakteristisch genug, daß auch Anhänger der herrschenden Bestimmung der Nötigung[3]) dazu neigen, bei der Erpressung eine Entschlußbildung vorauszusetzen,

---

[1]) Olshausen, Kommentar, 8. Aufl., § 176, Anm. 7 in Verbindung mit § 240, Anm. 4.

[2]) Über die Art jenes Widerspruches vgl. S. 6, Anm. 1.

[3]) Vgl. z. B. Olshausen, § 240, Anm. 4 mit § 253, Anm. 6 u. 13c; Merkel, Holtzendorffs Handbuch, S. 727/728 mit S. 730.

soweit sie nicht unmittelbar unter dem Eindruck ihrer — jener Annahme nicht entsprechenden — Erörterungen über den Gewaltbegriff stehen. Freilich bedeutet dieser abweichende Sprachgebrauch des Wortes Erpressung für sich allein kein zwingendes Argument gegen die herrschende Lehre. Das Gesetz nennt eben — so ließe sich entgegnen — die in bestimmter Weise vermögensschädigende Nötigung Erpressung, und auch die herrschende Auslegung des Wortes Nötigung kann sich auf den Sprachgebrauch berufen. Nimmt man aber hinzu, daß auch das Gesetz Nötigung zu gewillkürtem Verhalten fordert, also insofern völlig der volkstümlichen Bedeutung des Wortes Erpressung gerecht wird, so scheint es unmöglich zu sein, die herrschende Meinung aufrecht zu erhalten: genau so, wie es nach der Erörterung über den Gewaltbegriff ausgeschlossen erschien, ohne Willkürlichkeit die engere Auffassung des Begriffes der Nötigung zu verfechten.

Während die ausschließlich psychologische Definition der Nötigung das Wort Gewalt aus dem Gesetze entfernen müßte, sieht sich die herrschende Lehre gezwungen, die vom Gesetz gegebene Bestimmung des abgenötigten Verhaltens so zu erweitern, daß nicht bloß das Gewillkürte in Frage kommt. Die Verwechselung von Dulden und Erdulden hatte über diese Notwendigkeit hinweggetäuscht. Der einfachste Weg wäre wohl folgender Schluß: das Gesetz hält Erpressung durch physische Nötigung für möglich, muß also der Möglichkeit Rechnung tragen, daß ein nichtgewillkürtes Verhalten abgenötigt werden kann; nun verwechselt eine weit verbreitete Anschauung die Begriffe Dulden und Erdulden; mithin ist anzunehmen, daß das Gesetz die Möglichkeit, ein nichtgewillkürtes Verhalten abzunötigen, durch das Wort „Duldung" berücksichtigen will. Gegen diesen Auslegungsversuch wäre ebensoviel oder so wenig einzuwenden als gegen die Erwägungen der gegnerischen Richtung, welche darauf abzielen, den Gewaltbegriff in § 253 auszuschalten.

III. Betrachtet man zunächst das abgenötigte willkürliche Verhalten, so hat es vom Standpunkte des Genötigten aus eine doppelte Bedeutung. Es ist für ihn einmal die Verwirklichung eines unerwünschten Entschlusses, sodann überhebt es ihn einer Gefahr, indem es ein geringer wirkendes Übel nach sich zieht.

Für den Nötigenden dagegen ist das derart zwiefach wirksame abgenötigte Verhalten Mittel zum Zweck. Er nötigt, um sich oder einem Dritten einen rechtswidrigen Vermögensvorteil zu verschaffen. Das Verhalten ist demnach von dreifacher Wirksamkeit. Diese möglichen Beziehungen zu den drei notwendigen Erfolgen sind näher zu entwickeln.

Das Verhalten selbst kann einfach sein und so in einer Tätigkeit oder in einem bestimmten Unterlassen bestehen. Es kann auch eine planmäßige Verbindung einer Reihe von bestimmten Tätigkeiten oder Unterlassungen bzw. von Tätigkeiten und Unterlassungen sein.

Das einfache Verhalten, sei es Tun oder Unterlassen, macht drei Erfolge notwendig; das Unterlassen wäre also nach drei Richtungen „kommissiv" [1]). Für letzteres folgendes Beispiel: Durch Androhung einer Beleidigungsklage wird der Betroffene genötigt, nicht Wandlungsklage zu erheben. Er bringt sie deshalb im Termin nicht vor. Infolgedessen verliert er seinen Prozeß, rettet aber seine durch die angedrohte Beleidigungsklage gefährdete Ehre und verschafft dem drohenden Gegner im Zivilprozeß einen bedeutenden Vermögensvorteil.

Indessen brauchen die Verhältnisse beim einfachen Verhalten nicht so übersichtlich zu liegen. Die abgenötigte Unterlassung kann eine bestimmte Tätigkeit, das Tun kann ein bestimmtes Unterlassen zur Voraussetzung haben. Die bestimmte Tätigkeit ist dann nach Lage der Sache nur möglich, wenn eine andere unterlassen wird, bzw. es kann nur dann eine bestimmte Tätigkeit unterlassen werden, wenn der Genötigte eine andere vornimmt. Nunmehr bedeutet zwar das abgenötigte Tun oder Unterlassen die Rettung aus der Gefahr, der unerwünschte Erfolg kann aber durch das korrespondierende Tun oder Unterlassen notwendig geworden sein. Der vom Drohenden erstrebte Erfolg kann dagegen sowohl durch das aus der Gefahr rettende

---

[1]) Auf die Frage, wie ein Unterlassen einen Erfolg notwendig mache, braucht im Zusammenhang nicht eingegangen zu werden, da nirgends bestritten wird, daß dies möglich sei. Eine eingehende Behandlung findet das angeregte Problem bei Kollmann, die Stellung des Handlungsbegriffes im Strafrechtssystem, S. 155 ff. und: Der Begriff des kommissiven Unterlassens, Ztschr. f. d. ges. Strafrechtsw., Band 29, S. 372 ff.

Verhalten, als durch das entsprechende Tun oder Unterlassen, als endlich durch die Folgen der Tätigkeit in Verbindung mit denen des Unterlassens herbeigeführt werden.

Das Ausgeführte mögen folgende Beispiele erläutern: Es wird jemand durch Drohung genötigt, sich sofort mit einem Briefe zu entfernen. Wenn er dies tut, muß er eine geplante Besprechung mit einem gleichzeitig erscheinenden Geschäftsfreunde unterlassen. Sein Fortgehen versöhnt zwar den Gegner, das Unterlassen der Besprechung bedeutet aber eine nicht geringe Schädigung seiner Vermögensinteressen zugunsten des Drohenden. — Ein Bankhaus bedroht eine Großfirma mit Entziehung des Kredits, wenn sie dem Hause Z. einen bestimmten Auftrag erteilt. Für die Firma ist aber die Auftragserteilung Lebensfrage; dabei sind nur zwei Häuser in der Lage, dem Auftrage zu genügen. Sie kann den Auftrag bei Z. lediglich dann unterlassen, wenn sie den weniger leistungsfähigen C. beauftragt. Der Bank kommt es aber darauf an, während der augenblicklichen Krisis das Haus Z. zu schwächen, dagegen den Kredit von C. zu erhöhen. Erst wenn diese beiden Voraussetzungen gegeben sind, hat eine geplante Finanzoperation Erfolg. Für die bedrohte Firma ist jedoch die Nichtberücksichtigung des Hauses Z. mit erheblicher Vermögensverschiebung zugunsten der nötigenden Bank verbunden.

Muß dagegen der Genötigte, um der Gefahr zu entgehen, sich zur Verwirklichung eines Erfolges entschließen, welcher mehrere Teilakte erfordert, so kann die unvermeidliche Schädigung in der entwickelten Weise von einem einzelnen Teilakt abhängen, ferner von einer Verbindung unter den Teilakten, endlich von demselben Vorgehen, welches die Gefahr überwindet. Befand sich der Genötigte in einer Lage, wo er sich nur durch Verwirklichung verschiedener Erfolge vor dem Unheil sichern konnte, so gilt das Gesagte entsprechend.

Dieselben Abhängigkeitsformen kommen auch für den Erfolg in Betracht, welchen der Nötigende erstrebt. Schließlich kann die eine Nötigung den Betroffenen in mehrfacher Beziehung schädigen und dem Drohenden mehrere Vorteile sichern. Dagegen vereinfacht es die Beziehung, wenn dasselbe Verhalten, welches den Genötigten schädigt, im weiteren Verlauf auch die Interessen des Handelnden befriedigt. Ob der Begriff der Erpressung ein derartiges Zusammenfallen von schädigendem und die Ziele des Drohenden förderndem Verhalten erheischt, kann erst in späterem Zusammenhange entschieden werden.

Es entbehrt des praktischen Wertes, das System aller hier denkbaren Abhängigkeitsverhältnisse zu entwickeln. Indessen war ein Hinweis auf die unendliche Fülle möglicher Beziehungen der drei Erfolge zum abgenötigten Verhalten um so mehr angebracht, als die einschlägigen Fragen in der Spezialliteratur überhaupt nicht gestreift werden.

IV. Auf Grund dieser Erwägungen ergaben sich für die Auslegung des Gesetzes folgende beiden Fragen: drei Erfolge veranlaßt das abgenötigte Verhalten; wenn diese teils durch eine Handlung, teils durch ein Unterlassen bewußt verwirklicht wurden, war dann zu einem Handeln oder zu einem Unterlassen oder zu beidem genötigt? ferner: mußte der Genötigte alle drei Erfolge bewußt verwirklichen oder kann auch erpresserisch genötigt werden, ohne daß der Betroffene die dreifache Beziehung seines Verhaltens überblickt?

Die Antwort auf beide Fragen gibt ein Hinweis auf das Wesen der Nötigung. Genötigt wird zu einem unerwünschten Entschlusse, d. h. zur Beseitigung einer Gefahr auf Kosten sonstiger Interessen. Abgenötigt ist mithin stets das Verhalten welches den Betroffenen der Gefahr entzieht. War dieses eine Handlung, wurde zum Handeln, andernfalls zum Unterlassen genötigt. Wird jemand zu einer bestimmten Reise genötigt, während der er seine Interessen nicht sachgemäß vertreten kann und so sein Vermögen zugunsten des Drohenden schädigt, ist zu einem Handeln, nicht zu einem Unterlassen genötigt worden.

Das Wesen der Nötigung fordert nicht, daß der Betroffene die Größe des Schadens erkannte, welchen das abgenötigte Verhalten für ihn in Gefolge haben muß; ja der Bedrohte kann sogar die wahre Eigenart der Schädigung völlig verkennen. Im obigen Beispiel mag ihm die Reise höchst unerwünscht sein, da er für seine Gesundheit fürchtet; daß er zugleich sein Vermögen schädigt, braucht er nicht zu bemerken. Noch weniger muß der Genötigte erkennen, welches Ziel der Drohende erstrebt. Der zur Reise Genötigte sieht vielleicht, daß er sein eigenes Vermögen schädige, dabei bleibt ihm aber verborgen, inwiefern der Nötigende an dieser Schädigung interessiert ist.

In vielen Fällen der Nötigung wird es dem Handelnden gerade darauf ankommen, daß der Betroffene die Eigenart oder den Umfang der Schädigung verkennt, denn nur unter dieser Voraussetzung würde letzterer für das Nötigungsmittel zugänglich sein. Das Gleiche gilt von der Erkenntnis der Vorteile, welche das abgenötigte Verhalten dem Drohenden bringen soll. Merkt der Bedrohte, welche Erfolge die eigene Schädigung dem Gegner verschaffen soll, so kann seine Abneigung die Nötigung vereiteln. Ein geeigneter Weg, den Betroffenen in Unkenntnis zu erhalten, besteht unter Umständen in der Abnötigung einer Handlung, während es dem Nötigenden allein auf die Konsequenzen eines korrespondierenden Unterlassens ankommt, oder es wird ein Unterlassen gefordert, während die dabei notwendige Tätigkeit für den Nötigenden allein von Bedeutung ist [1]).

Der Drohende kann, um seinen Erfolg zu erreichen, unter solchen Umständen nötigen, bei welchen derselbe eintritt, wofern der unerwünschte Entschluß verwirklicht wird. Die Sachlage kann aber auch so gestaltet sein, daß der Handelnde nach erfolgter Nötigung noch bestimmte Schritte unternehmen muß, um zum Ziele zu gelangen. Das abgenötigte Verhalten ist beispielsweise die Voraussetzung zur Einleitung einer Börsenoperation, welche den von vornherein erstrebten Vermögensvorteil sicherstellt. Bei derartig weitblickendem Handeln wird es dem Bedrohten in der Regel unmöglich sein, sich über die Motive des Nötigenden Klarheit zu verschaffen.

V. Für die physische Nötigung bleiben die meisten der angeregten Fragen außer Betracht. Der physisch Genötigte rettet sich weder aus einer Gefahr, noch veranlaßt er selbst eine Interessenschädigung. Nur sein ihn überwältigender Gegner läßt bestimmte Erfolge notwendig werden. Mithin ist nur das vom Nötigenden erstrebte Ziel bedeutungsvoll. Um dieses zu erlangen, nimmt er mit dem Körper des Genötigten eine Bewegung vor oder er unterläßt eine solche oder aber er verbindet mehrere derartige Teilakte nach einheitlichem Plane. Ob der

---

[1]) Es sei auf die entsprechenden Beispiele unter III verwiesen.

Genötigte die Bedeutung der gegnerischen Handlungsweise erfaßt oder nicht, ist gleichgültig, da physische Nötigung auch bei Überwältigung eines blinden, sinnlosen Widerstandes anzunehmen ist.

Abschnitt 2. Die Erpressung als rechtswidrige Beeinträchtigung eines rechtlich geschützten Vermögens.

§ 1.

Die Erpressung als Vermögensdelikt.

I. Die herrschende Meinung erblickt in der Erpressung ein Vermögensdelikt [1]). Das Gesetz spricht jedoch nur von der Nötigung, „um sich oder einem Dritten einen rechtswidrigen Vermögensvorteil zu verschaffen". Mit Rücksicht auf diesen Wortlaut ist die Erpressung vereinzelt [2]) als ein durch die Bereicherungsabsicht qualifiziertes Freiheitsdelikt aufgefaßt worden. Gegen diese Auffassung spricht indessen die historische Entwickelung des Delikts, die systematische Stellung der Erpressung im R.St.G.B., die richtige Auslegung des Begriffes „rechtswidriger Vermögensvorteil" und schließlich der für die Erpressung bestimmte Strafrahmen.

Das römische Recht, das gemeine Recht, die deutschen Partikulargesetze erblickten in der Erpressung ein Vermögensdelikt. Nur vereinzelt [3]) tritt die Ansicht auf, daß die concussio nicht

---

[1]) Vgl. Merkel, Holtzendorffs Handbuch, Band III, S. 733. — v. Liszt, Lehrbuch, 14./15. Aufl., S. 478. — Binding, Lehrbuch a. a. O. S. 374 ff. — Hälschner a. a. O. Band II, Abt. 1, S. 381. — Frank, Kommentar, 5./7. Aufl., S. 410; Rechtsvergleichung, S. 25. — Meyer-Allfeld a. a. O. S. 486.

[2]) Die Vertreter dieser Auffassung sind: v. Buri, Gerichtssaal, Band 29, Beilage S. 66. — Katz, Gerichtssaal, Band 31, S. 442. — Stern, Über das Verhältnis zwischen Nötigung und Erpressung, S. 94 ff. — Fränkel, Die Delikte der Nötigung, Bedrohung und Erpressung, S. 16 ff. — Kühne, a. a. O. S. 14. — Jaffé a. a. O. S. 54.

[3]) Vgl. dazu Frank, Rechtsvergleichung, S. 27 mit S. 6 ff.

gerade gegen das Vermögen gerichtet zu sein brauche [1]). Doch auch dieser Ansicht nach ist Erpressung nur dann gegeben, wenn durch die Freiheitsverletzung andere Rechtsgüter beeinträchtigt werden.

Daß das Reichsstrafgesetzbuch nicht die Kontinuität dieser Entwickelung durchbrechen wollte, ergibt die Zusammenstellung von Erpressung und Raub [2]). Nur nach der Art des Angriffes auf das Vermögen, nicht nach dem Angriffsobjekt werden die Delikte grundsätzlich unterschieden. Dieser inneren Verwandtschaft der beiden Delikte soll der § 255 gerecht werden.

Nimmt man weiter, unter richtiger Auslegung des Wortes „rechtswidrig", den „rechtswidrigen Vermögensvorteil" für einen solchen, der von Rechts wegen zurückgefordert werden kann, so ergibt sich, daß ein derartiges Rückforderungsrecht auf entsprechend rechtswidriger Schädigung eines rechtlich geschützten Vermögens beruhen muß. Ein rechtswidriger Vermögensvorteil im Sinne der Erpressung wäre mithin ein solcher, um den der Verletzte geschädigt wurde, welcher also „dem Vermögen eines anderen in einer den privatrechtlichen Grundsätzen widersprechenden Weise entzogen wurde" [3]). Die hier vorausgesetzte Auslegung des Wortes „rechtswidrig" soll der folgende Paragraph rechtfertigen. Ist diese sachgemäß, so widerspricht die im Zusammenhang bestrittene Auffassung der Erpressung auch dem Text des Gesetzes [4]), welcher das Erfordernis der Vermögensschädigung durch den Begriff des „rechtswidrigen Vermögensvorteils" zum Ausdruck bringt.

Wird jedoch von den Vertretern der Gegenmeinung jene Auslegung der bezeichneten Worte nicht zugegeben [5]), so spricht

---

[1]) So v. Grolman, Grundriß der Kriminalrechtswissenschaft, 4. Aufl., S. 316. — Abegg, Lehrbuch der Strafrechtswissenschaft 1836, S. 300. — Martin, Lehrbuch des Kriminalrechts, Aufl. 1829, S. 474/475. — Salchow, Lehrbuch des peinlichen Rechtes, 3. Aufl. 1823, S. 409. — Bauer, Lehrbuch der Strafrechtswissenschaft 1827, S. 358/359.

[2]) Entsprechend: Frank, Rechtsvergleichung, S. 27.

[3]) So insbesondere Merkel a. a. O. S. 733. — Frank, Rechtsvergleichung, S. 27. — Hälschner a. a. O., Band II, Abt. 1, S. 382.

[4]) So Frank, Kommentar, 5./7. Aufl., S. 410.

[5]) So bestreiten dieselbe: v. Buri a. a. O. S. 59 ff., Katz a. a. O. S. 443, Stern a. a. O. S. 83.

freilich der Wortlaut des isoliert betrachteten § 253 für ihre Ansicht: Erpressung sei Nötigung, qualifiziert durch die Absicht, sich oder einem Dritten einen Vermögensvorteil zu verschaffen. Indessen kann diese Auslegung das Strafmaß des § 253 nicht rechtfertigen. § 240 bestraft die Nötigung durch Gewalt oder durch Drohung mit einem Verbrechen oder Vergehen mit Gefängnis bis zu einem Jahre oder mit Geldstrafe bis 600 Mark. Die einfache Erpressung ist, ohne daß die erschwerte Drohung des § 240 gefordert wird, unter Ausschluß der Geldstrafe mit Gefängnis nicht unter einem Monat belegt; überdies können die bürgerlichen Ehrenrechte aberkannt werden. Die rechtswidrige Nötigung durch einfache Drohung müßte also danach um ein Bedeutendes strafwürdiger sein als Nötigung unter Androhung eines Verbrechens, falls den Nötigenden die Absicht leitete, sich oder einem Dritten einen Vermögensvorteil zu verschaffen. Das Gesetz fordert ja nicht einmal gewinnsüchtige Absicht [1]). Durchaus edle Motive (z. B. Erwirkung einer Armenunterstützung) können die Nötigenden bei der Absicht, einem Dritten einen Vermögensvorteil zu verschaffen, geleitet haben. In der Absicht, einem verarmtem Freunde wieder aufzuhelfen, nötigt ein Geschäftsmann rechtswidrig einige angesehene Persönlichkeiten, jenem „prima Referenzen" auszustellen Um seinem geschätzten Rheder eine pekuniäre Verlegenheit zu ersparen, nötigt ein Kapitän die Mannschaft zu nach der Seemannsordnung § 35 ff. unzulässigen Überstunden. In der bloßen Absicht, sich oder einem Dritten einen Vermögensvorteil zuzuwenden, kann mithin niemals der Grund gefunden werden, die Strafe der Nötigung so außerordentlich zu erhöhen Um das Strafmaß des § 253 dem des § 240 gegenüber zu rechtfertigen, mußte das Gesetz bei der erpresserischen Nötigung die Beeinträchtigung weiterer Rechtsgüter zur Voraussetzung machen. Die Betrachtung der Rechtsentwickelung, die Würdigung der systematischen Stellung der Erpressung im R.St.G.B. drängt zum Schluß, daß die erpresserische Nötigung das Rechtsgut des Vermögens angreifen muß.

---

[1]) Unverständlich ist, wenn Meyer-Allfeld, a. a. O. S. 486 das Gegenteil behauptet. Die Absicht, die Vermögensinteressen eines anderen zu fördern, braucht doch nicht auf Gewinnsucht zu beruhen.

II. Steht somit fest, daß die Erpressung nach deutschem Recht als Vermögensdelikt aufzufassen ist, so ist damit zugleich entschieden, welches Rechtsgut durch Erpressung angegriffen sein muß und wer durch Erpressung verletzt worden ist.

Letzteres kann nur zweifelhaft sein, wenn der Genötigte und der an seinem Vermögen Geschädigte nicht identisch sind. Diese Möglichkeit ist nirgends bestritten [1]. Liszt [2], auch Hälschner [3] behaupten, der durch Gewalt oder Drohung Genötigte müsse als der durch Erpressung Verletzte angesehen werden. Diese Auffassung widerspricht aber der auch von ihnen vertretenen Anerkennung der Erpressung als Vermögensdelikt. Ein Vermögensdelikt, welches den Verletzten nicht am Vermögen zu treffen brauchte, wäre ein innerer Widerspruch. Lehnt man daher die Auffassung ab, welche die Erpressung als durch Bereicherungsabsicht qualifiziertes Freiheitsdelikt bestimmt, so muß man denjenigen für den durch die Erpressung Verletzten halten, gegen dessen Vermögen sich der entsprechende rechtswidrige Angriff richtete.

Die Erpressung ist also eine bestimmte Beeinträchtigung des rechtlich geschützten Vermögens einer Person. Rechtlich geschützt ist das Vermögen eines Subjekts, soweit als sich bei Eingriffen in das demselben tatsächlich zustehende Vermögen der Rechtschutz geltend macht. Demnach gehören zu dem rechtlich geschützten Vermögen alle Güter, mit deren rechtswidriger Beeinträchtigung entsprechende Rechte auf Rückerstattung oder Schadensersatz zur Entstehung gelangen.

Führte somit die Nötigung zu einem Vermögenseingriff, welcher den Betroffenen nicht zur Forderung auf Rückerstattung oder Ersatz berechtigt, realisierte insbesondere der Nötigende eine ihm zustehende Forderung, so entfällt der Tatbestand der Erpressung, weil kein rechtlich geschütztes Vermögen verletzt worden ist. Im letzteren Falle wurde nur der Zustand herbei-

---

[1]) Vgl. z. B. v. Liszt a. a. O. S. 479. — Meyer-Allfeld a. a. O. S. 486.

[2]) v. Liszt a. a. O. S. 479.

[3]) Hälschner a. a. O. S. 383.

geführt, welcher nach Inhalt des Forderungsrechtes zwischen den Beteiligten bestehen sollte. Die herrschende Lehre hat die Richtigkeit dieser Ausführungen anerkannt durch die einstimmige Entscheidung, daß Nötigung zum Zweck der Selbsthilfe nicht als Erpressung anzusehen sei [1]).

Die Entscheidung der weiteren Frage, unter welchen Voraussetzungen Vermögensbestandteile rechtlichen Schutz genießen, hat die Lehre von den Vermögensrechten zu treffen. So gibt auch sie die Voraussetzungen an die Hand zur Beantwortung der in der Literatur über die Erpressung vielfach erörterten Frage, ob die abgenötigte Realisierung einer Naturalobligation Erpressung im Sinne des § 253 sei [2]).

III. Der Begriff des Vermögens wird von der zivilistischen wie strafrechtlichen Literatur unter fast vollständiger Übereinstimmung definiert als der Inbegriff der einer Person zustehenden geldwerten Güter [3]) [4]). Ein Gut hat Geldwert, wenn es Handelsobjekt sein kann, wenn ferner sein Besitz geldwerte Einnahmen sichert oder auch nur ermöglicht. Kann in letzterem Fall auch das Gut nicht immer erstanden werden, so repräsentiert doch sein Besitz einen in Geld abschätzbaren Wert. In diesem Sinne gehört z. B. die Gesundheit eines Arbeiters zu dessen Vermögen. Die Jahreserträge seiner Tätigkeit können zum Zweck der Bewertung dieses Gutes „kapitalisiert" werden. Daß derartige den Erwerb sichernde oder ermöglichende Güter in der Regel sich nur annäherungsweise nach ihrem Geldwerte ausdrücken lassen, widerspricht nicht, wie

---

[1]) Vgl. hierüber z. B. v. Liszt a. a. O. S. 474. — Binding, Lehrbuch, Band I, S. 363. — Frank, Kommentar, 5. Aufl., § 44 ff.

[2]) Die Frage wird bejaht von Merkel a. a. O. Band IV, S. 418/419, Frank, Zeitschr. f. d. ges. Strafrechtsw., Band 14, S. 392 ff.; dagegen verneint von Binding, Lehrbuch, S. 364, Katz a. a. O. S. 443, Kühne a. a. O. S. 20.

[3]) Dörr, Über das Objekt bei strafbaren Angriffen auf vermögensrechtliche Interessen, S. 19. — Schlesinger, Die Vermögensschädigung beim Betrug, S. 39. — Thurow a. a. O. S. 56. — Iehle, Der rechtswidrige Vermögensvorteil bei Erpressung und Betrug, S. 11. — v. Liszt a. a. O. S. 473/474. — Frank, Kommentar, 5./7. Aufl., S. 435.

[4]) Über den entsprechenden Stand der zivilistischen Literatur vgl. Binding a. a. O. S. 239.

Hälschner[1]) schon hervorhebt, ihrem Charakter als Vermögensbestandteile. Zu den geldwerten Gütern können insbesondere bestimmte Berechtigungen gehören. Die Forderungen auf wirtschaftliche Güter, die Rechte, eine bestimmte Erwerbsquelle ausschließlich auszunutzen, sind selbst wieder wirtschaftliche Güter, die stets zum rechtlich geschützten Vermögen des Berechtigten gehören. Den tieferen Ausbau dieser Lehre vom Vermögen, die nähere Bestimmung der wirtschaftlichen Güter wie der möglichen Struktur einer Gütereinheit überläßt die herrschende Meinung der Nationalökonomie.

Gegen diese Auffassungsweise hat Binding den leidenschaftlichsten Einspruch erhoben. Für ihn gleicht es fast der Felonie, die Begriffsbestimmung des Vermögens der Nationalökonomie zu überlassen und deren Resultate bei juristischen Erörterungen voraussetzen zu wollen[2]). „Für den Kriminalisten wird das Vermögen eines Rechtssubjektes gebildet aus der Summe aller seiner Vermögensrechte und Pflichten"[3]). Diese Formulierung will aber nicht den unbestrittenen Satz wiederholen: für das Recht kommt das Vermögen einer Person nur insoweit in Betracht, als seine Aktiva rechtlich geschützt und seine Passiva rechtlich anerkannt sind. Binding will vielmehr bestimmen, was Vermögen ist. Soll demnach jene Definition nicht tautologisch sein, so muß er den Begriff der Vermögensrechte oder -Pflichten des Weiteren klarstellen. Vermögensrecht soll aber nach ihm jedes Recht an Sachen, jedes Forderungsrecht auf Sachen sein, mögen sie wirtschaftlichen Wert haben oder nicht. Beachtet man aber, daß die Passiva eines Vermögens stets als Aktiva zum Vermögen eines anderen gehören, daß also nur das Vermögen des Gläubigers beeinträchtigt wird, wenn einer zu den Passiven zählenden Verpflichtung nicht genügt wird, so kann bei der zitierten Vermögensdefinition von Binding von den Rechtspflichten des Subjektes abgesehen werden. Im Sinne des Strafrechtes ist mithin Binding zufolge Vermögen die Summe der einer Person zustehenden Sachen- und entsprechenden

[1]) Lehrbuch, Band II, Abt. 1, S. 382 bzw. 272.

[2]) Lehrbuch a. a. O. S. 239, Anm. 3.

[3]) Binding a. a. O. S. 236.

Forderungsrechte ohne Rücksicht auf etwaigen Geldwert der Sachen.

Diese Definition ist ein sprechender Beweis für die Unmöglichkeit, den Begriff des Vermögens lediglich „juristisch“ zu fassen. Das Strafrecht bestimmt zwar die Güter, denen es verstärkten Rechtsschutz zukommen lassen will. Das Wesen dieser Güter selbst zu bestimmen, ist keine strafrechtliche, überhaupt keine juristische Aufgabe mehr. Es gibt ebensowenig ein juristisches Vermögen, als es etwa ein juristisches Leben geben kann. Binding konnte zwar die nationalökonomische Betrachtung ausschalten, aber er konnte als Jurist nichts an deren Stelle setzen. Im Lichte nationalökonomischer Auffassung ist Vermögen ein bestimmter, wirtschaftlicher Inbegriff von Beziehungen eines Subjekts zu Sachen [1]). Negiert man die Berechtigung der nationalökonomischen Problemstellung, so erscheint das Vermögen nur als Summe von Beziehungen zu Sachen; das entscheidende Merkmal des Vermögensbegriffes ist nicht auffindbar. Es kann weder die Eigenart des wirtschaftlichen Gutes, der Vermögensbestandteile, gewürdigt werden, noch wird das Wesen des Vermögens als wirtschaftliche Einheit, als Güterbegriff erfaßt. Bei derartig unfruchtbarer Betrachtungsweise kann auf die Frage nach dem rechtlich geschützten Vermögen nur die von Binding erteilte, völlig unzureichende Antwort gegeben werden.

Ebensowenig aber als jede Sache ein wirtschaftliches Gut darstellt, ist jedes Sachenrecht, jede entsprechende Forderung ein Vermögensrecht. Dem Eigentum kann ein Vermögensrecht entsprechen, notwendig ist es nicht. Die gebleichte Locke mit dem erblaßten rosa Band kann dem Eigentümer unendlich teuer sein, der Verlust ihn schmerzlichst treffen, und doch wäre es kein Vermögensverlust. Eine Sache kann gleichzeitig Vermögens- und sog. Affektionswert repräsentieren. Ein goldenes Kettchen hat seinen Goldwert, doch die mit ihm verbundenen Erinnerungen

---

[1]) Vergl. Neumann, Die Begriffe Gut, Wert, Preis, Vermögen, Wirtschaft, Ertrag, Einnahmen und Einkommen in Schönbergs Handbuch der Volkswirtschaftslehre, 2. Aufl., Band I, S. 175. — v. Wieser, Handwörterbuch der Staatswissenschaften, 2. Aufl., Band IV, S. 927 ff. — Zuckerkandl, Wörterbuch der Volkswirtschaft (von Elster), Band I, S. 985.

lassen vielleicht die Möglichkeit einer Bewertung in Geld als widerwärtig erscheinen. Eine Sache kann aber unter den verschiedensten Gesichtswinkeln als Gut gewertet werden. Nur wenn sie bei nationalökonomischer Betrachtungsweise als wirtschaftliches Gut erscheint, bedeutet das Recht an die Sache ein Vermögensrecht. Der nationalökonomischen Bewertung der Sachen aber das Recht absprechen heißt nicht weniger als den Begriff des Vermögens überhaupt negieren. Will Binding also nicht tatsächlich auf die Annahme eines Vermögensbegriffes verzichten, so muß er auch seine Definition im Sinne der herrschenden Lehre modifizieren.

IV. Im Sinne der herrschenden Lehre ist Vermögensschädigung jede Verschlechterung der ökonomischen Lage einer Person [1]). In vielen Fällen wird der gleiche Gedanke so formuliert, daß Vermögensbeschädigung jeder Eingriff sei, durch welchen der Geldwert eines Vermögens herabgesetzt wird [2]). Man kann demnach die eine Definition durch die andere erläutern. Es ist also: Vermögensschädigung jede Verschlechterung der ökonomischen Lage einer Person, mithin jede Schädigung, welche nach Geld abgeschätzt werden kann.

Demnach wird das Vermögen nicht geschädigt, wenn dem Eigentümer Sachen ohne wirtschaftlichen Wert entzogen werden. Daß die gleichen Gegenstände ihren hohen Affektionswert haben können, hindert nicht, daß es keine wirtschaftlichen Güter sind. Freilich werden praktisch bei rechtswidriger Entziehung derartiger Objekte die Verhältnisse in der Regel so liegen, daß der Handelnde ein großes Interesse daran hatte, die Sachen zu besitzen. Ein solches Interesse verleiht dem Gegenstand einen gewissen Tauschwert, verschafft ihm einen „Liebhaberpreis“. Die Entziehung einer in dieser Hinsicht geldwerten Sache bedeutet dann eine Vermögensschädigung.

---

[1]) So formuliert Dörr, a. a. O. S. 59. — Entsprechend Frank, Kommentar, 5./7. Aufl., S. 437.

[2]) So definieren v. Liszt, Lehrbuch, a. a. O. S. 471. — Meyer-Allfeld, S. 480. — Hälschner, Lehrbuch, Band II, S. 382. — Frank, Kommentar, 5./7. Aufl., S. 435.

Das Vermögen wird weiter nicht geschädigt, wenn bei der Entziehung eines wirtschaftlichen Gutes für den entsprechenden Wertersatz gesorgt wird. Es muß eben das Vermögen als wirtschaftliche Einheit beurteilt werden; eine Vermögensschädigung richtet sich nicht gegen einzelne Bestandteile des Vermögens, sie muß dessen Gesamtwert mindern. Gewiß kann beispielsweise ein erzwungener Kauf, welcher dem Vermögensinteresse des Betroffenen völlig Rechnung trägt, das Affektionsinteresse des Verletzten beeinträchtigen; sein Vermögen ist aber nicht geschädigt worden. Dieser bei nationalökonomischer Bestimmung des Vermögens folgerichtige Satz, daß ein Vermögensschaden nicht gegeben sei, wenn für entsprechenden Ersatz Sorge getragen ist, soll nach Binding[1]) den nationalökonomischen Vermögensbegriff für die juristische Betrachtung als unverwertbar erweisen. Nach jenem Satze soll, wie Binding will, bei Betrug oder Erpressung jeder Vermögensschaden entfallen, wenn aus dem Eingriff ein entsprechendes Recht auf Ersatz erwächst. Hat aber der Nötigende bzw. der Tauschende nicht das Vermögen eines anderen geschädigt, so ist der Tatbestand der Erpressung oder des Betruges nicht erfüllt. Soll dieser Einwurf auch nur für den ersten Blick stichhaltig erscheinen, so muß er auf die Fälle beschränkt werden, in denen der Ersatz wirklich realisiert werden kann. Doch selbst in dieser Einschränkung bleibt er hinfällig. Es kommt doch beim Betrug oder bei der Erpressung gar nicht darauf an, daß ein unersetzlicher Vermögensschaden zugefügt werde. Wenn die Rechtsordnung dafür sorgt, daß ein Schaden ersetzt werde, muß doch zunächst ein solcher zugefügt sein. Dagegen ist dann keine Vermögensschädigung gegeben, wenn der Handelnde dahin gewirkt hat, daß kein Ersatzanspruch zur Entstehung gelangen konnte. Freilich kann der Genötigte in solchen Fällen sein Eigentum zurückfordern, aber nicht, weil er am Vermögen geschädigt ist, sondern weil sein Recht zur beliebig freien Verfügung über die Sache beeinträchtigt worden ist. Entsprechend hätte im gleichen Falle der Nötigende einen je nach Umständen verschieden gestalteten Anspruch auf Rückgabe seiner Ersatzleistung.

---

[1]) Binding, a. a. O. S. 240, Anm. 1.

Die entwickelte herrschende Auffassung der Vermögensschädigung wird grundsätzlich von Binding bestritten. Ist das Vermögen — wie dies Binding voraussetzt — eine Summe von Rechten an Sachen und entsprechenden Forderungen, so ist freilich jedesmal das „Vermögen" verletzt, wenn ein derartiges Recht mißachtet wurde. Wird von der nationalökonomischen Betrachtungsweise abgesehen, so kann man zu keinem Verständnis des organischen Zusammenhanges gelangen, den die zu einem Vermögen geeinten wirtschaftlichen Güter bilden. Es bleibt ein Aggregat von Sachbeziehungen, deren innere Zusammenhänge nicht gewürdigt werden. Das rechtlich geschützte Vermögen ist bei derartiger Auffassung stets verletzt, wenn ein isoliert zu betrachtendes Recht auf eine Sachbeziehung beeinträchtigt wurde. Bindings Vermögenstheorie verkennt mithin sowohl die Eigenart des wirtschaftlichen Gutes als auch das Wesen des Vermögens als organischer Einheit solcher Güter. Daß Binding der Eigenart des wirtschaftlichen Gutes nicht gerecht geworden ist, gestehen auch die Ausführungen von Roth[1]) zu. Dieser weicht insoweit von der Bindingschen Auffassung ab, als er zum Begriff der Vermögensschädigung fordert, daß wirklich wirtschaftliche Interessen beeinträchtigt werden. Indessen erblickt er, von Binding beeinflußt, in der Entziehung wirtschaftlich wertvoller Einzelobjekte auch dann eine Vermögensschädigung, wenn für entsprechenden Ersatz gesorgt worden ist. Bei Binding ist die nämliche Behauptung die notwendige Folge seiner Ablehnung jeder nationalökonomischen Beurteilung. Hat man jedoch mit Roth die Berechtigung nationalökonomischer Betrachtung grundsätzlich zugestanden, so ist es widerspruchsvoll, bei einer Einzelfrage sich dem gegnerischen Standpunkt anzuschließen.

Eine Vermögensbeschädigung besteht im Einzelfall entweder in der Entziehung oder in der Verschlechterung von wirtschaftlichen Gütern. In der Vereitelung eines möglichen Gewinnes kann an und für sich keine Vermögensschädigung gefunden werden. Wer einen Erblasser bestimmt, sein zugunsten eines Vetters gemachtes Testament umzustoßen, hat das Ver-

---

[1]) Roth, Das Verhältnis der Erpressung zu Nötigung und Raub, S. 7.

mögen des letzteren nicht beeinträchtigt. Dagegen können bestimmte wirtschaftliche Güter dadurch entwertet werden, daß man die Möglichkeit illusorisch macht, mit Hilfe jener einen Gewinn zu erzielen. So fielen die Aktien der südwestafrikanischen Terraingesellschaften um Beträchtliches, als im Frühjahr 1910 der Reichstag den Vertrag nicht bestätigte, der ihnen den Abbau von Diamanten gesichert hätte. Wird die Herstellung eines Gutes tatsächlich oder rechtlich unmöglich gemacht, ist mithin ein möglicher entsprechender Gewinn verhindert, so sind die für jenen Zweck vorgesehenen Maschinen und sonstigen Güter mehr oder minder entwertet. Ferner kann die Tatsache selbst, daß ein Subjekt in der Lage ist, sich einen Gewinn zu verschaffen, als wirtschaftliches Gut angesehen werden. Die entsprechende den Gewinn sichernde oder ermöglichende Sachlage kann rein tatsächlich, sie kann auch juristisch begründet sein. Macht beispielsweise jemand eine Erfindung, welche industriell ausgenutzt zu werden angetan ist, so ist diese Möglichkeit, einen Gewinn zu erzielen, ein wirtschaftliches Gut. Erinnert sei an den Verkauf von Betriebsgeheimnissen. Hatte jemand einen rechtlichen Anspruch darauf, daß ihm ein möglicher Gewinn nicht entzogen werde, so bedeutet diese rechtlich gesicherte Sonderstellung für ihn ebenfalls ein wirtschaftliches Gut. Wird trotzdem der mögliche Gewinn verhindert, so ist das gedachte wirtschaftliche Gut entwertet oder vernichtet worden. Die Entziehung eines Gewinnes ist demnach nur insofern Vermögensschädigung, als sie den Wert bestimmter wirtschaftlicher Güter herabmindert.

Dieser Satz, daß die Entziehung eines möglichen Gewinnes nur dann eine Vermögensschädigung darstelle, wenn sie der Beeinträchtigung wirtschaftlicher Güter entspreche, ist bestritten. Nach überwiegender Meinung ist Gewinnentziehung nur dann als Vermögensschädigung anzusehen, wenn auf den Gewinn ein rechtlich begründeter Anspruch bestand [1]). Unrichtig ist hierbei, daß der rechtlich garantierte Gewinn schon zum Vermögen des Berechtigten gezählt wird. Er soll doch erst erzielt werden. Solange das nicht geschah, kann nur das Recht auf den Gewinn

---

[1]) Vgl. Hälschner, Lehrbuch, Band II, S. 257, Anm. 1. — Binding, Lehrbuch, S. 344, Anm. 1. — Frank, Kommentar, 5./7. Aufl., S. 436.

als zum Vermögen gehöriges wirtschaftliches Gut angesprochen werden. Um dieses Rechtsgut, nicht aber um den Gewinn, welcher dem Berechtigten niemals gehörte, ist das Vermögen geschädigt worden. Diese Erkenntnis muß die herrschende Meinung dazu führen, in der Entziehung von Gewinn stets dann eine Vermögensschädigung zu erblicken, wenn auf diesem Wege ein zum Vermögen gehöriges wirtschaftliches Gut entwertet wird.

Neuerdings wollen Liszt[1]), Olshausen[2]), Meyer-Allfeld[3]) und Hegler[4]) aus § 252 B.G.B. den Schluß ziehen, daß der mögliche Gewinn schon dann Vermögensbestandteil sei, wenn er nach dem gewöhnlichen Laufe der Dinge oder nach den besonderen Umständen, zumal nach den getroffenen Anstalten und Vorkehrungen mit Sicherheit erwartet werden konnte. Allein der „mögliche" Gewinn kann niemals schon zu einem zurzeit bestehenden Vermögen rechnen. Diesen unzutreffenden Gedanken will auch § 252 B.G.B. nicht zum Ausdruck bringen, vielmehr nur Sorge tragen, daß der volle Wert der rechtswidrig zugeführten Vermögensschädigung ersetzt werde. Garantierte der Besitz eines Gutes einen bestimmten Gewinn, so war dessen wirtschaftlicher Wert entsprechend gemehrt. Diese Werterhöhung soll nach § 252 in Anschlag gebracht werden. Der wirtschaftliche Wert eines Gutes ist aber, wenn es weiteren Gewinn ermöglicht, zum mindesten um den Wert des nach menschlichem Ermessen mit Sicherheit zu erwartenden Vorteils gesteigert. Und dieser Wertzuwachs soll bei Berechnung des Schadensersatzes berücksichtigt werden.

Die Vermögensförderung ist das Gegenstück der Vermögensschädigung. Sie muß den Gesamtwert des Vermögens erhöhen, sie besteht in Gütervermehrung oder in Güterverbesserung. Güterverbesserung ist es entsprechend, wenn der Wert eines Gutes dadurch gehoben wird, daß sich die sichere Aussicht eröffnet, vermöge desselben zu weiterem Gewinn zu gelangen.

Im Gegensatze zu der vertretenen Behandlungsweise betrachtet die strafrechtliche Theorie ganz allgemein das Ver-

---

1) v. Liszt, Lehrbuch, 14./15. Aufl., S. 471.

2) Olshausen, 8. Aufl. § 263, Nr. 21.

3) Meyer-Allfeld, Lehrbuch, S. 480, Anm. 35.

4) Hegler, vgl. Darstellung, bes. Teil, Band VII, S. 429.

mögen nur, insoweit es rechtlich geschützt ist. Das rechtlich geschützte Vermögen wird also dem Vermögen, soweit es überhaupt für den Kriminalisten in Betracht kommt, gleich gesetzt. Doch zu Unrecht; denn bei den Vermögensdelikten ist nur die Vermögens schädigung gegen ein rechtlich geschütztes Vermögen gerichtet, während die entsprechende Bereicherung im Allgemeinen bloß dem tatsächlichen Vermögensstande des Rechtsbrechers zu gut kommt.

§ 2.

Die Rechtswidrigkeit des Vermögensvorteils im Sinne der Erpressung.

I. Der Tatbestand der Erpressung fordert Nötigung durch Gewalt oder Drohung, „um sich oder einem Dritten einen rechtswidrigen Vermögensvorteil zu verschaffen". Die Beantwortung der Frage nach den Voraussetzungen, unter denen sich ein Vermögensvorteil im Sinne der Erpressung als rechtswidrig erweist, bildet eine der wichtigsten Bedingungen für die gesicherte Anwendung und zugleich für die sachgemäße Reform des § 253. Es steht dieses noch keineswegs zum Abschluß gebrachte Problem im Bereiche der Erpressungslehre im Brennpunkt des wissenschaftlichen Interesses. Wie es zu Zeiten der deutschen Partikulargesetzgebung [1]) geschah, scheint auch in unseren Tagen eine gesunde Reform der Strafbestimmungen gegen die Erpressung an der Unmöglichkeit zu scheitern, dieses Kernproblem befriedigend zu lösen.

In betreff der Vorfrage, wann ein Vermögensvorteil überhaupt im Sinne der Vermögensdelikte rechtswidrig sei, zerfällt die heutige Literatur in zwei sich schroff gegenübertretende Meinungen. Die Würdigung und Stellungnahme zu diesem Gegensatze gebietet zuvörderst eine Bestimmung des Begriffes „rechtswidrig".

Rechtswidrig ist das mit dem Willen des Rechtes in Widerspruch Stehende. Rechtswidrig sein kann ein menschliches Ver-

---

[1]) Vgl. hierüber die Ausführung im II. Buch der Arbeit, Kapitel 2, § 3.

halten, ferner ein äußerer Vorgang oder Zustand. Ein Zustand ist rechtswidrig, wenn er nicht bestehen darf, wenn infolge dessen die Rechtsordnung seine Aufhebung fordert. Ein Zustand ist mithin stets dann rechtswidrig, wenn sein Entstehen zu einem Rechtsanspruch auf Aufhebung führt. Dem rechtswidrigen Zustand muß demnach eine Rechtsverletzung entsprechen. Diese Rechtsverletzung braucht nicht durch rechtswidriges, also normwidriges Verhalten des zur Aufhebung Verpflichteten herbeigeführt sein. Hingewiesen sei auf die Bestimmungen über die ungerechtfertigte Bereicherung (§ 812 ff. B.G.B.). Bei der Lehre von den Vermögensdelikten ist jedoch von dieser Möglichkeit abzusehen. Ein rechtswidriger Vermögensvorteil ist demnach ein solcher, dessen Aufhebung von Rechts wegen gefordert werden kann, da seine Entstehung Rechtsgüter des Berechtigten verletzte. Verletzt sind diejenigen Rechtsgüter, deren Beeinträchtigung durch Aufgabe des Vorteils behoben werden soll, also das rechtlich geschützte Vermögen des zur Forderung auf Entziehung Berechtigten. Mithin ist im Sinne der Vermögensdelikte derjenige Vermögensvorteil rechtswidrig, um den ein rechtlich geschütztes Vermögen durch rechtswidriges Verhalten beeinträchtigt wurde.

Diese in Kürze abgeleitete Definition hat verschiedene Vertreter und findet mehr und mehr Anerkennung. Merkel[1]) und in wörtlichem Anschluß neuerdings Frank[2]) haben den gleichen Gedanken dahin formuliert: daß rechtswidrig jeder Vermögensvorteil sei, welcher einem rechtlich geschützten Vermögen „in einer privatrechtlichen Grundsätzen widersprechenden Weise" abgenötigt wurde. Zu gleichem Schlusse führen die Erörterungen Hälschners[3]), ferner die früher von Frank[4]) vertretene Fassung, wonach rechtswidrig der Vorteil sein soll, welcher auf dem Wege des Rechts zurückverlangt oder für den Schadens-

---

[1]) Merkel, Holtzendorffs Handbuch, Band III, S. 732 ff.

[2]) Frank, Kommentar, 5./7. Aufl., S. 413 u. 441, Rechtsvergleichung, S. 27.

[3]) Hälschner, a. a. O. Band II, Abt. 1, S. 383.

[4]) Vgl. Frank, Ztschr. f. d. ges. Strafrechtsw., Band 14, S. 398/399 und in den älteren Auflagen des Kommentars (§ 253).

ersatz beansprucht werden kann [1]). Ein Vermögensvorteil, der dem Inhaber in Ausübung des Rechtsschutzes entzogen werden kann, ist eben ein solcher, um den ein rechtlich geschütztes Vermögen in rechtswidriger Weise beeinträchtigt wurde [2]).

Im Zusammenhange treffen auch Liszt [3]) und Birkmeyer [4]) den Kern der Sache, wenn sie denjenigen Vermögensvorteil als rechtswidrig bezeichnen, „dessen Erlangung mit der Rechtsordnung im Widerspruch steht". Natürlich muß dabei im Zusammenhang vorausgesetzt sein, daß durch die Erlangung ein rechtlich geschütztes Vermögen beeinträchtigt wird. Ohne diese Einschränkung wäre jener Satz unrichtig [5]). Wer mit fremdem Gerät gegen den Willen des Eigentümers handelt oder auf Jagd geht, kann Vermögensvorteile erzielen, deren Erlangung zwar mit der Rechtsordnung im Widerspruch steht, die jedoch nicht rechtswidrig sind, wenn der Fang oder das Erlegen nicht das rechtlich geschützte Vermögen anderer beeinträchtigt. Verwiesen sei auf die entsprechenden Bestimmungen der §§ 858—864, Absatz I, B.G.B.

Die so im Einklange mit einer großen Zahl gewichtiger Autoren gefaßte Definition steht in entschiedenem Gegensatz zu der von der ständigen Judikatur des Reichsgerichts [6]) anerkannten, mehrfach [7]), insbesondere von Zivilisten [8]) aufgestellten Lehre. Nach ihr soll jeder Vermögensvorteil rechtswidrig sein, dessen Erlangen das Subjekt nicht rechtlich beanspruchen konnte. Diese These hätte zur Voraussetzung, daß jeder rechtmäßige Ver-

[1]) Den gleichen Satz vertreten Thurow, a. a. O. S. 75; Beling, Die Lehre vom Verbrechen, S. 176; Jehle, a. a. O. S. 57; Waag, Gerichtssaal Band 31, S. 251.

[2]) Vgl. dazu die entsprechende Bemerkung von Frank in der 5./7. Aufl. des Kommentars, S. 414.

[3]) v. Liszt, Lehrbuch, 14./15. Aufl., S. 474.

[4]) v. Birkmeyer, Enzyklopädie der Rechtswissenschaft, 2. Aufl., S. 1177.

[5]) Vgl. auch Frank, Rechtsvergleichung, S. 103.

[6]) Vgl. z. B. Entscheidungen des Reichsgerichts in Strafsachen, Band 1, S. 205; Band 10, S. 217; Band 21, S. 114; Band 26, S. 354; Band 32, S. 335; Band 34, S. 279.

[7]) So von v. Buri, Gerichtssaal, Band 27, S. 530. — Stern, a. a. O. S. 83.

[8]) So Crome, System des deutschen Bürgerlichen Rechts, Band I, S. 431/432. — Cosack, Lehrbuch des deutschen Bürgerlichen Rechts, Band I, S. 215. — Eck, Vorträge über das Recht des Bürgerlichen Gesetzbuchs, Band I, S. 152. — Enneccerus, Lehrbuch des Bürgerlichen Rechts, 3. Aufl., S. 407. — Mathias, Lehrbuch des Bürgerlichen Rechts, 4. Aufl., S. 219/220.

mögenserwerb auf der Erfüllung eines rechtlichen Anspruchs zu beruhen habe. Eine solche Behauptung widerspricht aber den Tatsachen, sie enthält überdies einen inneren Widerspruch. Wenn jemand herrenlose Gegenstände okkupiert, ein Geschenk erhält, etwas verarbeitet, auf seinem Grundstück Mineralien entdeckt [1]), so hat er in allen diesen — beliebig zu vermehrenden — Fällen einen Vermögensvorteil erworben, welchem das Recht seine Anerkennung und seinen Schutz nicht versagt, ohne daß dieser Erwerb auf Erfüllung eines Anspruchs beruht hätte [2]). Nun bedeutet aber weiter jeder Anspruch auf einen Vermögensvorteil schon für sich genommen ein wirtschaftliches Gut. Der Gewinn dieser Güter wäre also nach der Judikatur des Reichsgerichts rechtswidrig, wenn der Fordernde ihn nicht rechtlich beanspruchen konnte; in diesem Falle wäre sonach der Anspruch selbst rechtswidrig. Da aber jeder Anspruch schließlich auf irgendwelche tatsächlichen Vorgänge und nicht in infinitum auf entsprechende Ansprüche zurückzuführen ist, muß jeder Anspruch auf einen Vermögenserwerb und folglich jeder Vermögensvorteil rechtswidrig sein [3]). Dieser Gedanke ist so verfehlt, daß seine Annahme nur aus einem im Weiteren zu berührenden Beweisbedürfnis zu erklären ist.

Nur insoweit enthält die These des Reichsgerichts einen gesunden Kern, als von Erpressung dann keine Rede sein kann, wenn der Nötigende auf den Vermögensvorteil einen rechtlichen Anspruch hatte. Unter dieser Voraussetzung ist das rechtlich geschützte Vermögen des Genötigten nicht beeinträchtigt worden, es entfällt der Tatbestand des Vermögensdeliktes. Dieser Sachverhalt ist durch Kühne [4]) treffend gekennzeichnet, wenn er sagt, die reichsgerichtliche Auffassung sei „negativ" richtig, indessen lasse sie die positive Seite der Frage vollkommen offen.

---

[1]) Entsprechend Binding, Die Normen und ihre Übertretung, Band II, S. 561, Lehrbuch, a. a. O. Band I, S. 363.

[2]) Vgl. Entscheidungen des R.G., Band 26, S. 354.

[3]) Vgl. auch die entsprechenden Ausführungen Waags, Gerichtssaal, Band 31, S. 245 und Heine, Archiv für soziale Gesetzgebung und Statistik, Band V, S. 603.

[4]) Kühne, a. a. O. S. 22.

II. Demnach herrscht in der Literatur, von der theoretisch leicht zu überwindenden Meinung des Reichsgerichts und deren strafrechtlichen und zivilistischen Vertretern abgesehen, über die Vorfrage nach der Eigenart des rechtswidrigen Vermögensvorteils bei den Vermögensdelikten grundsätzliche Einigkeit. Schwierigkeiten ergeben sich erst bei Beantwortung der Frage, wann ein Vermögensvorteil im Sinne der Erpressung rechtswidrig sei. Auf den ersten Blick scheint auch hier die Antwort nahe zu liegen. Derjenige Vorteil muß hier rechtswidrig sein, um den ein rechtlich geschütztes Vermögen durch rechtswidrige Nötigung geschädigt wurde. Die Lösung des Problems wäre auch gesichert, wenn zweifelsfrei über die Voraussetzungen entschieden wäre, unter welchen eine Nötigung rechtswidrig ist.

Die Nötigung durch Gewalt ist stets widerrechtlich, wenn nicht die konkrete Erzwingung eines körperlichen Verhaltens durch besondere Normen ausdrücklich gestattet ist. Dieser Satz ist unbestritten. Demnach ist das Problem der Rechtswidrigkeit entschieden, wenn auch die Frage beantwortet ist, unter welchen Voraussetzungen rechtswidrig durch Drohung genötigt wird. Soll hier überhaupt noch eine Schwierigkeit liegen, muß es möglich sein, durch Drohung rechtmäßig zu nötigen.

Eine Nötigung durch Drohung ist aber rechtlich zulässig, wenn mit der Ausübung eines dem Drohenden zustehenden Rechtes gedroht wird. Ist ein Verhalten rechtmäßig, so kann es auch nicht rechtswidrig sein, dasselbe in Aussicht zu stellen [1]). Eine entsprechende Erklärung vermittelt den Entschluß, sich in den Schranken des Rechts halten zu wollen. Daß die Ausübung eines Rechts einem anderen herzlich unangenehm sein kann, hindert nicht, daß das fragliche Verhalten juristisch gerechtfertigt bleibt. Es kann der Hausfrau äußerst peinlich sein, wenn sie ihre tüchtige Köchin verliert. Die Androhung der Kündigung ist aber doch nicht deshalb rechtswidrig, weil die Köchin so tüchtig war. Wenn der mit Ausübung eines Rechtes Bedrohte, der Verwirklichung des Rechts irgend eine sonstige

---

[1]) So in erster Linie Glaser, Studien aus dem österreichischen Strafrecht, Band I, S. 196 ff.; auch Bollag, a. a. O. S. 46.

Beeinträchtigung, z. B. seines Vermögens, vorzieht, geschieht ihm kein Unrecht. Es stand ihm ja frei, die Folgen der Rechtsausübung auf sich zu nehmen [1]). Demnach ist eine Nötigung durch Drohung mit der Ausübung eines Rechtes stets rechtmäßig, es müßten denn bestimmte Normen — wie § 226 B.G.B. — eine gewisse Rechtsausübung unter besonderen Umständen für unzulässig erklären. Von letzterer Einschränkung abgesehen, ist also der Vermögensvorteil, um den ein rechtlich geschütztes Vermögen unter Androhung einer Rechtsausübung geschädigt würde, niemals ein rechtswidriger.

Diese mit Nachdruck schon von Glaser [2]) vertretene Auffassung ist grundsätzlich bestritten worden durch die Gegenbehauptung: die an sich zulässige Nötigung unter Androhung einer Rechtsausübung werde rechtswidrig, wenn sie der Erreichung eines rechtswidrigen Erfolges diene. Diese These hat in der Geschichte der partikularrechtlichen Regelung der Erpressung eine bedeutende Rolle gespielt. Zu wiederholten Malen diente sie zur Rechtfertigung einer dem § 253 entsprechenden Bestimmung [3]). Durch sie wurde dieser Paragraph selbst vor dem Reichstage gerechtfertigt, wie das die Motive ergeben [4]). Der fragliche Satz gehört zu den wichtigsten Stützen der reichsgerichtlichen Judikatur in Sachen der Erpressung [5]). In der Theorie hat er zahlreiche Vertreter gefunden [6]). Indessen der Satz ist falsch oder eine petitio principii. Falsch ist die Annahme, daß eine in rechtswidriger Absicht vollzogene Rechtsausübung unrechtmäßig sei. Ein subjektives Recht wird nicht deshalb zum Unrecht, weil mit seiner Hilfe der Berechtigte einen rechtswidrigen Erfolg erstrebt. Weil der Mord rechtswidrig ist, ist es nicht etwa auch der Kauf der Mordwaffe. Die Rechts-

---

[1]) So ausdrücklich Glaser, a. a. O. S. 197.

[2]) Glaser, a. a. O. S. 196 ff.

[3]) Vgl. die entsprechenden historischen Nachweise im II. Buch der Arbeit, Kap. 2, § 3.

[4]) Motive zu einem Strafgesetzbuch für den Norddeutschen Bund, 1870. Separat-Abdr. aus den amtl. Aktenstücken des Reichstages, S. 77.

[5]) Entscheidungen des Reichsgerichts in Strafsachen, Band I, S. 206.

[6]) So z. B. Bruck, Zur Lehre von den Verbrechen gegen die Willensfreiheit, S. 57. — Glashoff, Zur Lehre von der Erpressung, S. 30. — Jaffé, a. a. O. S. 52.

widrigkeit eines aus mehreren Teilakten zusammengesetzten Vorgehens hindert nicht die etwaige Rechtmäßigkeit einzelner Teilhandlungen. Behauptet dagegen der Einwurf nur, daß die Nötigung stets rechtswidrig sei, wenn es der erstrebte Vermögensvorteil wäre, so enthält er eine petitio principii. Richtig ist, daß die Nötigung rechtswidrig sein muß, wenn es der erstrebte Vorteil ist. Letzteres jedoch nur deshalb, weil der Vorteil bloß dann rechtswidrig ist, wenn rechtswidrig genötigt wurde. Um die Voraussetzungen der rechtswidrigen Nötigung dreht sich aber die ganze Frage.

Neuerdings hat Frank[1]) den vertretenen Schluß vom Recht zur Ausübung auf das Recht zur nötigenden Androhung jener Ausübung in anregender Weise zu widerlegen gesucht. Er weist zu dem Ende darauf hin, daß es gewisse Übel gebe, „bei denen die Drohung etwas enthält, was der Zufügung fehlt, nämlich die motivierende Kraft der Furcht vor dem Handelnden“. In Fällen dieser Art dürfe man daher „nicht von der Berechtigung, etwas zu tun, auf die Berechtigung schließen, damit zu drohen“ [2]). Indessen ist dieser Einwurf doppelt verfehlt. Jedem Übel möchte der Mensch entgehen. Steht ein solches in Aussicht, so wird der Betroffene seinem Eintritt nach besten Kräften entgegenarbeiten. Mit anderen Worten: nicht bloß bei einem bestimmten Kreis von Übeln, sondern bei jedem nur möglichen Übel entspricht seiner Androhung „die motivierende Kraft der Furcht vor dem Handelnden“. Ferner ist die Behauptung unbegründet, man dürfe mit Rücksicht auf die motivierende Kraft der Drohung nicht von der Berechtigung eines Verhaltens auf das Recht schließen, dasselbe zum Zweck der Nötigung anzudrohen. Der Genötigte wählt doch stets das Übel, welches nach seiner Auffassung weniger schwer wiegt. Ist also jemand berechtigt, einem anderen ein Übel zuzufügen, so muß es ihm doch umsomehr rechtlich freistehen, durch nötigende Drohung dem Betroffenen die Möglichkeit zu eröffnen, sich durch ein geringeres Übel dem größeren zu entziehen.

---

[1]) Frank, Rechtsvergleichung, S. 105.

[2]) Ähnliche Erwägungen finden sich schon in den Motiven zum (I.) preußischen Entwurf von 1828, Band IV, S. 169.

III. Ist demnach die Nötigung unter Androhung der Ausübung eines Rechtes rechtmäßig, wofern nicht besondere Normen die Verwirklichung des Rechtes, also zu nötigen, für unzulässig erklären, so ist die Nötigung durch Drohung rechtswidrig, wenn 1. ein rechtswidriges Verhalten in Aussicht gestellt wird; wenn 2. bestimmte Normen die Ausübung des Rechts, durch Androhung einer Rechtsverwirklichung zu nötigen, unter besonderen Voraussetzungen für unzulässig erklären.

Unbezweifelt ist es rechtswidrig, einen andern in eine Lage zu bringen, in der er rechtlich geschützte Interessen verletzen muß, wofern er nicht selbst ein Unrecht erleiden will. Dawider ist die zweite Möglichkeit im Gegensatz zur zivilistischen Literatur [1]) von den strafrechtlichen Autoren nicht in Erwägung gezogen. Auch von dem Recht, einen anderen durch Androhung einer Rechtsausübung zu nötigen, gilt die Ausnahmebestimmung des § 226 B.G.B. Die Ausübung dieses Rechtes ist demnach unzulässig, „wenn sie nur den Zweck haben kann, einem anderen Schaden zuzufügen". Ist zwar § 226 in Betracht zu ziehen, wenn die Frage entschieden werden soll, unter welchen Voraussetzungen eine Nötigung durch Drohung rechtswidrig ist, so bleibt es doch ausgeschlossen, ihn bei Beurteilung der erpresserischen Nötigung zu verwerten. Es ist eben dem Tatbestande der Erpressung wesentlich, daß der Drohende die Absicht verfolgt, sich oder einem Dritten einen Vermögensvorteil zu verschaffen. Die Erpressung kann also nach § 253 St.G.B. niemals nur der Absicht dienen, dem Verletzten einen Vermögensschaden zuzufügen. So erklärt es sich, daß die strafrechtlichen Autoren den § 226 nicht zur Beantwortung der Frage nach den Voraussetzungen der Rechtswidrigkeit einer nötigenden Drohung herangezogen haben.

Scheidet aber der § 226 B.G.B. aus, so kennt das gesetzte deutsche Recht keine Norm, welche das Recht, mit der Androhung einer Rechtsausübung zu nötigen, ausdrücklich für unzulässig erklärte. Mithin bleibt, wenigstens insoweit der Wortlaut des gesetzten Rechtes in Frage steht, für die Möglichkeit einer rechts-

---

[1]) Vgl. insbesondere Planck, Bürgerliches Gesetzbuch, 3. Aufl., Band I, S. 222.

widrigen Nötigung durch Drohung nur der zuerst erwähnte Fall: der Androhung eines rechtswidrigen Verhaltens.

IV. Bis jetzt standen der Beantwortung der Frage nach den Voraussetzungen für die Rechtswidrigkeit des Vermögensvorteils keine erheblichen Hindernisse entgegen. Rechtswidrig im Sinne der Vermögensdelikte ist jeder Vermögensvorteil, um den ein rechtlich geschütztes Vermögen durch rechtswidrige Nötigung geschädigt ist. Die Rechtswidrigkeit gewaltsamer Nötigung enthält kein weiteres Problem, und ein einfacher und klarer Gedankengang führte zum Schluß, daß, sofern man vom Wortlaut des Gesetzes ausgeht, die Nötigung durch Drohung allein dann als rechtswidrig erscheint, wenn ein rechtswidriges Verhalten angedroht wurde. Theoretisch betrachtet, liegen also die Verhältnisse scheinbar so einfach, daß man sich fragen muß, wie konnte das angeregte Problem als schwierig gelten? Wie konnte eine von gewichtigen Stimmen vertretene Meinung, wie die des Reichsgerichtes, von der so nahe liegenden Lösung soweit abweichen?

Die Schwierigkeiten stellen sich erst ein, wenn man die bisher gefundene Antwort an den Fällen erprobt, welche eine ständige Judikatur, in völliger Übereinstimmung mit der Volksanschauung, als Erpressung beurteilt.

Man hat den § 175 St.G.B. als den „Erpresserparagraphen" bezeichnet. Die Agitation gegen ihn stützt sich in erster Linie darauf, daß er der „Erpressung" Tor und Türe öffne. Es wird nämlich allgemein als Erpressung angesehen, wenn durch Androhung einer Anzeige wegen Vergehen nach § 175 Vermögensvorteile abgenötigt werden sollen. Und doch ist nach unseren Ausführungen eine derartige Nötigung nicht rechtswidrig. Der Nötigende droht nicht etwa mit Verleumdung bzw. falscher Anschuldigung. Er stellt nur den Fall in Aussicht, daß er von einem ihm zustehenden Rechte, dem der Anzeige, Gebrauch machen werde. Ist aber die Anzeige nicht rechtswidrig, so ist es auch nicht die entsprechende nötigende Drohung, so ist es nicht der also entzogene Vermögensvorteil. Was von der Nötigung unter Androhung einer Strafanzeige nach § 175 gilt, das gilt von jeder Nötigung durch Androhung einer Strafanzeige überhaupt. Der Androhung einer Anzeige werden ferner insbesondere gleichgeachtet die Drohung mit Offenbarung eines Geheimnisses, zumal solcher aus dem Geschlechtsleben, wie die Androhung eines grundlosen Zivilprozesses. Nach einstimmiger Judikatur, nach nirgends heute widersprochener Überzeugung kann durch Drohungen bezeichneter Art Erpressung geübt werden. Und doch wird in allen den Fällen eine Rechtsausübung in Aussicht gestellt. Im Sinne der bisherigen Ausführungen darf also, der Volksüberzeugung wie der Judikatur zum Trotz, niemals Erpressung angenommen werden.

Die Unmöglichkeit, die vertretene Beantwortung der Frage nach dem rechtswidrigen Vermögensvorteil bei der Erpressung mit der allseitig anerkannten Volksüberzeugung in Einklang zu bringen, erklärt die entsprechende, vom Reichsgericht ausgestaltete Lehre.

Wollte dieses mit der Volksüberzeugung im Einklang bleiben, so mußte das Urteil vom 12. Februar 1880[1]) die Behauptung der Revisionsschrift zurückweisen, daß durch Androhung einer Rechtsausübung nicht rechtswidrig genötigt werden könne. Dies wäre jedoch nicht möglich gewesen, wenn das Reichsgericht die Rechtswidrigkeit der Nötigung nach der Rechtswidrigkeit des angedrohten Verhaltens hätte bestimmen wollen. Nun fordert aber der Tatbestand der Erpressung zweifellos rechtswidrige Nötigung. Ließ sich also die Rechtswidrigkeit der Nötigung nicht aus der Eigenart der Drohung ableiten, so blieb nur die Möglichkeit, aus der Rechtswidrigkeit des Zweckes auf die des — an sich zulässigen — Mittels zu schließen. So enthält jenes Urteil den entscheidenden Passus: „der § 253 erfordert keineswegs Drohung mit einer an sich rechtswidrigen Handlung; es genügt vielmehr jede Drohung, durch welche ein wirksamer Zwang ausgeübt wird, sofern der Vermögensvorteil, welcher vermittels desselben angestrebt wird, als ein rechtswidriger sich darstellt. Unter diesen Voraussetzungen wird auch eine Drohung mit einer Handlung, welcher unter anderen Voraussetzungen und nach anderer Richtung eine Berechtigung zukommen würde, zum rechtswidrigen psychischen Zwang im Sinne des § 253 St.G.B." Nun ist aber eine Vermögensentziehung im Sinne

---

[1]) Vgl. Entsch. d. R.G. Band I, S. 205.

der Vermögensdelikte nur dann rechtswidrig, wenn ein rechtlich geschütztes Vermögen rechtswidrig beeinträchtigt wurde. Um die Voraussetzungen festzustellen, unter denen ein durch nötigende Drohung erzielter Vermögensvorteil rechtswidrig sei, durfte sich jedoch das Reichsgericht nicht auf die Rechtswidrigkeit der nötigenden Drohung beziehen. Es mußte vielmehr die Rechtswidrigkeit des Vermögensvorteils ohne Bezugnahme auf die Rechtswidrigkeit des Eingriffs bestimmen. Für derartige Betrachtung ist jeder Vorteil rechtswidrig, der nicht rechtmäßig ist. Rechtmäßig ist aber der Vorteil, auf den man einen rechtlichen Anspruch hatte. Also darf, wie eine spätere Entscheidung [1]) ausführt, „der Begriff der Rechtswidrigkeit des Vermögensvorteils auf dem Gebiet der Erpressung nach der vom Reichsgericht festgehaltenen Ansicht Weiteres nicht erfordern als das Nichtbestehen eines Rechtes oder eines begründeten Anspruchs auf den erstrebten Vermögensvorteil". Demnach muß das Reichsgericht eine nötigende Androhung einer Rechtsausübung n u r d a n n n i c h t als rechtswidrig ansehen, wenn ein rechtlich geschütztes Vermögen nicht beeinträchtigt wurde.

Allein diese theoretisch unhaltbare Auffassung muß auch praktisch zu den bedenklichsten Konsequenzen führen. Soll doch jede Androhung einer Rechtsausübung, um sich oder Dritten einen Vermögensvorteil zu verschaffen, Erpressung sein, wenn die Erlangung des Vorteils nicht rechtlich beansprucht werden kann. Die tüchtige Köchin, welche unter Kündigungsandrohung höheren Lohn verlangt, hatte auf diese Lohnerhöhung keinen rechtlichen Anspruch, sie wäre also nach § 253 zu bestrafen. Jeder friedliche Ausgleich eines wirtschaftlichen Kampfes, in welchem die eine Partei, genötigt durch die Drohung des Gegners, seine Machtmittel in Anwendung zu bringen, sich zu Vermögensaufwendung zugunsten der anderen Gruppe entschließt, muß zu Verurteilung wegen Erpressung führen [2]). Ein interessantes Bei-

[1]) A. a. O. Band 21, S. 117.

[2]) So denn auch die Reichsgerichts-Urteile vom 11. Oktober 1886 (Band 14, S. 391) und vom 20. Oktober 1899 (Band 32, S. 333). Dazu insbesondere H e i n e , a. a. O. S. 589. — F r a n k , Ztschr. f. d. ges. Strafrechtsw. Band 14, S. 395. — K o h l e r , Archiv für Strafrecht und Strafprozeß, Band 56, S. 194. — O b o r n i k e r , G r o ß ' Archiv, Band 30, S. 201 ff. — v. T i s c h e n d o r f , Archiv für Strafrecht und Strafprozeß, Band 54, S. 446.

spiel erzählt Frank[1]). Es bestand bei einer Eisenbahnverwaltung die verständige Praxis, von der Anzeige wegen Beleidigung der niederen Beamten abzusehen, wenn der Beleidiger gewillt war, einen Beitrag zu einem zugunsten der Unterbeamten errichteten Fonds zu zahlen. Dieses zweckmäßige Verfahren mußte eingestellt werden, da man keine Verurteilung wegen Erpressung riskieren durfte. Die üblen Erfahrungen, welche mit der Theorie des Reichsgerichtes gemacht sind, ließ sich denn auch das Ausland als warnendes Beispiel dienen[2]); sie gaben den Anstoß zu der heute noch nicht befriedigend abgeschlossenen Reform der Bestimmungen über die Erpressung[3]).

Jetzt erst liegen die großen Schwierigkeiten, die Frage nach den Voraussetzungen für die Rechtswidrigkeit des Vermögensvorteils bei der Erpressung befriedigend zu lösen, klar vor Augen. Zweifellos fordert die Volksüberzeugung, daß gewisse Fälle der nötigenden Androhung einer Rechtsausübung als Erpressung bestraft werden. Die Behauptung, es könne nach deutschem Recht nur durch Androhung eines rechtswidrigen Verhaltens rechtswidrig genötigt werden, steht also mit jener Forderung in Widerspruch. Ebenso gewiß schlägt das Reichsgericht dem Volksempfinden ins Gesicht, wenn es unter den weiteren Voraussetzungen bei jeder Androhung eines rechtmäßigen Verhaltens wegen Erpressung verurteilt. Sollte aber bei einem näher zu bestimmenden Kreise von Nötigungsfällen wirklich mit gutem Grunde rechtswidrige Nötigung angenommen werden, obgleich der Nötigende Verwirklichung seines Rechtes in Aussicht stellte, so müßten sich Normen nachweisen lassen, welche die Ausübung des Rechtes, unter Androhung einer Rechtsverwirklichung zu nötigen, für unzulässig erklären. Eine derartige Norm enthält aber das geltende Recht nicht, da der § 226 versagt.

Demnach gliedert sich das Problem in folgende Fragen:

1. Welches Kennzeichen unterscheidet die Fälle der als rechtswidrig erachteten Nötigung unter Androhung einer Rechtsausübung von denen, deren Rechtmäßigkeit nicht angezweifelt

---

[1]) Frank, Ztschr. f. d. ges. Strafrechtsw., Band 29, S. 644.

[2]) So Norwegen, vgl. Frank, Rechtsvergleichung, S. 93.

[3]) Vgl. die Begründung zu einem Gesetz betr. Abänderungen des Strafgesetzbuches vom 12. März 1909, S. 18 ff.

werden darf? Ist der Umkreis dieser Fälle festgelegt, so ergibt sich der Inhalt der Norm, welche vorhanden sein muß, soll die entsprechende Ausübung des Rechtes, unter Androhung einer Rechtsverwirklichung zu nötigen, unzulässig sein.

2. Kann eine entsprechend die Ausübung des fraglichen Rechts beschränkende Norm bei dem Versagen der einschlägigen ausdrücklichen Bestimmung aus dem inneren Zusammenhang der deutschen Gesetzgebung abgeleitet werden? Wie nachgewiesen, hat sich das für die deutsche Rechtssprechung maßgebende Reichsgericht nicht auf derartige Normen gestützt. Dieser Sachverhalt führt schließlich zu der Frage:

3. Inwieweit ist das höchste Gericht praktisch dem Problem der Chantage gerecht geworden?

Diese drei Fragen bilden die Aufgaben der drei nächsten Paragraphen.

§ 3.

Der Begriff der Chantage.

I. Ein dem französischen Rechtsleben entstammender Sprachgebrauch bezeichnet die als rechtswidrig angesehene Vermögensabnötigung unter Androhung einer Rechtsausübung als Chantage [1]). Über die strafrechtliche Struktur dieser Gruppe von Nötigungsfällen herrscht in der wenig umfangreichen Spezialliteratur keine Übereinstimmung. Die Arbeit Stämpflis [2]) schließt sich der reichsgerichtlichen Auffassung an und erblickt in der Chantage stets einen Sonderfall des in § 253 geregelten Tatbestandes. Dagegen hat neuerdings Reinhold [3]) den schärfsten Einspruch [4]) erhoben. Für ihn sind Erpressung und Chantage heterogene Begriffe [5]). Frank [6]) nimmt beiden gegenüber eine vermittelnde Stellung ein und läßt es unentschieden,

[1]) Die Entstehung des Wortes ist unbestimmt. Ausführlich über die mögliche Bildung: Malvezy, Le crime d'extorsion de titres, 1896, S. 6 ff. — Stämpfli, Erpressung und Chantage nach deutschem, französischem und schweizer Strafrecht 1903, S. 43 f.

[2]) Stämpfli, a. a. O. S. 15 u. 71.

[3]) Reinhold, Die Chantage, S. 1.

[4]) Freilich ohne sachliche Begründung.

[5]) Reinhold, a. a. O. S. 99.

[6]) Rechtsvergleichung, S. 106/107.

ob die Chantage als ein neben der Erpressung selbständiger Deliktbegriff anzusehen ist.

Für die Autoren, welche in der Frage nach der Rechtswidrigkeit bei der Erpressung von der Auffassung des Reichsgerichts abwichen, ergab sich die Aufgabe, die Fälle der Chantage von denen der zweifellos rechtmäßigen Vermögensabnötigung durch Drohung abzugrenzen. Die verschiedenen Versuche bringen trotz weitgehender Abweichung in der Formulierung grundsätzlich den gleichen Gedanken zum Ausdruck. Um das Gemeinsame dieser Lösungen dartun zu können, ist zunächst das auch von ihnen gesuchte Kriterium der Chantage abzuleiten.

Nach der zuvor gegebenen vorläufigen Definition ist Chantage eine für rechtswidrig angesehene Vermögensabnötigung durch Androhung einer Rechtsausübung im Gegensatz zu der als rechtswidrig anerkannten. Das unterscheidende Merkmal, bei dessen Vorliegen die Vermögensabnötigung durch Androhung einer Rechtsausübung Chantage ist, wird demnach gefunden, indem man einen typischen Fall der Chantage mit einem Beispiel der zweifellos rechtmäßigen Abnötigung unter dem Gesichtswinkel der Rechtswidrigkeit vergleicht. Ersterer muß eine Besonderheit an sich tragen, die dem zweiten nicht eignet. Nach Abzug der gemeinsamen Merkmale muß sich ein Rest ergeben. Dieses logische Subtraktionsexempel ist der einfache Weg, das gesuchte Kriterium zu finden.

Es ist zweifellos rechtmäßig, wenn eine tüchtige Köchin mit Kündigung droht, um höheren Lohn zu erhalten. Dagegen wäre der folgende ein typischer Fall der Chantage. Ein als junger Mann mit Gefängnis Bestrafter hat sich durch redliches Streben eine geachtete Stellung erworben. Der dunkle Punkt seiner Vergangenheit ist vergessen, er hat sich durch eigene Tüchtigkeit rehabilitiert. An ihn tritt ein immer tiefer gesunkener einstiger Mitsträfling mit der Forderung um Geld, widrigenfalls er die alte Wunde aufreißen und der Stadt die Vergangenheit ihres so geachteten Mitbürgers kundtun werde. Ein derartiger Vorgang hatte den Anstoß zur französischen Chantagegesetzgebung gegeben [1]).

[1]) Darüber ausführlich Stämpfli, a. a. O. bei Besprechung des Art. 400 des code pénal.

In beiden Fällen wird ein rechtlich geschütztes Vermögen beeinträchtigt, beide Male wird mit einem rechtlich zulässigen Verhalten gedroht. Der Bedrohte befindet sich in Zwangslage, von Seiten des Drohenden steht ein Übel in Aussicht, dem sich der Andere nur durch einen unerwünschten Entschluß zu entziehen vermag. Der Drohende macht sich die Möglichkeit, den anderen zu schädigen, dessen Notlage zunutze. Insoweit lassen die Beispiele keinen Unterschied erkennen. Dagegen machen sich solche vom sittlichen Standpunkte aus geltend. Im ersten Falle ist die Benutzung der Zwangslage sittlich gerechtfertigt, im zweiten nicht. Von der Köchin ist nicht zu verlangen, daß sie ihre eigenen Interessen denen der Herrschaft hintansetzt. Im anderen Beispiele aber befand sich der Bedrohte in einer Notlage, auf welche in weitem Maße Rücksicht zu nehmen war. Deren Benutzung durch den früheren Mitsträfling war, sittlich gemessen, nicht zu rechtfertigen. Danach wäre das gesuchte Unterscheidungsmerkmal gefunden. Bezeichnet man im Anschluß an die gesetzliche Terminologie die sittlich nicht gerechtfertigte Benutzung einer der Berücksichtigung würdigen Notlage zur Schädigung des Betroffenen als „Ausbeutung", ist die Chantage zu definieren als die ein rechtlich geschütztes Vermögen schädigende Ausbeutung einer Notlage durch nötigende Androhung einer Rechtsausübung.

Diese leicht zu gewinnende Definition liegt den in neuerer Zeit unternommenen Versuchen zugrunde, die Fälle der Chantage von der als rechtmäßig anerkannten Abnötigung unter Androhung einer Rechtsausübung abzugrenzen.

Nach Frank[1]) ist Chantage bei entsprechender Androhung eines rechtlich erlaubten Übels dann anzunehmen, wenn das Übel außerhalb des verkehrsmäßigen Zusammenhanges mit dem Entschlusse steht, zu dem der Bedrohte genötigt werden soll. In etwas allgemeinerer Fassung drückt Binding[2]) den gleichen Gedanken negativ aus. Das bei der Erpressung „in Aussicht gestellte Übel darf kein solches

[1]) Frank, Rechtsvergleichung, S. 102ff.; Kommentar, 5./7. Aufl., S. 412.
[2]) Binding, Lehrbuch, S. 379.

sein, dessen normales Abwendungsmittel von Rechtswegen ein Vermögensopfer erscheint". Diese Begriffsbestimmungen lassen jedoch nicht erkennen, in bezug worauf die Beziehung des abgenötigten Entschlusses zum angedrohten Übel „normal", „verkehrsmäßig" zu sein habe. Es ist gewiß nicht normal, wenn der Mieter durch Androhung der Kündigung genötigt wird, sich einen guten Flügel zu kaufen. Und doch ist es keinesfalls rechtswidrig, wenn der musikgeplagte Vermieter den Mieter vor die Alternative stellt, entweder zu ziehen oder sich endlich ein gutes Instrument anzuschaffen. Droht dagegen etwa ein früherer Dienstbote mit Enthüllungen aus dem Privatleben der Herrschaft, so wird diese Gefahr normalerweise durch Geldzuwendung abgewendet. Trotzdem wird auch Binding nicht die Rechtswidrigkeit dieses Vorgehens in Abrede stellen. Wenn nun Binding behauptet, im ersteren Falle sei ein Übel in Aussicht gestellt, als dessen normales Abwendungsmittel ein Vermögensopfer erscheint, im zweiten dagegen nicht, so kann er nur dahin verstanden werden: die nötigende Androhung entspricht im ersten Fall der Norm der deutschen guten Verkehrssitten und ist in dieser Beziehung „normal", im anderen indessen ist die Nötigung sittenwidrig und deshalb anormal. Auf diese Auslegung scheint das Wort „von Rechtswegen" zu deuten, das Binding seiner Definition eingefügt hat.

Der gleichen Einschränkung bedarf die Begriffsbestimmung von Frank. Bei der Chantage soll das angedrohte Übel außerhalb des verkehrsmäßigen Zusammenhanges mit dem unerwünschten Entschlusse stehen. Frank unterläßt aber zu sagen, welchem Verkehr jener Zusammenhang nicht gemäß sein soll und in welcher Beziehung er den Grundsätzen dieses Verkehrs widersprechend sein muß. Es ist beispielsweise durchaus verkehrsmäßig, daß der des Italienischen unkundige Deutsche in Neapel in jeder erdenklichen Weise übers Ohr gehauen wird. In gewissen halbzivilisierten Ländern Europas ist es völlig „verkehrsmäßig", wenn der Zollbeamte seinen Obolus für „beschleunigte Abfertigung" vom Reisenden erwartet. Will man nicht zu den unmöglichsten Resultaten kommen, so muß man den Zusammenhang von Drohung und abgenötigtem Verhalten nach dem Verkehr anständiger Deutscher beurteilen, und nur insofern muß der fragliche Zusammenhang diesem Verkehre gemäß sein, als er den guten Sitten entspricht, welche ihn beherrschen.

Diese notwendige Einschränkung der Binding-Frankschen Lehre hat Oborniker [1]) zum Ausdruck gebracht. Auch er nimmt Chantage an, wenn das angedrohte Übel zur Erreichung des Vermögensvorteils ein „vertragsfremdes" sei. Als vertragsfremd bezeichnet er aber jedes Mittel, „welches der Ausbeutung des wirtschaftlichen Lebens entnommen ist". Ohne diese Einschränkung würde Frank ausdrücklich das Gegenteil von dem beweisen, was er beweisen will. Er bezeichnet nämlich als verkehrsmäßig diejenigen Übel, deren Befürchtung schon ohnehin die Entschließung belastet [2]). Wenn es aber überhaupt ein Übel gibt, „dessen Befürchtung schon ohnehin die Entschließung belastet", so ist es die Anzeige wegen begangener Missetat oder das Bekanntwerden eines schimpflichen Verhaltens. Wer also mit Anzeige oder Enthüllung droht, würde ein „verkehrsmäßiges" Übel in Aussicht stellen und demnach nicht Chantage begehen! Derartigen Konsequenzen entgeht die richtige Einschränkung, wie sie neuerdings durch Kohler [3]) vertreten wurde. Nach ihm müssen die Drohungen im Sinne der Erpressung „über das hinausgehen, was der redliche Lebensverkehr gestattet". Dieser Gedanke, den zweifellos auch die Ausführungen von Binding und Frank zum Ausdruck bringen sollen, ist in verschiedenen neueren Arbeiten ausgesprochen worden [4]).

Somit herrscht in der Literatur bei Beantwortung der Frage nach dem unterscheidenden Merkmal der Chantage der rechtmäßigen Abnötigung gegenüber — soweit sie überhaupt aufgeworfen wurde — grundsätzliche Übereinstimmung. Jene Definition bezeichnet aber die einzige sichere Antwort, welche die heutige Wissenschaft auf dem Gebiet der Chantage geboten hat. Die weiteren Probleme, welche mit jener Begriffsbestimmung

---

[1]) Oborniker, Groß' Archiv, Band 31, S. 23.

[2]) Frank, Rechtsvergleichung, S. 104.

[3]) Kohler, Archiv f. Strafr. u. Strafprozeß, a. a. O. S. 25; Gedanken über die Ziele des heutigen Strafrechts, 1909, S. 30.

[4]) So z. B. Kühne, a. a. O. S. 25 ff.; Liebling, Über das Verhältnis zwischen Raub und Erpressung, S. 15; Bollag, a. a. O. S. 53.

erst eingeleitet werden, sind entweder noch gar nicht berührt oder es finden sich Antworten, die nicht mehr als Fragewiederholungen bedeuten. Gar nicht berührt ist, was sich auf die Voraussetzungen bezieht, unter denen eine Abnötigung durch Drohung als Ausbeutung erscheint, ferner was die juristisch relevanten Formen des Delikts betrifft. Die Frage, weshalb denn Vermögensabnötigung dann r e c h t s w i d r i g sei, wenn dabei eine der Berücksichtigung würdige Notlage in einer den guten Sitten zuwiderlaufenden Weise zur Schädigung des Betroffenen benutzt wurde, hat Antworten gefunden, welche sie in Wahrheit nur von Neuem erheben. Zwei Lösungen dieser Art bietet die Literatur dar. Die eine glaubte der Schwierigkeit zu entgehen, indem sie jede sittenwidrige Nötigung für rechtswidrig erklärte: quod erat demonstrandum [1])! Der Hinweis auf § 826 des B.G.B. ist kein Beweis [2]). Die andere behauptete, die Androhung einer Rechtsausübung sei nur dann eine Drohung gemäß § 253, wenn sie mit den guten Sitten in Widerspruch stehe [3]). Da aber die erpresserische Nötigung zweifellos rechtswidrig sein muß, sagt jene Behauptung nichts weiter als: die nötigende Androhung einer Rechtsausübung ist rechtswidrig, wenn sie den guten Sitten zuwiderläuft: sie wiederholt also nur das Beweisthema.

II. Chantage ist also gegeben, wenn ein rechtlich geschütztes Vermögen beeinträchtigt wurde, durch Androhung einer Rechtsausübung, und dabei eine der Berücksichtigung würdige Notlage in einer den guten Sitten widersprechenden Weise zur Schädigung des Betroffenen benutzt wurde.

Ob es den guten Sitten widerspricht, die Notlage eines anderen durch nötigende Androhung einer Rechtsausübung zu dessen Schädigung zu verwerten, bestimmt sich zunächst a l l g e m e i n nach der Eigenart der Notlage, ferner s p e z i e l l danach, ob der Handelnde nach Maßgabe weiterer Nebenumstände gemäß den guten Sitten von besonderer Rücksichtnahme entbunden oder zu solcher verpflichtet war.

---

[1]) So z. B. K ü h n e , a. a. O. S. 32 ff.

[2]) Darüber Ausführungen im folgenden Paragraphen.

[3]) So z. B. F r a n k , Kommentar, 5./7. Aufl., S. 411; B i n d i n g , a. a. O. S. 379; F i n g e r , Gerichtssaal, Band 74, S. 389; Deutsche Juristenzeitung, Band 14, S. 1348 ff.

Ob eine Notlage besonderer Berücksichtigung würdig erscheint, hängt ab von der Art und Weise, wie die Notlage entstand, sodann von ihrer Intensität.

Wer durch sträflichen Leichtsinn, durch eigene Schlechtigkeit in Not geriet, darf, wenn nicht sonstige Umstände für den Betroffenen sprechen, keinen Anspruch auf Rücksicht von Seiten anderer erheben. Anders liegt es dagegen, wenn den Betroffenen die Hinterlist, die Gemeinheit Dritter in Not gebracht hat. Eine derartige Notlage zu seiner Schädigung auszunutzen, hieße die Schlechtigkeit anderer zum Bundesgenossen machen. Man kann natürlich dem Drohenden nur dann aus der schädigenden Nötigung einen Vorwurf machen, wenn er diesen Sachverhalt kannte. Insbesondere ist die Ausnutzung einer Zwangslage sittenwidrig, wenn gerade die Gemeinheit des Drohenden den Betroffenen in selbige gebracht hat. So wäre etwa Chantage gegeben, wenn der Drohende durch betrügerischen Bankerott die Finanzen des Anderen zerrüttet hätte und nun damit droht, auf den gänzlichen Ruin des Geschädigten hinzuarbeiten, wofern ihm nicht eine Abfindungssumme gezahlt werde. Einer Notlage, in welche der Betroffene durch das niederträchtige Vorgehen anderer geriet, steht diejenige gleich, in die ihn sein eigenes verdienstliches Verhalten brachte. Es widerstreitet den guten Sitten, eine Handlung, die Anerkennung verdient, böswillig zum Unheil des Tüchtigen ausschlagen zu lassen. Wenn es nach dem großen Brande von 1842 Salomon Heine wagte, mit seinem Kredit für die fälligen Hamburger Wechsel einzutreten und so das kaufmännische Ansehen der Vaterstadt hochzuhalten, wäre es Chantage gewesen, wenn es jemand unternommen hätte, durch die Drohung, die zweifellos gefährdete Lage des Geschäftes unhaltbar zu machen, Vermögensvorteile abzunötigen. Endlich verdient jede Notlage Berücksichtigung, welche die Folge einer Schwäche war, welche nach Recht und Sitte beschützt werden soll. Das trifft zu bei jugendlicher Unerfahrenheit.

Abgesehen von ihrer Entstehung verdient die Notlage, welche so schwer wiegt, daß der Betroffene fast alles aufwenden muß, um das Äußerste von sich abzuwenden, der Berücksichtigung. Nötigt unter solchen Umständen der Drohende zu einer sehr fühlbaren Schädigung, widerstrebt dies den guten Sitten.

Es ist keine Chantage, wenn der Vermieter einen unerhörten Mietzins bei Kündigungsandrohung verlangt. Paßt dem Mieter die Zahlung nicht, kann er ja ausziehen. Nicht so verhält es sich, wenn der todkranke Mieter außerstande ist, das Haus zu verlassen. Um sein Leben vor Gefahr zu bewahren, muß er in die erhöhte Miete willigen. Hier ist fraglos Chantage anzunehmen.

Ob der Nötigende sittlich verpflichtet war, einer Notlage Rechnung zu tragen, richtet sich weiter nach dessen persönlichen Verhältnissen und nach seinen Beziehungen zum Betroffenen. Befindet sich dieser in einer Lage, welche nach den entwickelten allgemeinen Grundsätzen Rücksicht verdient, so können doch die Verhältnisse derartig beschaffen sein, daß man vom Nötigenden nicht diejenige Rücksichtnahme verlangen kann, welche gemeinhin am Platze gewesen wäre. Befand sich letzterer selbst in bitterster Not, so darf man ihm nicht zumuten, von einem ihm zustehenden Rechte im Interesse eines anderen abzusehen. Die beiden Parteien stehen sich gleich, der eine leidet wie der andere, und nichts verpflichtet zu wechselseitiger Rücksichtnahme. Es sei an das Beispiel vom schwer kranken Mieter erinnert. Fordert der Vermieter den hohen Zins, nur um eine sehr kostspielige Operation bezahlen zu können, von der das Leben seiner Frau abhängt, so ist von Chantage keine Rede.

Umgekehrt kann der Nötigende zu einer Rücksichtnahme verpflichtet sein, welche das gewöhnliche Maß überschreitet, so bei Pietätsverhältnissen, insbesondere bei denen der Kinder den Eltern gegenüber, ferner bei Verpflichtung zu besonderer Dankbarkeit oder wenn es gilt, ein erwiesenes Vertrauen zu ehren. Chantage wäre demnach anzunehmen bei der Androhung, eine Forderung ohne Nachsicht einzuklagen, welche der Bedrohte nur übernommen hatte, um den Nötigenden auf dessen inständige Bitte aus schwerer Bedrängnis zu befreien. Es widerspricht den guten Sitten, eine Landeskalamität zur Schädigung der Mitbetroffenen auszubeuten. Auch hier zwingt das Pietätsverhältnis der engeren oder weiteren Heimat gegenüber zur Rücksicht.

Die für die Annahme der Chantage präjudizielle Feststellung, ob eine der Berücksichtigung würdige Notlage vorliege, zerfällt demnach in eine allgemeine und in eine besondere Frage.

Zunächst muß entschieden werden, ob die Notlage des Betroffenen an und für sich Rücksicht verdient. Muß die Pflicht der Rücksichtnahme, allgemein betrachtet, **bejaht** werden, fragt es sich, ob nicht etwa der Nötigende sich in einer Lage befand, welche ihn von jener Pflicht entbindet. Wäre die erstere Frage zu **verneinen**, bliebe noch festzustellen, ob nicht ein besonderes Pflichtverhältnis den Nötigenden zu außergewöhnlicher Rücksicht verbunden hätte.

III. Die Möglichkeit, durch Androhung einer Rechtsausübung zu nötigen, ist mit der Rechtsordnung gegeben. Die Verhältnisse können so geartet sein, daß der Vollzug des angedrohten Übels dem Willen der Rechtsordnung entspricht. Die Verwirklichung eines solchen Rechtes kann jedoch auch zu dem Rechtswillen im Gegensatze stehen. Ist jemand zur Verwirklichung von Übeln berechtigt, deren Eintritt dem Willen der Rechtsordnung gemäß gewesen wäre, so verdient eine entsprechende Notlage des Bedrohten in den Augen des Rechtes keine Berücksichtigung. Es kann der Rechtsordnung nur zugut kommen, wenn der Versuch, sich ihrem Willen zu entziehen, teuer bezahlt werden muß. Bei Drohungen solcher Art wird daher im Regelfalle die Annahme der Chantage zu verneinen sein. Widerstrebt dagegen die Verwirklichung eines bestimmten Rechtes dem Willen der Rechtsordnung, so erscheint in ihrem Sinne die fragliche Notlage besonderer Rücksicht wert. Hier wird mithin bei nötigender Drohung in der Regel Chantage vorliegen.

Daß die Rechtsordnung an der Verwirklichung der angedrohten Rechtsausübung ein positives oder negatives Interesse hat, wird die Ausnahme bilden. Gemeinhin wird sie ihm indifferent gegenüberstehen, so etwa der Verwirklichung einer Kündigungsandrohung.

Für die juristische Betrachtung würden sich demnach drei Formen der Chantage ergeben. Die erste wäre gekennzeichnet durch eine dem Willen der Rechtsordnung entsprechenden Rechtsverwirklichung, die zweite durch Androhung einer ihr unerwünschten Rechtsausübung; bei der dritten verhält sich die Rechtsordnung gleichgültig zur Rechtsverwirklichung.

Ihre Bedeutung erhalten diese Formen wenn man die Prinzipien vor Augen behält, nach welchen das Vorhandensein von

Chantage zu beurteilen ist. Bei der ersten Gruppe spricht die allgemeine Betrachtung gegen die Annahme der Chantage, es müßte sich denn aus den besonderen Umständen die spezielle Pflicht zur Rücksichtnahme für den Nötigenden herausstellen. Bei der zweiten liegt alles gerade umgekehrt, so daß gemeinhin erst aus besonderen Umständen die Chantage herzuleiten wäre. In der dritten Gruppe spricht zunächst nichts für oder gegen die Annahme und die zuvor erörterten Grundsätze greifen Platz. Auf die beiden ersten Formen ist noch näher einzugehen.

IV. Das typische Beispiel für die Androhung einer dem Willen des Rechtes gemäßen Rechtsverwirklichung bildet die Drohung mit Strafanzeige wegen begangener Missetat. Die Notlage des Bedrohten ist in den Augen des Rechtes der Berücksichtigung unwert. Der Verbrecher kann unmöglich Schutz gegen Beeinträchtigung beanspruchen, die er nur deshalb erleidet, weil er dem Rechte nicht geben wollte, was Rechtens ist. Würde er durch die Anzeigedrohung zur Vermögensbeeinträchtigung genötigt, so hat er sich dies selbst zuzuschreiben; er brauchte bloß bereit zu sein, die Strafe auf sich zu nehmen, welche seine Missetat verdiente, und der Drohende hätte alle Gewalt über ihn verloren. Nur zu richtig sind die Worte Glasers[1]), die er im gleichen Zusammenhange ausspricht: „ein öffentliches Recht wird nicht verletzt, und im Interesse des hier Beschädigten einzuschreiten, ist kein Anlaß vorhanden; es kann nicht Aufgabe der Strafrechtspflege sein, den Weg der Unsittlichkeit von Dornen und Fußschlingen zu reinigen". Und wer dem Verbrecher Dornen in den Weg streut, wer es ihn fühlen läßt, daß er sich nicht ungestraft dem Arm der Gerechtigkeit entziehen kann, wer durch Androhung von Strafanzeige zu den bittersten Opfern nötigt — steht, wenn auch meist unbewußt oder wider Willen im Dienst der strafenden Gerechtigkeit.

Nur ausnahmsweise kann die Rechtsordnung derartige Nötigung mißbilligen. Wie sie in der Regel nicht darauf ausgeht, den Verbrecher durch Strafe zu vernichten, hat sie auch Anlaß, den ihr Verfallenen dagegen zu schützen, daß ihm sein Vergehen

---

[1]) Glaser, a. a. O. S. 192, Anm. 26.

zu einem über das gesetzte Maß hinausgehenden, allzu schweren Leide ausschlage. Letzteres wird aber eintreten, wenn der Nötigende immer von Neuem seine Drohung geltend macht, bis schließlich die Opfer zum Vergehen nicht mehr im richtigen Verhältnis stehen. Unter solchen Umständen kann auch bei Androhung einer Strafanzeige Chantage angenommen werden.

Diese Ausführungen stehen in schneidendem Widerspruche zu einer verbreiteten Auffassung. Selbige möchte jeden Verbrecher auch vor der geringfügigsten Vermögensabnötigung durch Androhung einer Strafanzeige bewahrt wissen. Der sicherste Weg wäre freilich Abschaffung der Strafen selbst, dann wäre der Verbrecher davor beschützt, durch Anzeigedrohung genötigt zu werden. Und die extremen Verfechter der Auffassung finden auch wirklich den Mut, Abschaffung der Bestrafung von Verbrechen zu fordern, damit nicht der Verbrecher in seinem sehr verständlichen Bestreben, sich der Strafe zu entziehen, durch etwaige nötigende Drohungen mit Anzeige gehindert werde. Hieraus erklärt sich zu nicht geringem Teile die Agitation gegen § 175 St.G.B. So wendete sich Fuld[1]) auf dem Brüsseler Kongresse von 1901 gegen die Bestrafung des Mißbrauches der Autorität des Patrons zur Verführung von Arbeiterinnen, gegen solche der Infektion durch venerische Krankheiten. Es kann doch eine entlassene Arbeiterin aus Rache mit Anzeige drohen, und die Prostituierte kann ihre Kenntnis von der Geschlechtskrankheit eines mit ihr Verkehrenden in bedenklicher Weise mißbrauchen. Um den Verbrecher vor der möglichen Vermögensabnötigung mit Anzeigedrohung sicherzustellen, soll das Geschlechtsleben gemeinsten Angriffen preisgegeben bleiben! Schon solche Konsequenzen richten die erwähnte Meinung.

Zu ihrer Rechtfertigung beruft man sich auf die Volksüberzeugung, welche jede Art der Vermögensabnötigung durch Strafandrohung als unsittlich verwirft. Aber muß tatsächlich jede derartige Abnötigung unsittlich sein? Und selbst gesetzt, dies wäre so, müßte dann Chantage angenommen werden?

Im Kampfe des täglichen Lebens wird jede Schwäche des Gegners benutzt. Seine Geschäftsunkenntnis, seine Torheiten,

---

[1]) Actes du congrès pénitentiaire de Bruxelles, Tome II, p. 684.

sein Mißgeschick, alles darf dem Vorwärtsdrängenden als Leiter dienen — aber seine Schlechtigkeit nicht? Wenn Dalke[1]) behauptet, wer sich die Schlechtigkeit eines anderen zunutze mache, eigne sie sich gewissermaßen an und erscheine selber als schlecht, so wird er doch schwerlich die Analogie konsequent durchführen, wenn von Benutzung gegnerischer Dummheiten die Rede ist. Der Gedanke, daß ein Schaden um so weniger Rücksicht verdient, je mehr er auf die Schuld des Geschädigten zurückzuführen ist, beherrscht auch die einschlägigen Bestimmungen des B.G.B. (§ 254). Schon die Digesten sprechen in einem interessanten Fragment den Rechtsgedanken aus, daß eine selbstverschuldete Notlage, rechtlich gemessen, keine Berücksichtigung erwarten dürfe[2]).

Betrachtet aber die Volksüberzeugung wirklich jede Abnötigung durch Anzeigedrohung, also den typischen Fall der Ausnutzung einer Notlage, die der Betroffene sich selbst verschuldet hatte, als unsittlich, so ist sie zweifellos in einer Einzelfrage ihren gesunden Prinzipien, wie sie etwa in § 254 B.G.B. zum Ausdruck kommen, untreu geworden. Und wenn die Vermögensabnötigung durch Bedrohung mit Strafanzeige auch tatsächlich nicht mit Unrecht als den guten Sitten widerstreitend angesehen würde, wären dennoch nicht die Voraussetzungen für die Annahme der Chantage gegeben. Die Notlage des Bedrohten verdient keineswegs Berücksichtigung, mag es auch nicht für anständig gelten, aus ihr durch Nötigung Gewinn zu ziehen. Eine schutzwürdige Notlage hat das nicht anständige Vorgehen des Drohenden nicht beeinträchtigt. Hier die Erpressungsstrafe verhängen, hieße ein bloß illoyales Verhalten wie eine rechtswidrige Vermögensverletzung behandeln.

Das über die Nötigung unter Androhung einer Strafanzeige Ausgeführte gilt für alle übrigen Fälle, in denen der Nötigende damit droht, es zu veranlassen, daß der Bedrohte seinen Rechts-

---

[1]) Dalke, Goldammers Archiv, Band 17, S. 19.

[2]) l. 21, Dig. IV, 2. „Si mulier contra patronum suum ingrata facta sciens se ingratam, cum de suo statu periclitabatur, aliquid patrono dederit vel promiserit, ne in servitutem redigatur: cessat edictum (quod metus causa gestum erit, ratum non habebo) quia hunc metum sibi ipsa infert."

pflichten gerecht wird oder die Rechtsfolgen seiner Handlungsweise auf sich nimmt.

Den Rechtspflichten sind diejenigen gleichzuachten, welche die von der Rechtsordnung anerkannte Sitte auferlegt. Nicht anders wie mit der angedrohten Strafanzeige ist es mit der Androhung bestellt, ein ehrloses, sittenwidriges Verhalten der ethischen Mißbilligung preiszugeben. Es liegt durchaus im Sinne der Rechtsordnung, daß die Verletzung von Zucht und Sitte nicht ungesühnt bleibe. Hat der schimpflich Handelnde nicht den Mut, die Folgen der sittlichen Mißbilligung zu tragen, so darf ihm das Recht nicht seinen Schutz leihen — „quia hunc metum sibi ipse infert“ [1]).

V. Bei Puchta [2]) findet sich der Satz: „So geht neben dem Recht als ein nicht auszuschließendes, als Schatten, ein vom höheren Standpunkt als solches sich darstellendes Unrecht her“. Eine Rechtsverwirklichung, nach der konkreten Rechtsordnung freilich zulässig, kann ihrem Willen und Sinn widerstreiten. Es gibt Rechte, welche selbst auf die Gefahr hin anerkannt werden müssen, daß deren Durchführung ungerechtfertigte Härten nach sich zieht.

Aus der Fülle der Möglichkeiten sind beispielsweise solche Fälle hervorzuheben, welche für die Lehre von der Chantage vorzugsweise von Bedeutung sind. Nach der gesunden Auffassung unserer Strafgesetze steht es jedem frei, über seinen Nächsten die Wahrheit zu sagen. Es kann das zu Unzuträglichkeiten führen. So hat, wie schon vorhin angenommen wurde, jemand seine besten Kräfte daran gesetzt, durch jahrelanges redliches Leben eine Missetat vergessen zu machen und sich tatsächlich einen guten Ruf erworben. Jenes Recht, auch über ihn die Wahrheit zu sagen, kann, böswillig ausgeübt, ein Leben voll Mühe und Arbeit zuschanden machen. Jede formell rechtsbeständige Entscheidung bzw. jeder sonstige formell rechtskräftige Titel kann materiell dem Recht widersprechen. Solange

---

[1]) Über entsprechende Bedenken, welche Jules Favre gegen Einführung der Chantagebestimmung des Art. 400, II des Code pénal hegte, vgl. Thuriet, Actes du congrès pénitentiaire de Bruxelles, t. II, S. 706, auch Aubéry, a. a. O. S. 640.

[2]) Puchta, Kursus der Institutionen, 6. Aufl., Band II, S. 189.

der Titel nicht aufgehoben ist, darf er von Rechtswegen geltend gemacht werden, obgleich derartige Rechtsverwirklichung dem Sinne der Rechtsordnung zuwiderläuft. Auf dem Brüsseler Kongresse wurde eingehend die sog. „Chantage judiciaire" erörtert [1]). Ihr entspricht insbesondere die Androhung, das Recht geltend zu machen, bei Gericht einen rechtlich nicht begründeten Anspruch zu erheben.

Wird mit einer gekennzeichneten Rechtausübung gedroht, so liegt eine Notlage vor, die gemäß der Rechtsordnung weitgehende Berücksichtigung verdient. Es gilt dann, unvermeidliche Härten nach Möglichkeit abzuschwächen. Bei solchen Drohungen ist mithin stets Chantage anzunehmen, es müßten denn die persönlichen Verhältnisse des Nötigenden, insbesondere schwer lastendes Elend, eine mildere Beurteilung rechtfertigen.

§ 4.

Die Voraussetzungen für die Rechtswidrigkeit der Chantage im geltenden deutschen Recht.

I. Die Chantage ist nach deutschem Recht rechtswidrig, wenn dieses eine Norm enthält, welche die Ausübung des Rechts, durch Androhung einer Rechtsausübung zu nötigen, für unzulässig erklärt. Es muß also eine Norm nachzuweisen sein, nach welcher ein Recht nicht ausgeübt werden darf, um eine der Berücksichtigung würdige Notlage zur Schädigung des Betroffenen in einer den guten Sitten widerstrebenden Weise zu benutzen. Ist eine solche Norm gegeben, so nötigt der Chanteur in rechtswidriger Weise durch Drohung, und die Voraussetzungen des § 253 St.G.B. sind erfüllt. Chantage ist also Erpressung, bei welcher sich die Rechtswidrigkeit der Nötigung nicht aus dieser selbst ergibt, sondern sich nach einer Norm bestimmt, die ein Recht zu nötigen in entsprechender Weise einschränkt. Damit wäre die in früherem Zusammenhang aufgeworfene Frage nach der strafrechtlichen Struktur der Chantage, freilich auf gänzlich abweichender Grundlage, im Sinne der herrschenden

[1]) Actes du congrès, t. II, Typaldo-Bassia, S. 724, auch Tarde, S. 696.

Meinung entschieden. Es empfiehlt sich, der Chantage die rechtswidrige Abnötigung durch Androhung eines rechtswidrigen Verhaltens als Erpressung im engeren Sinne gegenüberzustellen.

II. Die maßgebende Norm muß entsprechend der Bestimmung des § 226 B.G.B. gebildet sein. Nach diesem ist die Ausübung eines Rechts unzulässig, mithin rechtswidrig [1]), „wenn sie nur den Zweck haben kann, einem anderen Schaden zuzufügen".

Nur vereinzelt [2]) ist in der zivilistischen Literatur beachtet worden, daß in bloßem Schadenzufügen niemals der Zweck eines Handelns bestehen kann. Wie jede Handlung muß auch jede Rechtsausübung irgend ein Bedürfnis befriedigen. § 226 ist also dahin zu verstehen, daß eine Rechtsausübung unstatthaft sein soll, wenn durch sie ausschließlich ein Schädigungsbegehren befriedigt wird [3]). Ein derartiges Schädigungsbegehren muß dem der Bosheit, dem Hasse, der Rachsucht oder dem Sühnebedürfnis entsprungen sein.

Die Tatsache, daß die Befriedigung eines Schädigungsbegehrens keineswegs den guten Sitten zuwider zu laufen braucht, zwingt zu restriktiver Auslegung des § 226. Es kann unmöglich im Sinne des Gesetzes liegen, eine Rechtsausübung, die nicht einmal den guten Sitten entgegensteht, für unzulässig zu erklären [4]). Bei wörtlicher Auslegung stände § 226 im Widerspruche mit den §§ 134, 138, 823 und 826 B.G.B. Das Gesetz erklärt nicht einmal jede sittenwidrige Handlung für rechtswidrig. Um so weniger kann es eine Rechtsausübung sein, die nicht einmal sozialethisch zu verurteilen ist. Solange der Ausdruck der Gehässigkeit nicht den guten Sitten widerstreitet, darf

---

[1]) Plank, Bürgerliches Gesetzbuch, 3. Aufl., Band I, S. 222 u. S. 377.

[2]) So Leonhard, Der allgemeine Teil des Bürgerlichen Gesetzbuches, S. 150.

[3]) Leonhard betont a. a. O., „daß auch die Befriedigung der Schadenfreude im gewissen Sinne im Interesse sei".

[4]) Vgl. Enneccerus, Lehrbuch des Bürgerlichen Rechts, Band I, 3. Aufl., S. 550. — Crome, System des Bürgerlichen Rechts, Band I, S. 530. — Endemann, Lehrbuch des Bürgerlichen Rechts, 3. Aufl., Band I, S. 421. — Plank, a. a. O. S. 373, welche sämtlich hervorheben, daß die nach § 226 verbotene Handlung „einer höheren sittlichen Auffassung der Rechtsgemeinschaft" widersprechen müsse.

das Gesetz nicht zur Entrechtung der Feinde schreiten. Das Leben ist voll Kampf und Feindschaft, und das Gesetz hat dem Rechnung zu tragen. Es muß zufrieden sein, wenn sich die Gegner in den Schranken des Rechtes und der guten Sitten halten. Das soziale Zusammenleben wird durch ein umfassendes System konventioneller Strafsanktionen gesichert. Die Rechtsordnung selber, sofern sie der Strafe den Charakter der ultima ratio wahren will, bedarf der Hilfe jener im täglichen Leben so fühlbaren Beeinträchtigungen, mit denen sich die Gesellschaft der Unbilligkeiten, der Verstöße gegen Anstand und Sitte erwehrt. Durch empfindliche Eingriffe gibt sie dem rücksichtslosen Genossen zu verstehen, daß zwar an sich nicht rechtswidrige, aber den konventionellen Normen widerstreitende Übergriffe nicht ungesühnt bleiben. Sie billigt es, wenn der Einzelne von seinem Rechte Gebrauch macht, um es andere fühlen zu lassen, daß man ihm gegenüber die gute Sitte nicht außer acht lassen dürfe. Es kann nicht im Sinne des § 226 liegen, diese Grundlagen einer gesunden Rechtsordnung anzutasten.

So ist es mit den guten Sitten füglich vereinbar, wenn bei grobem Undank des Beschenkten der Schenker seine Gabe zurückfordert, obgleich sie für ihn keinen Wert mehr hat und es ihm lediglich darauf ankommt, den Undankbaren empfindlich zu treffen. Das Gleiche gilt, wenn jemand etwa nach Ablauf der Leihfrist ein entliehenes Buch zurückverlangt, von dem er weiß, daß es der Entleiher dringend benötigt. Er selbst braucht sein Buch nicht, er will nur dem Entleiher zu Gemüte führen, daß er bei seinen Unverschämtheiten keine freundliche Behandlung beanspruchen dürfe. Derartige Rechtsausübungen, obgleich sie nur der Befriedigung eines Schädigungsbegehrens dienen, sind keineswegs unsittlich und deshalb um so viel weniger rechtlich unstatthaft. Demnach muß der § 226 so ausgelegt werden, als ob er lautete: die Ausübung eines Rechtes ist unzulässig, wenn sie n u r dem Zweck dient, ein Schädigungsbegehren in den guten Sitten widerstreitender Weise zu befriedigen.

Für die Erpressung kann diese Bestimmung erst Bedeutung gewinnen, wenn es gelingt, weitere Rechtssätze abzuleiten, durch welche die Rechtsordnung auf das Wörtchen „nur“ verzichtet, das praktisch, wie vielfach hervorgehoben, die ganze Bestimmung illusorisch macht [1]). Fehlte aber das Wort „nur", so wäre jede Ausübung eines Rechtes unzulässig, welche rechtlich geschützte Interessen anderer in den guten Sitten widerstreitender Weise beeinträchtigt. Damit wäre auch die Ausübung des Rechtes, durch Androhung einer Rechtsverwirklichung zu nötigen, unzulässig, sobald eine der Berücksichtigung würdige Notlage zur Schädigung des Betroffenen in den guten Sitten widersprechender Weise benutzt werden soll. Mithin wäre die Chantage nach § 253 als Erpressung zu bestrafen.

III. Bestimmungen, welche die Regel des § 226 erweitern, hat das deutsche Recht nicht ausdrücklich ausgesprochen. Also ist nach Rechtssätzen zu suchen, welche eine derartige Norm ihrem Wesen nach voraussetzen. Die dabei zunächst in Betracht kommenden §§ 138 und 826 B.G.B. lassen die Frage offen.

Nach § 138 ist ein Rechtsgeschäft, welches gegen die guten Sitten verstößt, nichtig. § 826 verpflichtet zum Schadensersatz, wenn rechtlich geschützte Interessen vorsätzlich in einer den guten Sitten zuwiderlaufenden Weise beeinträchtigt werden. In beiden Beziehungen hat die sittenwidrige Handlung die gesetzlichen Folgen einer rechtswidrigen (§ 134 bzw. 823). Jedoch daraus, daß das Gesetz, die unerlaubte und die unsittliche Handlung nach zwei Richtungen hin als gleichartig behandelt, darf nicht geschlossen werden, daß unsittliches und rechtswidriges Handeln für das Gesetz dasselbe sind [2]). Mit Recht betont Plank [3]): „Widerrechtlichkeiten und Verstoß gegen die guten Sitten haben allerdings unter Umständen ähnliche Wirkungen (vgl. §§ 823, 826); aber das B.G.B. unterscheidet doch scharf zwischen beiden." Wäre nach dem B.G.B. jeder Verstoß gegen die guten Sitten rechtswidrig, so bedürfte es weiterer Aufklärung, warum § 826 zum Schadensersatz nur bei vorsätz-

---

[1]) Gründe sind wohlfeil: der Handelnde wird stets anderweitige Interessen vorschützen können. Vgl. z. B. Eck, Vorträge über das Recht des Bürgerlichen Gesetzbuches (herausgegeben von Leonhard), S. 218, Anm. 11.

[2]) Dieser Schluß findet sich bei Kühne, a. a. O. S. 32 ff. — v. Bluhme, Jherings Jahrbuch f. Dogmatik, Band 38, S. 243; — dem Resultat nach Crome, a. a. O. Band I, S. 375 u. Band II, S. 1041. — Endemann, a. a. O. Band I, S. 367.

[3]) Plank, Das Bürgerliche Gesetzbuch, 3. Aufl., Band I, S. 222.

licher Schädigung verpflichtet und nicht wie § 823 auch bei fahrlässiger.

Einen Schritt weiter führt zwar der § 904 B.G.B., kann jedoch gleichfalls die angeregte Frage nicht zum Abschluß bringen. Verboten ist ihm zufolge die Ausübung eines nach § 903 dem Eigentümer zustehenden Ausschlußrechtes, wenn eine Einwirkung von fremder Seite notwendig ist zur Abwendung einer gegenwärtigen Gefahr, deren drohender Schaden unverhältnismäßig größer ist als derjenige, welcher dem Eigentümer aus dem Eingriff erwachsen würde. Es ist demnach unzulässig, ein Ausschließungsrecht zur Abwendung einer Schädigung geltend zu machen, wenn einem anderen ein unverhältnismäßig großer Schaden entstehen würde. Dabei ist zu beachten, daß der Ersatzanspruch des Eigentümers wegen der ihm zugefügten Schädigung sowohl sachlich (§ 253 B.G.B.) als persönlich durch die Zahlungsfähigkeit des Ersatzpflichtigen beschränkt ist [1]). Darf man also sein Eigentumsrecht zur Abwendung eines vielleicht unersetzlichen Schadens nicht geltend machen, wenn fremde Interessen dadurch unverhältnismäßig mehr geschädigt werden, so dürfen noch viel weniger durch Ausübung des Eigentumsrechts Rechtsgüter schwer geschädigt werden, um einen unverhältnismäßig geringen Vorteil zu erstreben. Es ist dies ein durchaus statthafter Schluß per argumentum a maiori (Rettungshinderung zu eigenem Schutz) ad minus (schwere Schädigung zu geringfügiger Förderung). Die Forderung, in die eigene Schädigung zu willigen, bzw. auf einen Vorteil zu verzichten, damit nicht ein anderer ganz unverhältnismäßig mehr geschädigt werde, und so auf dessen Notlage Rücksicht zu nehmen, entspricht den guten Sitten des Verkehrslebens. Die Mißachtung dieses Gebotes ist unsittlich. Es geht also gegen die guten Sitten, ohne Rücksicht auf die Notlage anderer ein Eigentumsrecht zur Geltung zu bringen, um einen untergeordneten Vorteil durch ungleich stärkere Benachteiligung des Betroffenen zu erzielen. Und solche Schädigung ist rechtswidrig. Insoweit ist also die Bestimmung des § 226 durch die des § 904 erweitert.

---

[1]) Dernburg, Das Bürgerliche Recht, Band III, 2. Aufl., S. 227.

Allein ist man nun auch berechtigt, das so gefundene Prinzip auf die Ausübung aller möglichen Rechte, so auch auf das, mit Rechtsausübung zu drohen, auszudehnen? Das B.G.B. kennt keine Bestimmung, welche derartig extensive Auslegung rechtfertigt. Und selbst, wenn man die Frage trotzdem nach dem Vorgange Kohlers[1]) bejahen wollte, bliebe eine weitere bestehen. Nach § 904 verdient die Notlage des Betroffenen Rücksichtnahme, weil die Rechtsausübung ihn unverhältnismäßig schwer treffen würde; ist es nun angängig, den Grundsatz auf jede aus anderen Gründen der Rücksicht würdige Notlage zu beziehen? Eine solche Auslegung findet im B.G.B. keine Stütze. Demnach enthält § 904, sofern nicht noch fernere Gesetzesstellen das Gegenteil ergeben, eine singuläre Erweiterung des § 226.

Das B.G.B. stellt also in gewissen Beziehungen den Verstoß gegen die guten Sitten der Widerrechtlichkeit gleich, ohne beides ausdrücklich zu identifizieren. Die Bestimmung des § 904 kann für sich allein den Schluß auf die Gleichartigkeit nicht rechtfertigen.

IV. Dagegen ist die gesuchte Norm in § 302e des St.G.B. zum Ausdruck gelangt. Ihm gemäß macht sich strafbar, wer gewohnheits- oder erwerbsmäßig die im § 138 II bezeichnete Handlung begeht. Gewerbs- oder Gewohnheitsmäßigkeit der Begehung kann nun zwar Voraussetzung der Strafbarkeit, nicht aber der Rechtswidrigkeit sein. Eine Handlung wird nicht etwa rechtswidrig, wenn sie dem, der sie berechtigt begeht, zur Gewohnheit wird oder seinem Erwerbe dient. Eine strafbare Handlung muß rechtswidrig sein; also sagt § 302e St.G.B.: die in § 138 II bezeichneten Handlungen sind rechtswidrig.

Nach § 138 II verstößt gegen die guten Sitten ein Rechtsgeschäft, „durch das jemand unter Ausbeutung der Notlage, des Leichtsinns oder der Unerfahrenheit eines anderen sich oder einem Dritten für seine Leistungen Vermögensvorteile versprechen läßt, welche den Wert der Leistung dergestalt übersteigen, daß den Umständen nach die Vermögensvorteile in auf-

[1]) Kohler, Lehrbuch des Bürgerlichen Rechts, Band I, S. 227: „Der Notstand bewirkt die Befugnis gegenüber jeder Vermögensberechtigung aufzutreten, wenn auch § 904 nur von Eigentum spricht, denn hier ist ein Prinzip ausgesprochen, das über das Eigentum hinausgeht.“

fälligem Mißverhältnis zur Leistung stehen". Die bezeichnete Handlung ist sittenwidrig, weil ein Vorteil erstrebt wurde unter Schädigung eines von berücksichtigungswerter Notlage Betroffenen. Für die sittliche Bewertung der Schädigung ist es gleichgültig, ob sie durch Abschluß eines Geschäftes auf gegenseitige Leistung oder auf anderem Wege erfolgt. Auch verdient eine Notlage nicht bloß dann Rücksicht, wenn sie wirtschaftlicher Natur ist.

Ebensowenig kann die in § 138 II bezeichnete Handlung nach § 302e nur deshalb rechtswidrig sein, weil die Schädigung durch Abschluß eines Vertrages auf gegenseitige Leistung veranlaßt wurde, oder weil keine andere Notlage als gerade eine wirtschaftliche ausgenutzt wurde.

Demnach ist gemäß § 302 e St.G.B. jede vermögensschädigende Ausnutzung einer Notlage rechtswidrig, wenn sie nach § 138 II B.G.B. als Verstoß gegen die guten Sitten aufzufassen wäre. Die in § 302 e bezeichnete Handlung kann nur strafbar sein, wenn jede vermögensschädigende Ausbeutung einer Notlage rechtswidrig ist. Mit diesem Resultat stehen die Einzelbestimmungen des B.G.B. im Einklang, welche an die Widerrechtlichkeit und den Verstoß gegen die guten Sitten gleiche Rechtsfolgen knüpfen [1]).

Das deutsche Recht kennt also eine Erweiterung der Bestimmung des § 226 im § 302 e. Dieser basiert auf der Norm: die Ausübung eines Rechtes ist unstatthaft, wenn dadurch eine Notlage in den guten Sitten widerstreitender Weise zur Vermögensschädigung des Betroffenen ausgenutzt wird. Es ist somit die Norm anerkannt, welche die Ausübung des Rechtes durch Androhung einer Rechtsverwirklichung zu nötigen so einschränkt, daß die Chantage nach § 253 St.G.B. als Erpressung gestraft werden muß.

§ 5.

Die Chantage in der Judikatur des Reichsgerichtes.

I. Nach den gewährten Ausführungen begegnet die Lösung der Frage nach den Voraussetzungen der rechtswidrigen Ver-

[1]) Der gleiche Gedankengang findet sich bei Stammler, Die Lehre vom richtigen Recht, S. 401/402.

mögensförderung im Sinne der Erpressung in Wahrheit keinen allzu erheblichen Schwierigkeiten. Rechtswidrig ist der Vorteil, um den ein rechtlich geschütztes Vermögen durch rechtswidrige Nötigung geschädigt wurde. Ohne weiteres ergibt sich die Rechtswidrigkeit der gewaltsamen Nötigung und der unter Androhung eines rechtswidrigen Verhaltens erfolgten. Die Vermögensabnötigung durch die Androhung einer Rechtsausübung ist in dem Umfange unzulässig, in welchem, in dieser Weise zu nötigen, die Normen für unstatthaft erklären. Eine derartige Norm setzt das deutsche Recht in § 302 e St.G.B. voraus. Rechtswidrig ist danach die Vermögensabnötigung durch Androhung eines an sich erlaubten Verhaltens unter Ausbeutung einer der Berücksichtigung würdigen Notlage des Genötigten. Mithin ist die Chantage nach § 253 als Erpressung zu bestrafen.

Der Schlüssel zum Problem der Chantage liegt also in dem Hinweis auf Normen, welche die Ausübung des Rechtes, durch Androhung einer Rechtsverwirklichung zu nötigen, unter bestimmten Voraussetzungen für unzulässig erklären. Wie bereits hervorgehoben, hat die reichsgerichtliche Judikatur diesen allein möglichen Weg nicht eingeschlagen. Damit erhebt sich die für unser Rechtsleben bedeutsame Frage: hat das Reichsgericht seine theoretisch verfehlten Grundsätze derart eingeschränkt, daß es gleichwohl in Sachen der Chantage zu gerechten Entscheidungen gelangte?

II. Dem Urteil vom 12. Februar 1880 lag ein Fall der Chantage zugrunde. Der Angeklagte verlangte die Ausstellung einer Schuldurkunde über eine Summe, welche seine berechtigten Ansprüche fast um das Doppelte überstieg. Für den Weigerungsfall drohte er seinen Gegnern: „er schmeiße sie um, wenn sie nicht unterschrieben oder Einwendungen gegen die Forderung erheben würden“. Eine besonders schwerwiegende wirtschaftliche Notlage sollte dabei in rücksichtslosester Weise ausgenutzt werden. Wollte es in Einklang mit der Volksüberzeugung bleiben, so mußte das Reichsgericht die Behauptung der Revisionsschrift zurückweisen, daß Erpressung Drohung mit rechtswidrigem Verhalten erfordere. Da der hierzu allein gangbare Weg nicht erkannt wurde, hieß es im Urteil, daß auch eine an sich berechtigte

Nötigung ungerechtfertigt sei, wenn sie einem rechtswidrigen Ziele diene [1]). Der erstrebte Vermögensvorteil sollte, wie mehrfach erwähnt, rechtswidrig sein, wenn sein Erwerb nicht rechtlich beansprucht werden konnte.

Daß wirklich strafwürdige, im Sinne des deutschen Rechtes rechtswidrige Fälle der Chantage nunmehr nach § 253 beurteilt worden sind, liegt auf der Hand. Von besonderem Interesse sind die Urteile in Fällen, in welchen damit gedroht wurde, ein Recht auszuüben, dessen Verwirklichung dem Willen der Rechtsordnung widersprach (§ 3, IV dieses Abschnittes). So wurde bei der Androhung, einen materiell ungerechtfertigten Vollstreckungstitel geltend zu machen, Erpressung angenommen: denn die Angeklagten „hatten trotz formalen Vollstreckungstitels auf die geforderte Summe keinen rechtlichen Anspruch, und die Erlangung desselben war für sie ein rechtswidriger Vermögensvorteil" [2]). In gleicher Weise entscheidet das Urteil vom 6. Juni 1901. Der Angeklagte hatte gedroht, einen formell zu Recht bestehenden, materiell aber zu Unrecht ausgestellten Zahlungsbefehl geltend zu machen [3]).

Diese Urteile sind materiell zu Recht ergangen. Die fraglichen Fälle der Vermögensabnötigung wären nach § 253 in Verbindung mit der dem § 302 e zugrunde liegenden Norm als Erpressung zu bestrafen gewesen. Ohne Grund sind diese Entscheidungen mit der Behauptung Kohlers [4]) angegriffen: durch die Erklärung, „man wolle sich in gesetzmäßiger Weise seines Rechtes bedienen, um das zu erreichen, was der Andere nicht gutwillig gibt", könne nicht erpresserisch genötigt werden. Und dabei hatte Kohler wenige Seiten zuvor [5]) von der erpresserischen Drohung gefordert, daß sie dem „redlichen Lebensverkehr" widerstreite. Dem „redlichen Lebensverkehr" widerstreitet aber aufs schärfste die Drohung, einen materiell zu Unrecht ergangenen Rechtstitel gegen den Betroffenen geltend zu machen.

---

[1]) Entscheidungen des Reichsgerichts in Strafsachen, Band I, S. 205 ff.
[2]) Entscheidungen d. R.G., Band 26, S. 306.
[3]) A. a. O. Band 24, S. 279.
[4]) Kohler, Archiv für Strafrecht und Strafprozeß, Band 56, S. 196.
[5]) Kohler, a. a. O. S. 193.

Der Begründung derartiger Urteile zufolge wären aber auch Fälle sittlich nicht unstatthafter Vermögensabnötigung durch Rechtsandrohung als Erpressung zu bestrafen. Das Ungerechte solcher Entscheidungen ist dem Reichsgericht durch alle neueren Arbeiten über die Erpressung überzeugend entgegen gehalten. Eine derartige Rechtssprechung [1]) zwingt dazu, im wirtschaftlichen Kampfe den Vergleichsverhandlungen aus dem Wege zu gehen. Die Drohung, die Machtmittel geltend zu machen, würde zur Verurteilung wegen Erpressung führen müssen. So gewährleistet § 152 der Gewerbeordnung die Koalitionsfreiheit. Bedeutungsvolle Machtfaktoren dürfen sich bilden. Die das wirtschaftliche Leben oft in seinen Wurzeln erschütternden Streiks und Aussperrungen sind rechtlich zulässig. Der Versuch, den Gegner durch Hinweis auf die eigenen Machtmittel zur Nachgiebigkeit zu nötigen, und so unabsehbarem Elend aus dem Wege zu gehen, ist jedoch im Sinne der gedachten Entscheidungen ein entehrendes [2]) Vergehen.

Von Interesse ist das Fehlurteil vom 24. März 1884. Ein Reporter, welcher von einer Redaktion für Berichte über öffentliche Gerichtsverhandlungen Honorar bezog, hatte nach der Verhandlung an die wegen Veränderung des Personenstandes ihres unehelichen Kindes angeklagte, aber freigesprochene S. die Frage gerichtet: „Sie wollen doch nicht, daß die Verhandlung veröffentlicht werde?“ Gegen Zahlung ven 5 Mark wolle er die Publikation unterlassen. Die also mit Bloßstellung Bedrohte hat, wie es in den Urteilsgründen heißt, „die sich ihr bietende Gelegenheit, die Veröffentlichung zu verhindern, ergriffen und das ihr nicht leichte Geldopfer gebracht“ [3]). Dieser Vorgang ist ein sprechendes Argument gegen die ob-

---

1) Die Diskussion knüpft sich vornehmlich an die Entscheidung vom 6. Oktober 1890. (Entscheidungen Band 21, S. 114.) Dazu vor Allem: Heine, Archiv für soziale Gesetzgebung und Statistik, Band 5, S. 585 ff. — Frank, Ztschr. f. d. ges. Strafrechtsw., Band 14, S. 395 ff. — Oborniker, Groß' Archiv, Band 30, S. 201 ff., besonders Band 31, S. 20 ff. — v. Tischendorf, Archiv f. Strafrecht u. Strafprozeß, Band 54, S. 446. — Kohler, ebendaselbst Band 56, S. 195 ff.

2) § 256 St.G.B.

3) Entscheid. d. R.G., Band 16, S. 217.

waltende Meinung, welche jede Androhung einer Bloßstellung bzw. Anzeige als sittenwidrig beurteilt. In deren Sinne findet Reinhold[1]) in dem der Entscheidung zugrunde liegenden Vorkommnis ein Musterbeispiel der Chantage. Indessen widerstrebt die Rechtsausübung des Reporters nicht einmal den guten Sitten, um so weniger kann sie unrechtmäßig sein. Der S. mußte die Veröffentlichung peinlich sein, da sie unehelich geboren hatte. Im Sinne der Rechtsordnung verdient eine Notlage, in der eine Frauensperson durch ihr sittenwidriges Verhalten geriet, keine besondere Rücksicht. Es entspricht doch sittlicher Auffassung, daß uneheliche Mütter sich ihres Fehltrittes und der damit verbundenen Mißbilligung bewußt bleiben. Die Forderung des Reporters war zudem nicht unbillig hoch; 5 Mark werden das Honorar sein, welches ihm der Artikel eingebracht hätte. Von Ausbeutung ist demnach in keiner Beziehung die Rede.

III. Das Reichsgericht hatte im Urteil vom 17. März 1880 seine Ansicht über die Rechtswidrigkeit bei der Erpressung durch die Erwägung gerechtfertigt: „bei einer anderen Auffassung würde man bei vielen zweifellosen Erpressungshandlungen von dem Vergehen des § 253 nicht mehr sprechen können". So hat es denn auch in der Folgezeit niemals seine unrichtige Bestimmung der Rechtswidrigkeit aufgegeben. Indessen mußte die konsequente Anwendung jener Grundsätze zu empörenden Ungerechtigkeiten führen. Daher sah es sich veranlaßt, — vermutlich bedenklich gemacht durch die scharfe Mißbilligung, welche seinen Fehlurteilen gegenüber von allen Seiten laut wurden — nach Grundsätzen zu suchen, mit deren Hilfe trotz jener Auffassung über die Rechtswidrigkeit des Vermögensvorteils nur „bei zweifellosen Erpressungshandlungen" verurteilt werden kann.

Zu diesem Zweck mußte das höchste Gericht den Begriff der Drohung restriktiv interpretieren. Ist die nötigende Drohung keine Drohung im Sinne des Gesetzes, wenn sie sozialethisch nicht mißbilligt werden kann, so führt die theoretisch verfehlte Lehre von der Rechtswidrigkeit nicht mehr zu ungerechten Entscheidungen. Die Köchin, welche unter Kündigungsandrohung höheren Lohn fordert, erstrebt zwar im Sinne des Reichsgerichtes

---

[1]) Reinhold, a. a. O. S. 28.

einen rechtswidrigen Vermögensvorteil, allein bei der gedachten Einschränkung des Drohungsbegriffes hätte sie nicht im Sinne des § 253 gedroht. Gleiches würde etwa von der Lohnforderung koalierter Arbeiter unter Androhung des Streikes zu gelten haben. Eine solche Einschränkung des Drohungsbegriffes wird in den neueren Urteilen über die Erpressung angestrebt.

So will das Urteil vom 6. Oktober 1890 [1]) Drohung im Sinne der Erpressung nicht annehmen, wenn genötigt wurde durch den Hinweis auf „Vertragspositionen", welche, „um den anderen zur Annahme geneigt zu machen, mit der Vorstellung der dem anderen nachteiligen Folgen der Ablehnung verbunden werden". Aus den Worten: „um zur Annahme geneigt zu machen", ist zu schließen, daß das Reichsgericht einen Vertragsabschluß im Auge hat, welcher unter normalen Umständen erfolgt [2]). Diese Auffassung wird durch das Urteil vom 13. Oktober 1903 [3]) bestätigt. „Die Ankündigung eines drohenden Übels" — heißt es dort — „erschöpft nicht die Begriffserfordernisse einer Nötigung durch Androhung jenes. Der Tatbestand solcher Nötigung ist ausgeschlossen, wo der Wille des Ankündigenden dahin geht, dem anderen die Freiheit seiner Entschließung durchaus zu wahren und von diesem Standpunkt nur die Erwartung gehegt und zum Ausdruck gebracht wird, jener werde bei vernünftiger Erwägung der Umstände selbst zu der Überzeugung gelangen, es sei für ihn das Richtigste, dem Eintritt des Übels aus dem Wege zu gehen." Nötigung durch Drohung nach § 253 soll also nicht angenommen werden, wenn das Inaussichtstellen eines Übels nicht die Entschlußfreiheit des anderen Teils rechtswidrig beengte. Wurde im Sinne des normalen Verkehrs ein Entschluß durch Androhung einer Rechtsausübung abgenötigt, so entfällt § 253. Denselben Gedanken haben Binding und Frank [4]) verfochten. Die Erpressung kann nach Frank nur dann durch Androhung eines erlaubten Übels begangen werden, wenn dieses

---

[1]) Entscheid. d. R.G., Band 21, S. 114 ff., besonders S. 118.

[2]) Vgl. dazu Frank, Kommentar, 5./7. Aufl., S. 411.

[3]) Entscheid. d. R.G., Band 36, S. 384.

[4]) Darüber oben § 3, I des vorliegenden Abschnittes.

„außerhalb des verkehrsmäßigen Zusammenhanges mit dem Entschlusse steht, zu dem der Bedrohte genötigt werden soll" [1]).

Daß der Zusammenhang zwischen angedrohtem Übel und abgenötigtem Entschlusse nur dann ein „normaler" oder „verkehrsmäßiger" sei, wenn er den sittlichen Normen entspreche, welche den Verkehr anständiger Deutscher beherrschen, ist ausführlich nachgewiesen. Im Urteil vom 29. November 1900 [2]) macht das Reichsgericht die Verurteilung wegen Erpressung von der Feststellung abhängig, ob eine der Berücksichtigung würdige Notlage in den guten Sitten widerstreitender Weise ausgenutzt werde. Ein Kartell hatte einen Kunden mit Lieferungssperre bedroht, wofern er auch von Konkurrenzfirmen Waren beziehe. In der Entscheidung wird betont, daß mitunter Kartelle geeignet sind, „einen wahren Terrorismus, namentlich gegenüber dem Zwischenhandel zu begründen". „Sollten die Kartellfirmen — was zu prüfen und festzustellen ist — sich einen Teil ihres Geschäftsgewinnes durch Preistreibereien mittels Unterbindung der unter dem Schutze der gesetzlich gewährleisteten Gewerbefreiheit stehenden Konkurrenz zu verschaffen suchen, so wäre dieser Teil ihres Gewinnes ein gegen die Rechtsordnung erworbener, ein rechtswidriger Vermögensvorteil." Noch schärfer wird der Gedanke, daß die erpresserische Androhung eines rechtlich zulässigen Verhaltens den guten Sitten widerstreiten müsse, im Urteil vom 6. Juni 1901 [3]) zum Ausdruck gebracht. Der Angeklagte hatte damit gedroht, einen formell rechtsbeständigen, materiell aber zu Unrecht ergangenen Vollstreckungsbefehl in Wirksamkeit treten zu lassen, wenn die in dem Befehl angegebene Summe nicht bezahlt werde. Hierzu bemerkt die Entscheidung: „die geflissentliche, auf fremde Kosten und ohne haltbaren Grund geschehene Bereicherung muß als verwerflich und unsittlich auch dann noch gebrandmarkt werden, wenn im offenbaren Gegensatze zur wahren Sachlage durch das Vorliegen eines äußerlich unanfechtbaren Vollstreckungstitels der

---

[1]) Frank, Rechtsvergleichung, S. 104.

[2]) Entscheid. d. R.G., Band 24, S. 23. Vgl. hierzu die feinsinnige Bemerkung von Binding, a. a. O. S. 379, Anm. 2.

[3]) Entscheid. d. R.G., Band 34, S. 238.

Schein der Rechtmäßigkeit hervorgerufen ist. Hieraus folgt aber, daß nach dem von Rücksicht auf Billigkeit und guten Glauben beherrschten Standpunkte des Bürgerlichen Gesetzbuches auch ein rechtmäßiger vollstreckungsreifer Anspruch das Wesen eines rechtswidrigen Vermögensvorteils an sich tragen kann."

Verbindet man die in den angeführten Entscheidungen geäußerten Erwägungen, so würde man zu folgenden Sätzen gelangen: das Reichsgericht fordert zur nötigenden Drohung bei der Erpressung eine dem Verkehrsleben widerstreitende Nötigung; die Nötigung aber widerstreitet dem Verkehrsleben, wenn sie gegen die letzteres beherrschenden guten Sitten verstößt.

Freilich hat das Reichsgericht eine solche Verbindung noch nicht ausdrücklich vollzogen. Daß jedoch die neuere Judikatur zu einer derartig gesicherten Formulierung drängt, ergibt sich deutlich aus der Begründung des Freispruchs vom 13. Oktober 1903. Der Angeklagte hatte sich bereit erklärt, auf einen Strafantrag wegen Beleidigung zu verzichten, wenn der Gegner 5 Mark in die Orgelkasse zahle. In den Gründen wird betont, durch die Erklärung des Angeklagten, „ein Opfer für einen guten Zweck bringen zu wollen", sei für das Gericht ein besonderer Anlaß zu einem Ausspruch darüber gegeben, ob nicht in Wirklichkeit ein ernstlich gemeinter Vergleichsvorschlag, dessen Annahme ohne Beeinträchtigung der Entschlußfreiheit in das Ermessen des Gegners gestellt würde, vorgelegen habe [1]). Damit aber erteilt das Reichsgericht die Anweisung an die Vorinstanz: wenn die vermögensschädigende Nötigung durch Androhung einer Rechtsausübung nicht sittlich mißbilligt werden kann, so muß das erkennende Gericht die allgemeinen Grundsätze über die Rechtswidrigkeit derartig einschränken, daß es zu einem Freispruch gelangt. Die zuvor besprochenen Entscheidungen haben einen gangbaren Weg eingeschlagen, auch das letzterwähnte Urteil deutet ihn an: die erpresserische Nötigung muß die Entschlußfreiheit beeinträchtigen, mithin dem Verkehrsleben und folglich den Verkehrssitten widerstreiten.

---

[1]) Entscheid. d. R.G., Band 36, S. 388.

Folgt das Reichsgericht derartigen Erwägungen, so ist das Urteil zwar unrichtig begründet, allein materiell gerechtfertigt. Die dem § 302 e St.G.B. zugrunde liegende Norm erklärt eine Rechtsausübung für unzulässig, wenn eine der Berücksichtigung würdige Notlage zur Schädigung des Betroffenen in den guten Sitten widerstreitender Weise ausgenutzt werden soll. Das Reichsgericht nimmt in den neueren Entscheidungen bei Androhung einer Rechtsausübung nur dann nötigende Drohung im Sinne des § 253 an, wenn die Nötigung den das Verkehrsleben beherrschenden guten Sitten zuwiderläuft. So kann der höchste Gerichtshof, trotz prinzipiell falscher Auffassung von der Rechtswidrigkeit des Vermögensvorteils, zu materiell gerechten Entscheidungen gelangen. In dieser Beziehung läßt sich die leitende Frage des gegenwärtigen Paragraphen bejahen. Die einschlägige Judikatur des Reichsgerichtes ist besser als ihr Ruf.

Kapitel II.

Der Begriff der Erpressung.

Abschnitt 1. Die Erpressung und ihre Arten nach geltendem Recht.

§ 1.

Der objektive Tatbestand der Erpressung.

I. Die Erörterung über die einzelnen Tatbestandsmerkmale führt zur zusammenfassenden Bestimmung der Erpressung. Der § 253 läßt zwei verschiedene Auffassungen des Begriffes der Nötigung zu, mithin sind zwei verschieden weite Definitionen der Erpressung möglich. Sie ist entweder durch Gewalt oder Drohung erfolgende rechtswidrige Abnötigung eines Verhaltens, welches ein rechtlich geschütztes Vermögen zugunsten des Handelnden oder eines Dritten um einen Vorteil schädigen soll — oder sie ist in gleicher Absicht erfolgte rechtswidrige Nötigung durch Drohung.

II. Demnach fordert der objektive Tatbestand der Erpressung in erster Linie Abnötigung eines körperlichen Verhaltens. Folgt man der engeren Auffassung der Nötigung, so muß jenes Verhalten einen durch Drohung veranlaßten unerwünschten Entschluß verwirklichen; es ist mithin ein Handeln oder Unterlassen. Nach der herrschenden Lehre kann überdies dadurch genötigt werden, daß der Handelnde durch Überwindung des entgegenstehenden Körperwiderstandes eine Körperbewegung erzwingt oder verhindert. Diese Gewalttat wird **erduldet**; von einem Handeln, Dulden oder Unterlassen kann nicht gesprochen werden.

III. Das also abgenötigte Verhalten muß dazu bestimmt sein, eine Vermögensverschiebung zu veranlassen; einem rechtlich geschützten Vermögen soll ein Vorteil zugunsten des Nötigenden oder eines Dritten entzogen werden. Nicht ist dem Tatbestande der Erpressung Genüge geleistet, wenn das fragliche Verhalten ausschließlich einer Vermögensschädigung dient. Wesentlich ist, daß ein rechtswidriger Vermögens*vorteil* erzielt werden soll. Die durch das abgenötigte Verhalten ermöglichte Vermögensverletzung kommt demnach nur dann und nur insoweit in Betracht, als ihr ein Vermögensvorteil entspricht.

IV. Das abgenötigte Verhalten kann derartig eine Vermögensveränderung nach sich ziehen, ohne daß es weiterer Tätigkeit des Nötigenden bedürfte. Dasselbe kann auch dem Handelnden die Herbeiführung der erstrebten Vermögensveränderung nur ermöglichen. Diese doppelte Möglichkeit ist, nachdem auch *Frank*[1]) seinen Widerspruch ausdrücklich aufgegeben hat, allgemein anerkannt[2]).

V. Jedes durch Drohung abgenötigte Verhalten ist dazu bestimmt, drei Erfolge nach sich zu ziehen: den Genötigten aus der Gefahr zu befreien, ihn dabei zu schädigen, dem Nötigenden oder einem Dritten einen Vermögensvorteil zu verschaffen. Die bei der Verwirklichung unvermeidliche Schädigung ist es, welche den abgenötigten Entschluß als unerwünscht erscheinen läßt. Zwei jener drei Erfolge können zusammenfallen. Es geschieht dies, wenn die unerwünschte Schädigung die Kehrseite der erstrebten Vermögensförderung darstellt. In diesem Falle fürchtet

---

[1]) *Frank*, Kommentar, 5./7. Aufl., S. 413.

[2]) Insbesondere *Binding*, Lehrbuch, a. a. O. S. 376.

der Bedrohte dieselbe Vermögensverschiebung, welche der Nötigende erstrebt. Indessen braucht dem Genötigten der Entschluß nicht wegen der unvermeidlichen Schädigung seines Vermögens unerwünscht zu sein. Es gilt dies in erster Linie, wenn nicht der Genötigte an seinem Vermögen beeinträchtigt werden soll, ferner wenn das zwar beabsichtigt ist, sich der Bedrohte jedoch über die vermögensrechtliche Bedeutung seines Verhaltens im Unklaren befindet. In derartigen Fällen hat das abgenötigte Verhalten drei verschiedene Erfolge: die Rettung des Genötigten, eine bestimmte Schädigung seiner Interessen und eine von letzterer unabhängige Vermögensverschiebung. Gleiches gilt endlich, wenn der Genötigte zwar mit einer Beeinträchtigung seines Vermögens rechnet, ohne jedoch zu bemerken, daß der vom Drohenden begehrte Vorteil eine zu seinen Ungunsten erfolgende Vermögensverschiebung mit sich bringt. Die möglichen Beziehungen, in welchen das abgenötigte Verhalten zu diesen Erfolgen stehen kann, sind im entsprechenden Zusammenhang oben entwickelt worden.

VI. Der Genötigte kann zugleich derjenige sein, welchen das Vermögensdelikt verletzten soll, ohne daß dies begriffswesentlich wäre. Dagegen kann nach positiver Anordnung des Gesetzes dem Genötigten nicht der erzielte Vorteil zugewendet werden. Und doch wären sehr wohl Erpressungsfälle solcher Art denkbar. Hierfür ein Beispiel. Ein Hochstapler will seinen Sohn aus einer Notlage befreit sehen. Zu diesem Zweck gibt er ihm den Rat, sich an anvertrauten Gütern zu vergreifen. Als der Sohn diesen Gedanken von sich weist, droht ihm der Vater mit einer Gewalttat und nötigt ihn dadurch, seine sittlichen Bedenken fallen zu lassen und seiner Notlage auf fremde Kosten ein Ende zu machen. Indessen unterscheidet das Gesetz ausdrücklich zwischen dem „Dritten", welchem ein Vorteil verschafft werden soll und dem „Anderen", welcher genötigt wird [1]).

---

[1]) Binding, Lehrbuch, a. a. O. S. 345 hat beim Betrug die Möglichkeit zugelassen, daß dem Getäuschten die Benachteilung des andern zugut komme. Gegen diese Auffassung spricht der Wortlaut des § 263. Dürfte man sich aber beim Betrug über den Wortlaut hinwegsetzen, so darf man dies auch bei der Erpressung.

Demnach besteht der objektive Tatbestand bei der Erpressung in der rechtswidrigen Abnötigung eines unerwünschten Entschlusses, dessen Verwirklichung die Schädigung eines rechtlich geschützten Vermögens (des Genötigten oder einer anderen Person) durch entsprechende Vermögensverschiebung zugunsten des Genötigten oder eines Dritten veranlassen soll. Die herrschende Lehre kennt überdies als Erpressung die körperliche Erzwingung eines Verhaltens von gleicher Bedeutung.

§ 2.

Der subjektive Tatbestand der Erpressung.

I. Der Erpresser nötigt, um sich oder einem Dritten einen rechtswidrigen Vermögensvorteil zu verschaffen. Er handelt also in der Absicht, dem rechtlich geschützten Vermögen des Genötigten einen Vorteil zu eigenen oder fremden Gunsten zu entziehen.

Daß der Erpresser in der Absicht handeln müsse, für sich oder einen Dritten den rechtswidrigen Vermögensvorteil zu erzielen, wird allein von Binding[1]) bestritten. Nach ihm kann es der Erpresser bei der Vermögensverschiebung auf die Befriedigung irgend eines Schädigungsbedürfnisses abgesehen haben und die Vermögensförderung als unbeabsichtigten Nebenvorteil gerne mitnehmen. Allein diese Auffassung findet nicht im Gesetze ihre Stütze. Richtig ist, daß eine Abnötigung letzterer Art derjenigen an Strafwürdigkeit gleichkommt, welche in der Absicht erfolgte, eine Vermögensförderung zu erzielen. Nach dem Wortlaut des Gesetzes greift § 253 nicht Platz, wenn es dem Nötigenden bei der Vermögensverschiebung nicht auf den ihr entsprechenden Vorteil ankam, sondern auf die etwa mit ihr verbundene Demütigung des Gegners. Beabsichtigte hingegen der Handelnde, seinen Bruder aus bitterer Not zu befreien, muß nach § 253 gestraft werden. Auf daß die Möglichkeit derartiger Unbilligkeiten ausgeschlossen sei, will Binding[2]) das Gesetz so auslegen, als ob dies Erfordernis der Absichtlichkeit

[1]) Binding, Lehrbuch, a. a. O. S. 375, Anm. 1.

[2]) Vgl. dazu besonders Lehrbuch, S. 365.

nicht aufgestellt wäre. Indessen ist eine derartige Argumentation unangängig. Mit gleichem Grunde müßte dann der Erpressung der Charakter des Bereicherungsdeliktes abgesprochen werden. Hierfür zwei Beispiele. Wurde rechtswidrig eine dringend erforderliche Geldunterstützung abgenötigt, so ist wegen Erpressung zu strafen. Hatte dagegen der Handelnde zur Befriedigung gemeinster Rachsucht mit Drohung, welche nicht dem § 240 unterfällt, den Gegner genötigt, einen mühsam erarbeiteten Wertschein zu verbrennen, so muß diese Schandtat nach geltendem Recht straffrei bleiben. Solche Ungerechtigkeit wäre jedoch unmöglich, wenn der Erpressung der Charakter des Bereicherungsdeliktes abgesprochen werden könnte. Indessen ist nach dem gesetzlichen Wortlaut die Erpressung ebenso gewiß Bereicherungsdelikt als Absichtlichkeit der Bereicherung erfordert wird.

Demnach nötigt der Erpresser stets in der Absicht, eine für sich oder einen Dritten günstige Vermögensverschiebung zu erzielen. Konnte der Handelnde nach Anwendung des Nötigungsmittels den Eintritt des entsprechenden Verhaltens nur für möglich halten, ist stets dolus eventualis gegeben. Es kann nicht sein, daß den Nötigenden der Gedanke an den notwendigen Eintritt des abgenötigten Verhaltens von der Anwendung des Nötigungsmittels zurückgehalten hätte, war doch jenes Verhalten notwendiges Mittel zu beabsichtigter Vermögensverschiebung.

II. Bei der Nötigung zu absichtlicher Vermögensverschiebung muß der Erpresser wissen, daß er rechtswidrig nötigt, ferner daß er ein rechtlich geschütztes Vermögen beeinträchtigt. Der gewaltsam Nötigende muß erkennen, daß ihm die Berechtigung fehlt, den körperlichen Eingriff zu vollziehen, der Drohende, daß er das angedrohte Verhalten nicht ausführen darf oder bei nötigender Androhung einer Rechtsausübung, daß die Benutzung der Notlage zur Schädigung des Betroffenen den guten Sitten widerstreitet. War der Nötigende über sein Recht bzw. die sittliche Bewertung seiner Handlungsweise im Zweifel, so entfällt der Erpressungsvorsatz, wenn ihn die Gewißheit der entsprechenden Rechts- und Sittenwidrigkeit von seinem Tun zurückgehalten hätte. Wurde rechtswidrig gedroht und dabei eine besondere Rücksicht erheischende Notlage ausgebeutet, so ist der subjektive Tatbestand der Chantage erfüllt, sofern sich der Erpresser über das Sittenwidrige seines Handelns nicht im Unklaren war, mochte er auch die Rechtswidrigkeit der Drohung selbst verkennen. Hätte er in solchem Falle in dem Glauben, die Strafbarkeit der Erpressung erfordere rechtswidrige Drohung, von seinem Handeln abgesehen, wenn er sich der Rechtswidrigkeit der Drohung bewußt gewesen wäre, so würde ein solcher Irrtum über die Strafbarkeit unbeachtlich gewesen sein.

III. Daß der Genötigte einen bestimmten Bewußtseinsinhalt gehabt habe, ist für Annahme der Erpressung nicht erforderlich. Bei gewaltsamer Nötigung kann ein solcher überhaupt fehlen. Wurde durch Drohung genötigt, so weiß der Betroffene, daß er einer Gefahr entgeht, indem er in eine Schädigung willigt. Welche Beeinträchtigung sich der Bedrohte zuzufügen vermeint, ist gleichgültig. Es ist durchaus möglich, daß er die vermögensrechtliche Bedeutung des abgenötigten Verhaltens völlig verkannte.

§ 3.

Vollendung und Versuch.

I. Hat der Genötigte dasjenige Verhalten angenommen, welches die Vermögensverschiebung nach sich ziehen soll, so ist nach § 253 die Erpressung vollendet. Nicht ist Eintritt der Vermögensveränderung erforderlich. In der Bestrafung steht die vollendete Schädigung dem Versuche gleich, wenn dieser bis zur Abnötigung eines Verhaltens geführt hat, welches den Eingriff veranlassen bzw. ermöglichen soll. Um mit Binding[1]) zu reden: die Erpressung „ist ein kupiertes Erfolgsverbrechen". Eigenartig ist, daß der Versuch der Vermögensschädigung mit deren Herbeiführung in einem Stadium gleichgestellt wird, in welchem er noch nicht abgeschlossen zu sein braucht. Der Versuch der Vermögensschädigung ist nämlich niemals dann mit der Annahme des abgenötigten Verhaltens beendet, wenn letzteres die Verletzung dem Nötigenden nur ermöglicht, dieser also zur Herbeiführung des Erfolges noch weitere Schritte zu unter-

[1]) Binding, Lehrbuch, a. a. O. S. 11/12.

nehmen hätte. Der § 253 stellt also den Versuch einer Vermögensverletzung der Vollendung in einem Stadium gleich, in welchem der Handelnde noch gemäß § 46, 1 St.G.B. straffrei den Versuch aufgeben könnte, würde zur Vollendung der Erpressung wirkliche Vermögensverletzung gefordert.

II. Im Gegensatz zu straflosen Vorbereitungshandlungen ist der Versuch der Erpressung begonnen, wenn in Nötigungsabsicht gedroht bzw. Gewalt geübt wurde. Infolgedessen kann bei Nötigung durch Drohung der Versuch durch diejenige Drohung beendet werden, mit welcher er beginnt. Bei der Nötigung müssen vier Vorstellungen gegeben sein: daß ein Ereignis bevorsteht — daß dieses ein Unheil bedeutet — daß der Gefährdete diesem unter Schädigung anderer Interessen entgehen könne — daß jener Ausweg nach Lage der Sache der günstigste sei. In welcher Reihenfolge diese Vorstellungen wachgerufen werden, ist gleichgültig. Solange nicht gedroht wurde, ist das Erwecken der notwendigen Vorstellungen straffreie Vorbereitung. Mit einer derart den Versuch einleitenden Drohung können sämtliche zur Entschlußbildung notwendigen Vorstellungen wachgerufen, der Versuch mithin beendigt sein [1]).

III. Allgemein gilt es für ausgeschlossen, daß der Versuch der Erpressung der Voraussetzung entsprechen kann, an welche § 46, 2 St.G.B. die Straffreiheit des Rücktrittes geknüpft hat. Der Nötigende kann alles getan haben, um die Entschlußbildung notwendig zu machen. Hat sich jedoch der Bedrohte noch nicht entschlossen, hat also der Eintritt „des zur Vollendung des Vergehens gehörigen Erfolges" noch nicht stattgefunden, so kann der Handelnde noch immer den Entschluß vereiteln, indem er die entsprechende Gegenvorstellung erweckt. Er kann beispielsweise den Bedrohten im letzten Augenblick darüber aufklären, daß er das Gefährliche seiner Lage überschätze, er kann die Drohung zurücknehmen oder dem anderen einen günstigen Ausweg eröffnen. Indessen bewirkt derartiger Rücktritt vom beendeten Versuch nur Straffreiheit, wenn die Handlung noch nicht entdeckt war. Nun wird allgemein angenommen, daß der Ge-

---

[1]) Beispiele für Nötigungsfälle solcher Art brachte die Erörterung über die Nötigung, Kap. I, Abschn. I, § 1 und über die Drohung: daselbst § 2, VI.

nötigte doch den Versuch erkennen müsse. Freilich behaupten Meyer-Allfeld[1]) und Thomsen[2]), die Wahrnehmung des Versuches durch den Angegriffenen sei keine „Entdeckung". In derartigen Fällen sei straffreier Rücktritt möglich, solange nicht Dritte den Versuch entdeckt hätten. Dagegen wenden sich Liszt[3]) und Frank[4]). Letzterer sagt mit Recht: „man kann doch zweifellos »entdecken«, daß der Wein, den man trinken soll, vergiftet ist". Nur dann kann der Angriff nicht mehr vom Betroffenen „entdeckt" werden, wenn dieser nur durch Kundmachung des Schädigungswillens an den Gegner auszuführen ist. Die Kenntnis seitens des Angegriffenen ist mithin nicht Folge einer Entdeckung des Angriffes, „soweit" — wie Liszt formuliert — „diese Kenntnis zu den Begriffsmerkmalen des Verbrechens (wie bei der Erpressung) gehört". Daraus schließen Frank und Liszt, daß der Rücktritt von einem Versuche, der in Kundgebung des Schädigungswillens an den Angegriffenen zu bestehen hat, solange möglich sei, als nicht Dritte den Versuch „entdeckt" haben. Aus gleicher Prämisse folgert das Reichsgericht[5]) genau das Gegenteil. Der § 46, 2 soll nur Versuche im Auge haben, die auch der Angegriffene „entdecken" könne, also entfalle die Möglichkeit, ihn bei beendetem Erpressungsversuche anzuwenden. Indessen ist die Annahme verfehlt, daß bei beendigtem Erpressungsversuch die Schädigungsabsicht dem Angegriffenen kundgetan sein müsse. Der Nötigende kann es so eingerichtet haben, daß der Betroffene das Gefährliche eines ihm angekündigten Verhaltens bald hernach von selbst erkennen wird. Der Drohende hat seinen Versuch beendet, er läßt der Sache ihren Lauf, und so kann noch etliche Zeit vergehen, ehe der Bedrohte das Gefährliche seiner Lage erfaßt hat und merkt, was man von ihm will[6]). Mithin kann der beendete Versuch

---

[1]) Meyer-Allfeld, Lehrbuch, a. a. O. S. 182/185.

[2]) Thomsen, Über den Versuch der durch eine Folge qualifizierten Delikte, S. 75, Anm. 31.

[3]) v. Liszt, Lehrbuch, 15./17. Aufl., S. 213.

[4]) Frank, Kommentar, 5./7. Aufl., S. 78.

[5]) Entscheid. d. R.G., Band 1, S. 306; Band 26, S. 77. — Olshausen, Kommentar, 8. Aufl., § 46, Nr. 20.

[6]) Es sei auf die Beispiele in Kap. I, Abschn. 1, § 2, III verwiesen.

der Erpressung auch vom Bedrohten „entdeckt" **werden**, und § 46, 2 Platz greifen. Die Behauptung, dem **beendeten** Erpressungsversuche sei es wesentlich, daß die Schädigungsabsicht dem Angegriffenen kundgetan sei, ist demnach irrig. Es bleibt freilich ein durchaus unbefriedigendes Resultat, daß der raffinierte Verbrecher sich die Möglichkeit straffreien Rücktritts sichern kann, während ein weniger geschicktes Vorgehen nicht die Bedingungen zu erfüllen vermag, an die § 46, 2 die Straffreiheit des Rücktrittes geknüpft hat.

§ 4.

Die besonderen Arten der Erpressung.

I. Das Strafgesetzbuch qualifiziert den Grundtatbestand der Erpressung nach dem Inhalt der Drohung, nach der Anwendungsart des Nötigungsmittels, nach der Stellung des Nötigenden. Dagegen kann das Gesetz, wenn man auch die herrschende Auffassung des Begriffes Nötigung voraussetzt, nicht die Erpressung in den §§ 253 und 255 nach Art der zur Anwendung gelangten Gewalt unterschieden haben. Es gibt eben keine nötigende Gewalt, die nicht Gewalt gegen eine Person wäre und so nicht ein Mittel zur Ausführung des Raubes abgäbe. Die gewaltsame Erpressung ist mithin ausschließlich nach § 255 zu bestrafen.

II. Einen besonderen Strafrahmen (Zuchthaus bis zu 5 Jahren) bestimmt § 254 für die Erpressung „durch Bedrohung mit Mord, mit Brandstiftung oder mit Verursachung einer Überschwemmung". Wurde gedroht „mit gegenwärtiger Gefahr für Leib oder Leben", so ist der Erpresser „gleich einem Räuber" zu bestrafen. Das Mißverhältnis, welches zwischen diesen beiden Paragraphen besteht, ist im früheren Zusammenhang erörtert. Im Gegensatz zur herrschenden Meinung fordert Villnow[1]), daß dem Bedrohten der in den §§ 254/255 gekennzeichnete Charakter der Drohung bewußt werde. Mit Recht hat schon Buri[2]) dem widersprochen. Der Inhalt der Drohung, nicht die Auf-

---

[1]) Villnow, Raub und Erpressung, S. 23.

[2]) v. Buri, Gerichtssaal, Band 29, Beilageheft, S. 73.

fassung des Bedrohten von ihr entscheidet, ob die schwereren Strafrahmen der §§ 254 und 255 Platz zu greifen haben.

III. Die sog. „räuberische Erpressung" wird durch die §§ 250/251 weiter qualifiziert nach Art der Anwendung des Nötigungsmittels. Hatte der räuberische Erpresser bei der Nötigung den Genötigten gemartert oder so an ihm Gewalt geübt, daß eine schwere Körperverletzung oder der Tod eintrat, ist nach § 251 auf Zuchthaus nicht unter 10 Jahren bezw. auf lebenslängliches Zuchthaus zu erkennen. Bei der ausschließlich psychischen Auffassung der Nötigung ist diese Bestimmung nur auf die Gewalt zu beziehen, welche die Drohung mit gegenwärtiger Gefahr für Leib oder Leben zum Ausdruck bringt. Mit Zuchthaus nicht unter 5 Jahren ist zu strafen, wenn der räuberische Erpresser bei Begehung der Tat Waffen bei sich führte, ferner wenn die räuberische Erpressung wie Banden-, Straßen- oder nächtlicher Raub begangen wurde (§ 250). Vergleicht man den Strafrahmen des § 254 mit dem des § 255 in Verbindung mit § 250, 1 zeigt sich besonders deutlich[1]), daß der Gesetzgeber nicht daran dachte, den Strafrahmen des § 254 zu den nach § 255 möglichen Strafen in ein angemessenes Verhältnis zu setzen. Für Erpressung unter Mordandrohung beträgt die Höchststrafe 5 Jahre Zuchthaus, die sind aber die Mindeststrafe, wenn der räuberische Erpresser oder ein Teilnehmer Waffen bei sich führte und mildernde Umstände nicht Platz greifen. Dabei hält die herrschende Meinung den bloßen Besitz der Waffe für genügend, mochte ihr Träger auch nicht beabsichtigt haben, sie bei dem Verbrechen zu verwenden.

IV. Nach Vorgang des gemeinen Rechts stellt das Strafgesetzbuch der concussio privata die concussio publica gegenüber. Freilich setzt § 339, wie Binding[2]) mit Recht gerügt hat, für die concussio publica keine höheren Strafen an. Ein Beamter, welcher Erpressung begeht „durch Mißbrauch seiner Amtsgewalt oder durch Androhung eines gewissen Mißbrauchs derselben" ist nach § 253 zu bestrafen. Dagegen läßt § 339 III die Beschränkung der Nötigungsmittel auf Gewalt oder Drohung

---

[1]) Vgl. oben Kap. I, Abschnitt 1, § 4.

[2]) Lehrbuch a. a. O. S. 377, Anm. 6.

fallen. Der nötigende Mißbrauch der Amtsgewalt braucht weder Gewalt noch Drohung zu sein. Daß sehr wohl ein Entschluß abgenötigt werden kann, ohne daß gedroht wurde, ist ausführlich dargetan worden. War derartige Nötigung Mißbrauch der Amtsgewalt ist nach § 253 zu strafen. Hierfür einige Beispiele: Ein Strompolizeibeamter verbietet dem Fährmann, das letzte Nachtschiff fahren zu lassen und nötigt so die Reisenden, in der Gastwirtschaft seines Bruders zu nächtigen. — Ein Gemeindevorsteher entzieht ohne Grund einer Witwe, die in Rechtsfragen sehr unerfahren ist, die Schankkonzession. Der Ausfall der Einnahmen gefährdet deren Vermögenslage so sehr, daß sie dem Gemeindevorsteher ein Grundstück zu billigem Preise verkaufen muß, um überhaupt zu barem Gelde zu kommen. — Wie näher nachgewiesen, kann die physische Nötigung, wenn sie das Gesetz überhaupt zuläßt, bei der Erpressung nur durch physisches Niederzwingen des Körperwiderstandes erfolgen. Ein körperliches Verhalten kann aber, ohne daß Gewalt angewendet wird, herbeigeführt werden durch Nervenlähmung, durch Entziehung von Handlungsmitteln oder durch das Setzen unübersteiglicher Hindernisse. Alles dies aber kann Mißbrauch der Amtsgewalt sein: der chloroformierende Militärarzt gibt eine Dosis, die den Patienten länger einschläfert, als es die Operation erfordert — der Landpolizist nimmt dem Bauern das Gewehr weg — der Landrat läßt, um ein Automobil-Wettrennen zu hintertreiben, eine Straße aufreißen. Derartige Hinderungen können zu einer Vermögensverschiebung führen, nach § 339 könnte also wegen Erpressung bestraft werden.

Die Behauptung Bindings[1]), der § 339 III sei für die Erpressung gegenstandslos, erklärt sich aus seiner — im früheren Zusammenhang widerlegten — Meinung, daß Gewalt und Drohung die alleinigen Nötigungsmittel seien. Hätte er recht, wäre allerdings jeder nötigende Mißbrauch einer Amtsgewalt nötigende Gewalt im Sinne des § 253, und § 339 würde keine Erweiterung der in ersterem Paragraphen angeführten Nötigungsmittel gebracht haben.

---

[1]) Binding a. a. O. S. 377, Anm. 6.

§ 5.

Die Erpressung und Bettelei unter Drohungen.

I. Nach § 362, Abs. II, kann der wegen Bettelei zur Haft Verurteilte der Landespolizeibehörde überwiesen werden, wenn er „unter Drohungen oder mit Waffen gebettelt hat". Die Beziehung derartiger Bettelei zur Erpressung ist überaus bestritten. Hier interessiert vor allem die Frage, ob die bedrohliche Bettelei als besonders geregelter Sonderfall der Erpressung anzusehen ist.

Nach der einen Auffassung ist Bettelei unter Drohung stets ein Fall widerrechtlicher Vermögensabnötigung, nach der andern kann sie eine Nötigung solcher Art darstellen.

Folgt man der ersteren, erscheint Bettelei unter Drohung stets als Spezialfall der Erpressung[1]). Stellt § 362 einen besonderen Delikts-Tatbestand[2]) auf, so muß die lex specialis des § 362 die Anwendung des § 253 ausschließen. Die Vertreter dieser Ansicht gehen aber verschiedene Wege, wenn der Bettel sich der in den §§ 254 und 255 gekennzeichneten Drohungen bedient. Nach Hippel[3]) muß in diesem Falle nach jenen Paragraphen verurteilt werden. In dem vom Reichsgericht durch die Entscheidung in Band XXXII, S. 46 aufgehobenen Urteile hatte die erste Instanz auf Bettelei unter Androhung einer Brandstiftung (§ 254) nur § 362 II angewendet. Das Reichsgericht erklärte dies für eine notwendige Konsequenz der Annahme einer Gesetzeskonkurrenz zwischen den §§ 253 und 362.

Nach überwiegender Meinung ist jedoch die bedrohliche Bettelei nur unter besonderen Voraussetzungen eine Art der Erpressung. § 362 darf demnach nicht als lex specialis in Beziehung auf § 253 angesehen werden. Auch die weitere Frage, ob bei derartig erpresserischer Bettelei Idealkonkurrenz zwischen Erpressung und Bettelei vorliegt, ist bestritten. Das Reichsgericht[4]), Binding[5]), Liszt[6]), Frank[7]), Meyer-All-

[1]) Vgl. Frank, Kommentar, 5/7. Auflage, S. 591.

[2]) Binding, Lehrbuch, Band 2, S. 920, Anm. 7.

[3]) v. Hippel, die strafrechtliche Bekämpfung von Bettel, Landstreicherei und Arbeitsscheu, S. 20/21.

[4]) Entscheidungen des Reichsgerichts Band 32, S. 46; Band 35, S. 343.

[5]) Binding, Lehrbuch a. a. O. S. 919.

[6]) v. Liszt, Lehrbuch, 15/17. Auflage, S. 625, Anm. 5.

[7]) Frank, Kommentar, 5/7. Auflage, S. 591.

feld[1]), auch Öttker[2]), haben sie bejaht. Olshausen[3]) dagegen will in der Regel nur den § 253 angewendet wissen. Eine Jdealkonkurrenz von bedrohlicher Bettelei und Erpressung soll nach ihm nur in dem einen Falle denkbar sein, „daß bei einer einheitlichen Tat die Drohung anfänglich eine Begleiterscheinung des Bettelns bildet, daß dann aber sich der zunächst auf Erlangung einer freiwilligen Gabe gerichtete Wille dahin umwandelt, die Gabe mittels Nötigung durch Drohung oder Gewalt zu erlangen".

Soweit die Idealkonkurrenz zwischen bedrohlicher Bettelei und Erpressung angenommen wird, ist weiter bestritten, ob bei einem derartigen Falle korrektionelle Nachhaft gemäß § 362 II verhängt werden kann. Das Reichsgericht[4]) verneint diese Frage, die von Binding[5]) und Frank[6]) ausdrücklich bejaht worden ist.

II. Sämtliche in der Literatur vertretenen Auffassungen sind sich darin einig, daß die bedrohliche Bettelei zugleich Erpressung sein könne. Jedoch gerade dieser Grundgedanke ist verfehlt, Betteln ist ein sittlich bezw. rechtlich mißbilligtes Bitten um eine „milde Gabe". Bitten und Nötigen sind aber einander ausschließende Gegensätze. Die Bitte verzichtet stets auf Repressalien. Der Nötigung ist die Ankündigung von Übeln für den Weigerungsfall wesentlich. Eine Bettelei, die Nötigung wäre, ist ebenso undenkbar als ein Diebstahl, durch den zugleich die gestohlenen Sachen unterschlagen würden.

Bettelei und Nötigung können sich zeitlich folgen, dagegen kann nicht mehr von einer Bitte die Rede sein, wenn nötigende Drohung zur Anwendung gelangt. Öttker[7]) sucht seine Annahme einer möglichen Idealkonkurrenz zwischen bedrohlicher Bettelei und Erpressung durch die Erklärung zu rechtfertigen, daß der Handelnde in solchem Falle zwei Motive wirken

---

[1]) Meyer-Allfeld, Lehrbuch, S. 487.
[2]) Öttker, Gerichtssaal, Band 64, S. 191.
[3]) Olshausen, Kommentar, 8. Auflage, § 362, Anm. 3.
[4]) Entscheidungen des Reichsgerichts, Band 32, S. 46.
[5]) Binding, a. a. O. S. 919, Anm. 6.
[6]) Frank a. a. O. S. 591.
[7]) Öttker, Gerichtssaal, Band 64, S. 191/192.

lasse, erst das der Bitte, dann das der nötigenden Drohung. Unter derartigen Umständen wirken aber nicht zwei Motive, sondern nur das eine der Nötigung. Der Bettler greift hier zum Mittel der Drohung, nachdem er den Appell an die Menschenfreundlichkeit als unwirksam erkannte. Als Bettler stellt er den Entschluß dem Angegriffenen anheim, bei der Nötigung schreibt er diesem die Entschließung vor. Es gibt kaum ein geeigneteres Mittel, das Mitleid des anderen zu verjagen, als ihm bedrohlich entgegenzutreten. Mithin ist sehr wohl Realkonkurrenz, niemals aber Ideal- oder gar Gesetzeskonkurrenz zwischen Bettelei und Erpressung denkbar. Keinesfalls kann die Bedrohung, wie das Olshausen für möglich hält, eine „Begleiterscheinung" der Bettelei sein.

Eine Bettelei unter Anwendung nötigender Drohung ist ein Ding der Unmöglichkeit. Stößt der Bettler, nachdem er abschlägig beschieden wurde, in seinem Aerger Drohungen aus, so hat er durchaus nicht, wie das Reichsgericht[1]) und Olshausen[2]) annehmen, unter Drohungen gebettelt, sondern er hat gedroht, nachdem er gebettelt hatte. Unter Anwendung der Peitsche galoppieren heißt doch nicht etwa, das Pferd nach dem Ritte im Stall verprügeln. Derartige Drohungen können je nach der Sachlage mit der Bettelei real konkurrierende Erpressungsversuche sein, sie können auch als keineswegs ernst zu nehmende temperamentvolle Ausdrücke der Enttäuschung sein, an denen die niedere Bevölkerung so reich ist.

III. Kann demnach überhaupt nicht unter Drohungen gebettelt werden, so erhebt sich die Frage, was dann eigentlich § 362 II besagen soll. Die in Form der Bitte, der Bettelei gekleidete Erpressung kann nur nach § 253 beurteilt werden. § 362 II bestimmt nicht etwa die Möglichkeit einer Nebenstrafe oder, wie andere wollen, einer gewissen Polizeimaßregel für den Fall, daß sich der Erpresser einer besonderen Form, derjenigen des Bettelns bedient habe. Vielmehr soll die sichernde Maßnahme gegen besonders gefährliche Bettler Platz greifen. Besonders gefährliche Bettler sind neben dem binnen nicht

---

[1]) Entscheidungen des R.G., Bd. 32, S. 46; insbesondere auch Band 35, S. 343.
[2]) Olshausen a. a. O., § 362, Anm. 3.

allzulanger Zeit (3 Jahre) mehrmals Rückfälligen vor allem solche, welche abnötigen wollten, was ihnen nicht freiwillig gegeben wurde. Derartige Subjekte können der Landespolizeibehörde überwiesen werden. § 362 kann mithin nur so verstanden werden, daß er von Bettlern handelt, die Erpressung bezw. Erpressungsversuch geübt haben. Bettler im Sinne des Gesetzes ist aber jeder, der nach § 361, 4 Wort 1 und 2 bestraft werden kann.[1]) Der Sinn der Bestimmung wäre also: bei Realkonkurrenz von Bettelei und Erpressung kann mit der nach § 77 gesondert erkannten Haft die Nachhaft nach Maßgabe des § 362 verbunden werden. Hält man mit der herrschenden Meinung gewaltsame Erpressung für möglich, wird es sachgemäß sein, den § 362 auch auf Realkonkurrenz der Bettelei und der gewaltsamen Erpressung zu beziehen.

Wie allgemein anerkannt, braucht die Bettelei mit Waffen nicht etwa einen Fall erpresserischer Nötigung darzustellen. Dieses Gefährlichkeitssymptom ist wie im § 243, 8 zu beurteilen.

Abschnitt 2. Die Beziehung der Erpressung zu den verwandten Delikten.

§ 1.

Das Verhältnis der Erpressung zu Nötigung und Bedrohung.

I. Die Erpressung ist ein bestimmter Angriff auf das rechtlich geschützte Vermögen eines andern. Daher bildet sie mit den Vermögensdelikten Wucher und Betrug, ferner mit dem in erster Linie gegen das Vermögen gerichteten Raube eine gemeinsame Gruppe. Der der Erpressung wesentliche Angriff besteht in rechtswidriger Nötigung. Es kann rechtswidrig durch Gewalt oder durch Androhung eines Verbrechens genötigt werden. Nötigung dieser Art erfüllt den Tatbestand des § 240. Bedrohung mit Begehung eines Verbrechens ist nach § 241 zu bestrafen. Soll die systematische Stellung der Erpressung im R.St.G.B. abschließend erörtert werden, so ist sie der strafbaren Nötigung

[1]) Vgl. damit Binding a. a. O. S. 919, Anm. 6.

(§ 240) und der strafbaren Bedrohung (§ 241) einerseits und den verwandten Tatbeständen des Raubes, des Wuchers und der Erpressung andererseits gegenüber abzugrenzen. Hinsichtlich der Beziehung der Erpressung zu Nötigung und Bedrohung soll das in diesem Paragraphen geschehen.

II. Die überwiegende Meinung erblickt in der Erpressung einen Spezialfall der Nötigung. Erpressung ist nach ihr eine durch die Absicht der Vermögensschädigung qualifizierte Nötigung. Mithin soll die lex specialis des § 253 die Anwendung des § 240 ausschließen.

Diese Auffassung ist haltbar, wenn die Erpressung wie die Nötigung als Freiheitsdelikt angesehen werden kann und sich von ihr nur durch die Bereicherungsabsicht grundsätzlich unterscheidet[1]). Indessen ist die Unhaltbarkeit dieses Standpunktes ausführlich dargetan und fast durchgehend anerkannt.

Ist aber die Erpressung Vermögensdelikt, so kann sie unmöglich ein Spezialfall der Nötigung sein. Im Sinne der herrschenden Lehre ist die Nötigung Freiheitsdelikt. Als Spezialfall der Nötigung müßte die Erpressung ein Freiheitsdelikt oder, wie die herrschende Meinung will, eine Verbindung von Freiheits- und Vermögensdelikt[2]) sein. Eine Verbindung von zwei verschiedenen Dingen aber ist niemals ein Sonderfall des einen. Eine Verbindung von Mann und Frau, die Ehe ist nicht ein verheirateter Mann. Ein Delikt, das sowohl als Freiheitsverbrechen wie als Versuch der Vermögensverletzung aufzufassen ist, kann niemals ein qualifiziertes Freiheitsverbrechen darstellen.

Der Fehler, welcher zur herrschenden Auffassung leitete, ist leicht nachzuweisen. Die Erpressung wird als Freiheitsdelikt angesehen, welches zu einer Vermögensbeeinträchtigung führen soll. Ist aber das Freiheitsdelikt dazu bestimmt, eine Vermögensverletzung zu bewirken, so ist mit ihm zugleich ein Vermögensdelikt gegeben. Der gleiche Vorgang ist also Freiheits- und Vermögensdelikt. Die weitere Eigenschaft jenes als Freiheits-

---

[1]) Frank, Kommentar, 5/7. Auflage, S. 419.

[2]) Stern, Über das Verhältnis zwischen Nötigung und Erpressung, S. 91 ff.

[3]) Vgl. z. B. Frank, Kommentar, 5/7. Auflage, 416 f.; Rechtsvergleichung a. a. O. S. 112 ff. — v. Liszt, Lehrbuch, 14/15. Auflage, S. 478.

delikts aufzufassenden Vorganges, auch Vergehen gegen das Vermögen zu sein, wird als Qualifikation des Freiheitsdeliktes angesehen. In Wahrheit kann aber nicht das Freiheitsdelikt Vermögensdelikt sein, sondern der gleiche Vorgang beeinträchtigt die Freiheit und das Vermögen [1]). Daß die Erpressung nicht ein qualifiziertes Freiheitsdelikt ist, sondern eine Verbindung von Freiheits- und Vermögensdelikt sein muß, ergibt sich überaus deutlich, wenn die Nötigung das Vermögen eines Dritten verletzen soll. In diesem Falle werden verschiedene Rechtsgüter verschiedener Rechtssubjekte angegriffen. Es ist klar, daß ein Delikt, welches nicht die Freiheit des Verletzten zu beeinträchtigen braucht[2]), nicht Sonderfall eines Freiheitsvergehens sein kann.

Diesem Sachverhalt ist Binding gerecht geworden. Die Erpressung ist für ihn eine notwendige Verbindung von Freiheits- und Vermögensdelikt. Idealkonkurrenz zwischen § 240 und § 253 kann nicht angenommen werden, da die Erpressung die Nötigung konsumiert[3]). Konsumtion des einen Tatbestandes durch den andern ist gegeben, wenn dieser nicht erfüllt werden kann, ohne daß der andere verwirklicht wird[4]). Die Erpressung als Verbindung von Freiheits- und Vermögensdelikt kann nicht ohne Freiheitsbeeinträchtigung verwirklicht werden, also konsumiert die Erpressung die Nötigung.

Nun ist freilich die Nötigung nur strafbar, wenn gewaltsam oder unter Bedrohung mit Verbrechen oder Vergehen genötigt wurde. Daß die gewaltsame Nötigung des § 240 durch den § 255 konsumiert wird, liegt auf der Hand. Dagegen braucht die erpresserische Nötigung nicht durch Bedrohung mit Verbrechen oder Vergehen begangen zu sein. Darauf verweist Liszt[5]), wenn er Bindings Auffassung als „seltsames Verkennen" bezeichnet. Die Verwirklichung des § 240 sei mithin

---

[1]) In der Sprache der Logik kann der Fehler der herrschenden Lehre so formuliert werden: ein Subjekt (Vorgang) hat zwei Prädikate (Freiheitsverletzung und Vermögensverletzung). Das Verhältnis wird verkannt, man erblickt in dem einen der beiden Prädikate (Freiheitsverletzung) das Subjekt für das andere.

[2]) Vergl. darüber ausführlicher oben im gleichen Kapitel Abschnitt 1, § 1, VI.

[3]) Binding, a. a. O. S. 378.

[4]) Vergl. dazu Frank, Kommentar, 5./7. Auflage, S. 165.

[5]) v. Liszt, Lehrbuch, 14./15. Auflage, S. 478.

nicht der Erfüllung des § 253 wesentlich. Demnach dürfe nicht Konsumtion, vielmehr müsse Idealkonkurrenz angenommen werden.

Allein nur der Schein spricht gegen Bindings Lehre. Es steht doch den Gesetzgebern frei, verschiedene Tatbestände dem gleichen Strafrahmen zu unterstellen. Ferner ist es gleichgültig, ob verschiedene Vorgänge einzeln oder durch einen sie gemeinsam kennzeichnenden Begriff bezeichnet werden. Beachtet man dies, so kann § 253 in folgende Tatbestände aufgelöst werden: 1. wer in der Absicht usw. nötigt durch Androhung von Verbrechen oder Vergehen; 2. wer in der Absicht usw. nötigt unter Androhung eines sonstigen rechtswidrigen Verhaltens; 3. wer abgesehen von 1. und 2. in der Absicht usw. rechtswidrig nötigt: wird mit Gefängnis nicht unter einem Monat bestraft. Daß § 253 diese drei Punkte nicht gesondert zum Ausdruck gebracht hat, ist sachlich irrelevant. Zweifellos wird bei Erfüllung der mit Ziffer 1 bezeichneten, im § 253 enthaltenen Bestimmung die Nötigung unter Androhung von Verbrechen oder Vergehen konsumiert. Wird also durch Drohung gemäß § 240 erpresserisch genötigt, so wird diese Nötigung durch eine im § 253 ausgedrückte Sonderbestimmung konsumiert; von Idealkonkurrenz zwischen Nötigung und Erpressung kann keine Rede sein.

III. Die Erörterungen hatten es mit der herrschenden Meinung als richtig unterstellt, daß die Nötigung des § 240 gegen das Rechtsgut der Freiheit gerichtet sei. Die nötigende Drohung soll, um mit Binding[1]) zu reden, die Entschlußfreiheit, die gewaltsame Nötigung die Willensbetätigung beeinträchtigen. Wenn nach Binding überdies die gewaltsame Nötigung auch unter Umständen die Freiheit der Willensbildung verletzen soll, so ist dies eine Konsequenz des im früheren Zusammenhang abgelehnten, von der herrschenden Meinung aber befürworteten Ausdehnung des Gewaltbegriffes auf die Anwendung von Lähmungsmitteln. Nun kann aber die Entschlußfreiheit als solche durch nötigende Drohung nicht verletzt werden, denn „es muß", wie Glaser[2]) richtig ausgeführt hat, „daran festgehalten werden,

---

[1]) Binding, Lehrbuch, Band 1, S. 88.

[2]) Glaser, a. a. O. S. 204.

daß in allen Fällen, in welchen ein Bedrohter durch eine Drohung zu einem bestimmten Verhalten sich bestimmen läßt, er eine Wahl zwischen Übeln trifft, also von seiner Freiheit Gebrauch macht, wenngleich auf den Entschluß, den er faßt, auf unangenehme Weise eingewirkt wird". Nicht das Gut der Entschlußfreiheit wird also verletzt, sondern die Güter, welche der Bedrohte verletzen muß, wenn er der ihm angekündigten Schädigung aus dem Wege gehen will. Durch die nötigende Drohung können demnach alle Güter verletzt werden, in deren Beeinträchtigung jemand einwilligen kann, um der Verwirklichung einer Drohung zu entgehen. Durch die nötigende Drohung des § 240 werden mithin Rechtsgüter verletzt, wenn der Bedrohte die Verletzung solcher veranlassen muß, um die Gefahr von sich abzuwenden.

Kann nach herrschender Auffassung der Nötigung das Vergehen des § 240 in körperlicher Überwindung bestehen, so ist freilich mit der Gewaltanwendung eine bestimmte Willensbetätigung gehemmt. Die Hinderung der Willensbetätigung kann aber nur dann rechtlich geschützte Interessen verletzen, wenn der Vergewaltigte zu der fraglichen Betätigung berechtigt gewesen war. Ein Recht auf schrankenlose Willensbetätigung gibt es nicht. Durfte der Genötigte die Betätigung nicht ausführen, an der er gewaltsam gehindert wurde, so ist durch den an sich rechtswidrigen Eingriff kein Recht auf eine Willensbetätigung beeinträchtigt worden. Jede Willensbetätigung will aber ein Interesse befriedigen. Wurde eine berechtigte Willensverwirklichung gehindert, so ist ein rechtlich anerkanntes Interesse irgend welcher Art beeinträchtigt worden. Dient diese Rechtsverletzung weiterer Schädigung rechtlich geschützter Güter, so sind auch diese in rechtswidriger Weise verletzt worden.

Durch die Nötigung des § 240 wird also nicht die Entschlußfreiheit des Bedrohten verletzt, — denn von ihr macht er gerade Gebrauch, um sich der Gefahr zu entziehen — sondern geschädigt werden Rechtsgüter, deren Verletzung die Verwirklichung des unerwünschten Entschlusses nach sich zieht, ebensowenig beeinträchtigt sie ein allgemeines Recht auf Willensbetätigung — da es ein solches eben nicht gibt — vielmehr das Recht, eigene Interessen in rechtlich anerkannter Weise zu befriedigen und alle sonstigen Rechtgüter, welche durch diese Rechtsverletzung angegriffen werden.

Hält man sich bei Auslegung des § 240 an die rein psychologische Auffassung der Nötigung, so hat die zweite Möglichkeit überhaupt zu entfallen.

IV. Dieser Auffassung entspricht der Wortlaut des Gesetzes, für sie sprechen die Konsequenzen der der herrschenden entgegengesetzten Lehre, endlich berechtigt nur sie zu der fast durchweg vertretenen Behauptung, die Erpressung sei ein Spezialfall der Nötigung.

Nach § 240 wird bestraft, wer widerrechtlich durch Gewalt oder Bedrohung mit einem Verbrechen oder Vergehen nötigt. Die herrschende Lehre bezieht das Wort „widerrechtlich" auf die Nötigungsmittel. Es ist ihr zufolge also nach § 240 zu bestrafen, wenn rechtswidrig Gewalt geübt oder mit Vergehen oder Verbrechen bedroht wurde, mochte auch der Genötigte zu dem Verhalten rechtlich verpflichtet gewesen sein. Liszt[1]) und Stern[2]) gehen noch weiter. Nach ihnen ist § 240 sogar dann anzuwenden, wenn der Nötigende zwar berechtigt ist, Gewalt zu üben oder das angedrohte Übel auszuführen, jedoch kein Recht hatte, das abgenötigte Verhalten zu fordern.

Indessen setzt die herrschende Lehre beim Gesetz einen Pleonasmus voraus. Es ist ganz selbstverständlich, daß jedes Verbrechen ein Rechtsgut widerrechtlich beeinträchtigen muß. Daß die Anwendung der Nötigungsmittel widerrechtlich sein müsse, braucht das Gesetz nicht erst zu sagen. Überdies ist die Androhung eines Verbrechens oder Vergehens begrifflich widerrechtlich. Was im § 241 bei der Bedrohung nicht gesagt zu sein braucht, kann auch bei der nötigenden Drohung des § 240 fehlen[3]). Wenn Liszt[4]) meint, eine rechtmäßige Bedrohung mit einem Verbrechen oder einem Vergehen sei die Androhung eines Verhaltens, das sich nur auf Grund eines dem Drohenden zustehenden Rechtstitels nicht als Verbrechen darstellte, so ist

---

[1]) v. Liszt, Lehrbuch, 14./15. Auflage, S. 356.

[2]) Stern a. a. O. S. 75.

[3]) Genau so argumentiert John, Zeitschrift f. d. ges. Strafrechtswissenschaft, Band 1, S. 226.

[4]) a. a. O. S. 356.

außer Betracht gelassen, daß eine Rechtsausübung niemals als Verbrechen bezeichnet werden kann. Mithin wollten schon Geyer[1]) und Kronecker[2]) das Wort widerrechtlich nur auf die Gewalt beziehen[3]). Doch auch hier erhebt sich der alte Einwand: es ist selbstverständlich, daß die strafbare Beeinträchtigung eines Rechtsguts widerrechtlich erfolge; überdies ist jede Gewaltanwendung unrechtmäßig, wenn nicht dem sie Anwendenden ein besonderer Rechtstitel zur Seite steht.

Ganz unhaltbar ist aber die weitere Behauptung, die Nötigung sei strafbar, wenn durch berechtigte Anwendung des Nötigungsmittels ein Verhalten erzwungen werde, welches der Nötigende nicht rechtlich fordern konnte. Es ist doch zunächst sehr wohl denkbar, daß jemand zu einem Verhalten rechtlich verpflichtet ist, dessen Annahme nicht gerade von Seiten des Nötigenden beansprucht werden kann. Nimmt er ein derartiges Verhalten an, ist ein rechtliches Interesse nicht verletzt worden. War der Nötigende zur Anwendung des Nötigungsmittels berechtigt, so ist weder jemand rechtswidrig beeinträchtigt, noch sind rechtlich geschützte Interessen verletzt. Mithin ist es völlig undenkbar, eine strafbare Handlung anzunehmen. Aber selbst wenn der Genötigte berechtigt war, die Annahme des abgenötigten Verhaltens zu verweigern, so kann nicht von einem Delikte die Rede sein, sobald die Anwendung des Nötigungsmittels zulässig war. Jedes Verbrechen fordert rechtswidrige Beeinträchtigung rechtlich geschützter Interessen. Nicht gegen rechtmäßige, sondern nur gegen rechtswidrige Beeinträchtigung ist der Rechtsschutz gerichtet.

Demnach kann das Wort „widerrechtlich" ausschließlich auf den Nötigungszweck bezogen werden. Das Verhalten ist „widerrechtlich" abgenötigt, wenn der Betroffene ein Recht hatte, dessen Annahme zu verweigern. Stand ihm dieses Recht zu, so sind durch die Nötigung irgendwelche rechtlich geschützten Interessen verletzt worden.

---

[1]) Geyer, Holtzendorffs Handbuch, Band 3, S. 375.

[2]) Kronecker, Zeitschrift f. die ges. Srafrechtswissenschaft, Band 3, S. 639 und 647.

[3]) Über diesen Punkt eingehend: v. Katte a. a. O. S. 22. — Stern a. a. O. S. 72.

Die entgegenstehende herrschende Meinung muß die Anwendung des § 240 auch dann fordern, wenn jemand in entsprechender Weise genötigt wurde, von einem Verbrechen abzustehen[1]). Ein Rechtsgut ist in diesem Falle jedoch nur dann verletzt, wenn man den Genötigten das Recht zuspricht, seinen Willen verbrecherisch zu betätigen. Die herrschende Lehre führt somit zur Annahme einer schneidenden contradictio in adjecto[2]). Einzelnen ihrer Vertreter ist denn auch bei solchem Resultate nicht wohl gewesen. Sie lehnten daher diese Konsequenz ab, ohne jedoch zu erkennen, daß damit ihr prinzipieller Standpunkt untergraben ist[3]). Die Strafbarkeit einer Handlung ist doch nur eine Folge, welche das Gesetz an ihre Rechtswidrigkeit geknüpft hat. Ist es nun nach jenen Autoren zulässig, durch die Mittel des § 240 dazu zu nötigen, eine strafbare Handlung zu unterlassen, so kann dies — auch in deren Sinne — nur damit gerechtfertigt werden, daß niemals dem ein Unrecht geschieht, der zur Erfüllung der Rechtspflicht angehalten wird, rechtlich geschützte Interessen nicht in rechtswidriger Weise zu verletzen. Was aber von einer Rechtspflicht gilt, muß dann von allen gelten[4]).

Alle nur irgend denkbaren Rechtsgüter des Einzelnen können also durch die Nötigung des § 240 verletzt werden. Wurde ein Entschluß abgenötigt, so richtet sich der Angriff gegen diejenigen Rechtsgüter, deren Beeinträchtigung die Entschlußverwirklichung nach sich zieht. Wurde ein körperliches Verhalten

---

[1]) So z. B. Binding, Lehrbuch, Band 1, S. 11. — Olshausen, Kommentar, 8. Auflage, § 240, Anm. 12. — v. Liszt, Lehrbuch, S. 356. — Jaffé a. a. O. S. 46. — Bollag a. a. O. S. 107.

[2]) Vergl. die Worte von Geyer: Holtzendorfs Handbuch, Band 3, S. 578. „Es scheint, daß der Gesetzgeber mit sich selbst in Widerspruch geriete, wenn eine solche Nötigung (d. h. zur Unterlassung einer strafbaren Handlung) bloß wegen der verletzenden Verhinderung der strafbaren Willensbetätigung für strafbar gehalten haben wollte."

[3]) So: Frank, Kommentar, 5./7. Auflage, S. 376. — Geyer, a. a. O. Band 3, S. 578 und Band 4 S. 393.

Nach v. Lilienthal, Zeitschrift f. d. ges. Strafrechtswissenschaft, Band 20, S. 446, soll die durch Nötigung erfolgte Hinderung am Selbstmord straffrei sein, entsprechend Kohler, Goldammers Archiv, Band 49, S. 6.

[4]) Vergl. die im Wesentlichen zustimmenden Ausführungen von John, a. a. O. S. 226 ff.

erzwungen, so werden neben dem Recht auf die verhinderte Interessenbefriedigung all die Rechtsgüter verletzt, deren Schädigung eine Folge jenes Verhaltens ist. Bei dieser Auffassung ist die Erpressung ein Spezialfall der Nötigung. Diese ist Erpressung, wenn das durch sie verletzte Rechtsgut das Vermögen ist, wenn das abgenötigte Verhalten eine Vermögensverschiebung veranlaßt. Die Erpressung ist also wirklich in bestimmter Weise qualifizierte Nötigung.

Das Gesetz hat demnach im § 253 von der Möglichkeit Gebrauch gemacht, die Nötigung besonders zu behandeln, wenn bestimmte Rechtsgüter angegriffen werden. Gleiches gilt von den §§ 105, 106, 107 (Eingriff in die staatsbürgerlichen Rechte), 113, 114, 122 (Eingriffe in die Amtsgewalt), 117 (Eingriffe in die Rechte der Forst- und Jagdberechtigten), 167 (Eingriffe in das Recht freier Religionsübung), 76, 177, 181a, 236 (solche gegen das Geschlechtsleben), 235 (gegen die elterliche Gewalt) und 234 (Menschenraub).

V. Bei der vertretenen Auffassung der Nötigung ist die Möglichkeit ihrer Idealkonkurrenz mit der Erpressung zweifellos zuzugeben. Wenn dieselbe Nötigung unter Gewalt oder Bedrohung mit Verbrechen oder Vergehen, die durch Vermögensverschiebung ein rechtlich geschütztes Vermögen beeinträchtigte, zugleich andere Rechtsgüter des Genötigten verletzt, so ist diese einheitliche Handlung sowohl nach § 253 als auch § 240 zu beurteilen. Es ist also dieselbe Idealkonkurrenz gegeben wie bei dem Schuß, der eine Sache zerstört und einen Menschen tötet. Denn das Verhältnis des § 240 zum § 253 ist nicht etwa das der logischen Unterordnung, sondern die Begriffe stehen sich selbstständig gegenüber. § 240 betrifft alle Rechtsgüterverletzungen durch entsprechende Nötigung, die nicht im besonderen Tatbestande von § 253 hervorgehoben sind. Führt nun die nämliche Nötigung zu einer nur generell durch den § 240 berücksichtigten Rechtsverletzung und zu einer, welche speziell durch eine dem § 253 entsprechende Bestimmung ins Auge gefaßt wird, so konkurriert letztere Bestimmung mit dem § 240 ideell.

VI. Das Verhältnis der Bedrohung zur Erpressung richtet sich endlich nach der Beziehung der Nötigung zur Erpressung.

Schließt man sich der herrschenden Auffassung von der Nötigung an, so wird, wie Binding[1]) es gelehrt hat, der § 240 durch den § 253 konsumiert. Bei Nötigung durch Androhung eines Verbrechens konsumiert dann in gleicher Weise der § 240 den § 241 und dieser wird somit indirekt vom § 253 konsumiert.

Anders, wenn man die hier vorgebrachte Auslegung des § 240 zu Grunde legt. Ihr zufolge ist die Nötigung des § 240 nicht im § 253 enthalten. Es fragt sich also, ob die Erpressung die Bedrohung mit einem Verbrechen konsumiere. Diese Frage ist unbedenklich zu bejahen. Wird mit den in den §§ 254 und 255 gekennzeichneten Verbrechen gedroht, so ist Konsumtion zweifellos. Die Möglichkeit, mit Verbrechen anderer Art in Erpressungsabsicht zu drohen, ist vom § 253 berücksichtigt. Es bedeutet keinerlei inhaltliche Gesetzesänderung, wenn man den § 253 folgendermaßen auflöst: „Wer in der Absicht usw. nötigt, wird mit Gefängnis nicht unter einem Monat bestraft, wenn er bei der Nötigung in Anwendung bringt: 1. die Androhung eines Verbrechens; 2. eines sonstigen rechtswidrigen Verhaltens usw." Daß § 241 durch einen derartig gefaßten § 253, 1 konsumiert wird, erscheint unbestreitbar. Eine der Ziffer 1 entsprechende Bestimmung ist aber im § 253 enthalten.

Also: folgt man der herrschenden Auslegung des § 240, ist die Bedrohung indirekt, folgt man der hier vertretenen, wird sie direkt durch die Erpressung konsumiert.

§ 2.

Erpressung und Wucher.

I. Nach geltendem Recht ist Wucher vermögensschädigende Ausbeutung der Notlage eines Anderen bei Abschluß eines Rechtsgeschäftes auf gegenseitige Leistung.

Der Wucher muß demnach wie die Erpressung ein rechtlich geschütztes Vermögen beeinträchtigen. Wie bei der Erpressung ist es gleichgültig, ob das Vermögen durch den Täter wirklich verletzt oder nur gefährdet wird. Der Handelnde muß sich

---

[1]) a. a. O. S. 378.

Vermögensurteile „gewähren" oder „versprechen" lassen. Eine Vermögensverschiebung ist also beabsichtigt oder herbeigeführt.

Die Vermögensbeeinträchtigung besteht in dem Abschluß des Geschäftes auf gegenseitige Leistung. Der Wucherer wäre, wenn nicht besondere Umstände mitgespielt hätten, zu dem Vertragsschluß berechtigt gewesen. Er übt aber seine Berechtigung unter Voraussetzungen aus, unter denen die Rechtsordnung sie für unzulässig erklärt. Eine derartige, die Rechtsausübung beschränkende Norm wird von den Strafbestimmungen gegen Wucher vorausgesetzt [1]).

Die besonderen Voraussetzungen, welche den an und für sich zulässigen Vertragsschluß zu einem widerrechtlichen stempeln, liegen in erster Linie in der Notlage des Gegners, welche der Wucherer nicht zu dessen Schädigung benutzen durfte. Wie schon früher nachgewiesen wurde, bringt § 302e St.G.B. die Norm zum Ausdruck, welche eine Rechtsausübung für unstatthaft erklärt, wenn durch sie die der Berücksichtigung würdige Notlage eines anderen zu dessen Schädigung benutzt wird. Die Notlage, welche der Wucherer berücksichtigen mußte, ist im Sinne der herrschenden Lehre wirtschaftlicher Natur. Sie kann insbesondere auf Unerfahrenheit und jugendlichem Leichtsinn beruhen. In zweiter Linie können, wie zu zeigen ist, die Voraussetzungen für die Unzulässigkeit des Vertragsabschlusses in einem Irrtum liegen, welcher den Geschädigten leitet.

II. Der Wucherer nötigt niemals zum Vertragsabschluß. Der Geschädigte war mit diesem einverstanden, ohne vom andern beeinflußt zu sein. Er gab seine Zustimmung entweder in dem Glauben, so einen Vorteil zu erzielen oder in der Annahme, dadurch einer Gefahr zu entgehen.

Erwartete der Geschädigte von dem Geschäfte einen Vorteil, so befand er sich im Irrtum. Der Wucherer hatte sein Interesse daran, den andern darin zu belassen. Hatte der Übervorteilende dagegen einen Irrtum über Tatsachen „unterhalten", hatte er also dafür gesorgt, daß der andere nicht die Wahrheit erkennen konnte, so ist der Tatbestand des Betruges erfüllt worden. Der Vertragsabschluß war wucherisch, also rechtlich unzulässig,

---

[1]) Vergl. dazu die entsprechenden Ausführungen in Kap. I, Abschn. 2, § 4.

weil der Handelnde den anderen nicht in seinem Irrtum belassen durfte. Das Gesetz knüpft die Pflicht, den Irrenden über die Bedeutung des Vertragsabschlusses aufzuklären, an die Voraussetzung, daß der Irrtum auf Unerfahrenheit oder Leichtsinn fuße [1]).

Für den Zusammenhang von Wucher und Erpressung ist vornehmlich die zweite Möglichkeit von Bedeutung, daß der Geschädigte sich durch den Vertragsabschluß aus seiner Notlage retten wollte. Der Geschädigte faßt einen ihm unerwünschten Entschluß. Doch nicht der Wucherer, sondern andere Umstände nötigen ihn dazu. Während der Erpresser durch Drohung die Gefahrvorstellung erregen und so den Gegner in eine Zwangslage bringen muß, findet der Wucherer die Gefahrvorstellung und die Zwangslage schon vor. Er sorgt im eigenen Interesse nur dafür, daß dem Gefährdeten die Rettung möglichst teuer zu stehen kommt. Die Beziehung dieser Art wucherischen Treibens zur Erpressung hat Frank [2]) treffend dahin formuliert: „Auch der Erpresser beutet die Lage aus, in der sich eine Person befindet; der wesentliche Unterschied ist aber der, daß er die Lage hervorruft, während sie der Wucherer nur benutzt." Der Wucherer kann sich die Zwangslage zunutze machen, da er imstande ist, dem Gefährdeten zu helfen. Er verweigert seine Unterstützung, solange sich nicht der andere zu einer ihn schwer schädigenden Vermögensverschiebung verstanden hat. Daß der Wucherer, ohne Rücksicht auf die Notlage des anderen, sich nur gegen unbillig hohe Leistung zur Hülfe bereit erklärt, führt zur sittlichen und rechtlichen Unzulässigkeit des Vertrages.

III. Der einzelne Wucher kann niemals Erpressung sein. Für den betrugähnlichen Wucher ergibt sich dies von selbst. Ebenso ist die wucherische Hülfsverweigerung niemals Nötigung. Es wird nur ein Unterlassen in Aussicht gestellt. Mit einem Unterlassen kann aber, wie früher gezeigt wurde, nicht gedroht und

---

[1]) Über die Beziehung von Wucher und Betrug, vergl.: Frank, Kommentar, 5./7. Auflage, S. 505. — v. Lilienthal, Conrads Jahrbücher für Nationalökonomie und Statistik, Band 35, (Neue Folge, Band 1) S. 377/378. — Richard Schmidt, Rechtsvergleichung bes. Teil, Band 8, S. 239/245. Besonders aber Isopescul-Greenl, Das Wucherstrafrecht, S. 321/326.

[2]) Frank, Kommentar, 5./7. Auflage, S. 505.

daher auch nicht genötigt werden[1]). Freilich stellt die Rechtsordnung das Nichthandeln dann dem Handeln gleich, wenn der Unterlassende zu selbigem rechtlich verpflichtet war, und unter dieser Voraussetzung muß, wie das Reichsgericht[2]) entschieden hat, die Ankündigung einer schädigenden Unterlassung als Drohung angesehen werden. Dem Wucher ist es aber gerade wesentlich, daß der Handelnde zur Hülfeverweigerung berechtigt war. Fehlte ihm dieses Recht, muß Erpressung angenommen werden. Das Mittel des Wuchers kann also keinesfalls Nötigungsmittel sein. Die Begriffe Wucher und Erpressung grenzen sich demnach scharf voneinander ab.

IV. Indessen können, anders als bei der Bettelei, nötigende Drohung und wucherische Hülfeverweigerung sich zu einer Erpressungshandlung zusammenschließen. Der Drohende kann im einheitlichen Handeln den Gegner zuerst in wirkliche oder vermeintliche Gefahr bringen und dann das Unterlassen der Schädigung so lange verweigern, als ihm nicht der Bedrohte Vermögensvorteile gewährt oder verspricht, „welche den Wert der Leistung dergestalt überschreiten, daß nach den Umständen des Falles die Vermögensvorteile in auffälligem Mißverhältnis zu der Leistung stehen". Hier ist die gesamte Handlung als Erpressung anzusehen, ein Teilakt von ihr erfüllt die Tatbestandserfordernisse des Wuchers. Indem das Gesetz den Wucher unter Hülfeverweigerung mit Strafe belegt, hat es einen bestimmten Teilakt einer möglichen Erpressung zum Ausgangspunkt einer selbständigen Strafandrohung gemacht. Wird nun die Erpressung so begangen, daß sie jenen möglichen Teilakt mit verwirklicht, hat der § 253 die Bestimmung gegen den Wucher konsumiert.

§ 3.

Erpressung und Betrug.

I. Die Mittel des Bettlers und des Erpressers schließen sich gegenseitig aus, sodaß sie nicht zu einheitlichem Handeln

[1]) v. Bluhme, Iherings Jahrbücher f. Dogmatik, Band 38, S. 225. — Kohler, Iherings Jahrbücher für Dogmatik, Band 25, S. 28.

[2]) Entscheidungen des Reichsgerichts in Strafsachen, Band 10, S. 582.

verbunden werden können. Der Wucher kann dagegen wohl der Teilakt einer Erpressung sein, indessen kann er nie als Abart der Erpressung angesehen werden. Die Mittel des Betrügers und des Erpressers lassen sich endlich zu einheitlichem Handeln vereinigen, es kann aber auch im Gegensatz zum Wucher ein Fall des Betruges Erpressung und ein Fall der Erpressung Betrug sein.

Der Betrug ist wie die Erpressung gegen das Vermögen gerichtet. Die Verletzung besteht in einer Vermögensverschiebung zugunsten des Betrügers oder eines Dritten. Der erstrebte Vermögensvorteil ist rechtswidrig, da er in rechtswidriger Weise einem rechtlich geschützten Vermögen entzogen wurde. Im Gegensatz zur Erpressung verlangt der § 263 zur Vollendung des Betruges den Eintritt der Vermögensschädigung.

Der rechtswidrige Angriff besteht in der Vorspiegelung falscher oder in der Entstellung oder Unterdrückung wahrer Tatsachen. Im Gegensatz zur nötigenden Drohung ist die motivierende Täuschung stets rechtlich unzulässig, wenn nicht dem Täuschenden besonders dazu berechtigende Normen zur Seite stehen. Die Frage nach der Voraussetzung für die Rechtswidrigkeit des Vermögensvorteils bietet demnach beim Betruge etwa ebensowenig Schwierigkeit als bei Erpressung durch gewaltsame Nötigung. Der Vermögensvorteil, welcher bei Betrug erstrebt wird, ist mithin stets rechtswidrig, wenn er nicht rechtlich beansprucht werden konnte, wenn er also einem rechtlich geschützten Vermögen entzogen wurde. So erklärt es sich, daß die reichsgerichtliche Auffassung von der Rechtswidrigkeit des Vermögensvorteils bei dem Betruge nicht zu den unglücklichen Resultaten führte wie bei der Erpressung [1]).

II. Ein Schädigungsentschluß ist eine Tatsache [2]). Diese Tatsache kann vorgespiegelt werden. Ferner sind die Umstände, welche die Verwirklichung eines Entschlusses ermöglichen, entweder tatsächlich gegeben oder nicht. Das Vorliegen derartiger Umstände, auch diese Tatsache kann vorgespiegelt werden.

Der Bedrohung ist weder wesentlich, daß sie ernst gemeint, noch daß sie auszuführen sei. Die nicht ernst gemeinte

---

[1]) Vergl. dazu v. Liszt, Lehrbuch, 14./15. Auflage, S. 484, Anm. 13.

[2]) Zum Tatsachenbegriff: Frank, Kommentar, 5./7. Auflage, S. 429 ff.

Drohung spiegelt den Schädigungsentschluß vor, welcher in Wahrheit nicht gefaßt wurde. Wird in Nötigungsabsicht bewußt mit unausführbarer Entschlußverwirklichung gedroht, so werden der Wahrheit zuwider Umstände vorgespiegelt, welche die Ausführung ermöglichen sollen. Ist durch solche nichternstliche oder bewußt unausführbare Drohung zu einer das rechtlich geschützte Vermögen eines anderen schädigenden Vermögensverschiebung genötigt, ist der Tatbestand des § 263 erfüllt worden. Es ist Versuch bezw. Vollendung des Betrugs gegeben. Die gleiche Handlung ist aber rechtswidrige und nach § 253 als Erpressung zu strafende Nötigung.

Es liegt keinerlei Anlaß vor, auf einen derartigen Vorgang nur die Bestimmung gegen Erpressung oder nur die gegen Betrug anzuwenden. Daß Erpressung gegeben ist, wird nicht dadurch aufgehoben, daß bei ihr auch Betrug geübt wurde. Und Betrug kann nicht deshalb in Abrede gestellt werden, weil erpresserisch betrogen wurde. Wäre der Wahrheit zuwider behauptet worden, daß der Geschädigte durch andere Tatsachen als durch den Entschluß des Täuschenden gefährdet sei, müßte unbedenklich § 263 zur Anwendung kommen. Ob aber die gefährdenden Tatsachen im Entschluß des Täuschenden bestehen oder nicht, kann für die Annahme des Betruges nicht entscheidend sein. Die Ankündigung eines Übels würde ferner niemals motivieren, wenn sein Eintritt nicht als möglich erscheint. Von wem das Unheil ausgehen soll, ist hierfür gleichgültig. Wird ein Übel in Aussicht gestellt, so muß die Vorstellung, daß es eintreten könne bezw. müsse, erweckt sein. Beruht diese, die Willensbestimmung bedingende Vorstellung auf arglistiger Täuschung, so ist unter den weiteren Voraussetzungen Betrug gegeben. Es gilt dies durchaus von der wahrheitswidrigen Behauptung: die Verhältnisse liegen so, daß ein bezw. mein Schädigungsentschluß verwirklicht werden kann.

Mithin kann motivierende Täuschung nötigende Drohung und nötigende Drohung motivierende Täuschung sein. Das logische Verhältnis von Betrug und Erpressung läßt sich sonach als das der „Ineinanderordnung" bezeichnen. Die beiden Tatbestände richten sich gegen zwei verschiedene Angriffsarten desselben Rechtsgutes. Die eine kann aber so durchgeführt werden, daß sie einen Sonderfall der anderen darstellt und umgekehrt. Infolgedessen muß unter bestimmten Voraussetzungen Erpressung Betrug und Betrug Erpressung sein.

Ob man bei einer derartigen Ineinanderordnung im Sinne der herrschenden Lehre Gesetzeskonkurrenz annimmt, da nur ein Rechtsgut beeinträchtigt wird oder mit der von Liszt[1]) inaugurierten Richtung Idealkonkurrenz, ist für den vorliegenden Zusammenhang ohne Interesse. So oder so muß das schwerere Strafgesetz zur Anwendung gelangen. Denn es kann doch kein Grund sein, den Erpresser deshalb der Strafe des § 253 zu entziehen, weil seine Handlung auch als Betrug angesehen werden kann.

Aus der Möglichkeit, eine bestimmte Erpressung als Betrug und diesen Betrug als Erpressung zu beurteilen, hat das Reichsgericht in der Entscheidung vom 9. März 1881 den interessanten Schluß gezogen, daß bei betrüglicher Erpressung die schwierige Frage der Rechtswidrigkeit so gelöst werden kann, als wie wenn wegen Betrug zu erkennen wäre. Der Verurteilte hatte zur Gewährung von Vermögensvorteilen genötigt durch die nicht ernstliche Drohung, im Submissionstermin zu unterbieten. Dazu bemerkt das Reichsgericht:[2]) „Hätte der Instanzrichter auf Grund dieser Feststellung Betrug statt Erpressung angenommen, so würde ein Zweifel über die Rechtswidrigkeit des gesuchten Vorteils nicht aufkommen können."

Aus der besprochenen Beziehung der Tatumstände des § 253 und des § 263 zueinander folgt endlich eine beachtliche Erweiterung der Bestimmungen gegen die Erpressung. Nach § 253 ist die schädigende Vermögensverschiebung durch psychische Nötigung nur strafbar, wenn Drohungen zur Anwendung gelangten. Bestand dagegen die wirkliche oder vorgetäuschte Gefahr nicht im Schädigungsentschluß des Täters, so kann nicht nach § 253 verurteilt werden. Diese bedenkliche Lücke im Gesetze füllt § 263 für den Fall, daß eine derartige nötigende Gefahrvorstellung arglistig vorgetäuscht wurde.

---

[1]) v. Liszt, Lehrbuch a. a. O. S. 243. — Frank, Kommentar, 5./7. Auflage, § 73 II.

[2]) Entscheidungen des Reichsgerichts in Strafsachen, Band 3, S. 120.

III. Während dieser interessante Fall der Ineinanderordnung von Betrug und Erpressung in der Literatur nicht entsprechend gewürdigt wurde, ist die Frage lebhaft behandelt, ob Idealkonkurrenz möglich sei, wenn der Geschädigte durch Drohung und durch Täuschung motiviert wurde.

Bei der Nötigung durch Drohung müssen unter Umständen die verschiedensten Vorstellungen erweckt werden. Auch bei ernst gemeinter, ausführbarer Drohung kann es geboten sein, den Gegner in verschiedenster Weise zu täuschen. Bei der gleichen Rechtsgüterverletzung kommen in solchen Fällen die Mittel des Betruges und der Erpressung zur Anwendung. Die Frage, ob alsdann Idealkonkurrenz von Betrug und Erpressung anzunehmen ist, wird teils unbedingt bejaht, teils bedingt, teils endlich unbedingt verneint.

Nach Meyer-Allfeld[1]) ist ein Zusammentreffen unbedingt möglich, „insofern als Mittel der Erreichung des angestrebten Vermögens teils Zwang, teils Täuschung angewendet werden kann".

Nach Olshausen[2]) und dem Reichsgericht[3]) ist dagegen der Satz von Meyer-Allfeld nur bedingt richtig, denn „die Täuschungen, die nur den Eindruck der Drohung zu verstärken bestimmt sind, indem sie diese namentlich als eine ernstlich gemeinte oder als eine ausführbare hinstellen sollen" sind „als wesentliche Seite der Drohung für den Betrug nicht verwertbar"[4]). Diese Einschränkung läßt sich indessen nicht aufrecht erhalten. Jede Täuschung, welche der Drohende in Nötigungsabsicht veranlaßt, soll zu einem unerwünschten Entschlusse motivieren, sie soll also die Wirkung des Nötigungsmittels verstärken, oder ihm überhaupt erst bestimmende Kraft verleihen. Nicht bloß durch Täuschung über die Ausführbarkeit oder Ernstlichkeit der Drohung, auch durch die Täuschung über die Unmöglichkeit eines günstigen Ausweges oder über die Folgen

---

[1]) Meyer-Allfeld, Lehrbuch, S. 487.

[2]) Olshausen, Kommentar, 8. Auflage, § 263, Nr. 56 ff.

[3]) Vergl. Entscheidungen des Reichsgerichts in Strafsachen, Band 20, S. 326, bes. S. 329/330. Goldammers Archiv, Band 38, S. 54/55 (Urt. v. 21. II. 1890) und Band 51, S. 194 (Urt. v. 4. III. 1904).

[4]) Olshausen am zuvor a. O.

des unerwünschten Entschlusses wird der Eindruck gestärkt, welchen die Drohung auf den Betroffenen machen muß. Soll also nach Olshausen bzw. nach dem Reichsgericht Idealkonkurrenz von Erpressung und Betrug überhaupt möglich sein, so können nicht die Fälle ausgeschlossen werden, in denen durch Täuschung die Wirkung der Drohung vermehrt wird. Mithin müßten sie die Frage nach einem möglichen Zusammentreffen mit Meyer-Allfeld unbedingt bejahen.

In gleicher Weise ist eine andere Art der Einschränkung unhaltbar, welche von Frank[1]) im Anschluß an Merkel vertreten wird. Nach Merkel unterscheiden sich Betrug und Erpressung dadurch, daß der Genötigte erkennt, ihm werde ein Vermögensschaden zugefügt, während dies beim Getäuschten nicht der Fall sein kann[2]). Daher soll, wenn die erpresserische Drohung mit Täuschung über Tatsachen verbunden wurde, nach Franks Worten Idealkonkurrenz von Betrug und Erpressung nur dann angenommen werden, „wenn der Angegriffene das abgenötigte Verhalten zwar zum Teil, aber nicht ganz als vermögensschädigend erkannt und sowohl durch die Drohung wie durch die Täuschung motiviert wird". Nun ist aber die von Merkel vertretene Unterscheidung von Erpressung und Betrug verfehlt. Der Genötigte braucht durchaus nicht zu wissen, was man von ihm will[3]). Mit dieser Erkenntnis wird aber die von Merkel und Frank verlangte Einschränkung des Meyer-Allfeldschen Satzes hinfällig.

Von Binding[4]) endlich ist die Möglichkeit eines Zusammentreffens unbedingt in Abrede gestellt, da nur ein Rechtsgut verletzt werde, mithin keine Verbrechensmehrheit vorliege. Daß nur ein Rechtsgut verletzt wird, wenn Täuschung und Drohung als Mittel zu derselben Bereicherung verbunden werden, ist richtig. Ob nun in diesem Falle Idealkonkurrenz angenommen werden kann oder nicht, entscheidet die Auslegung des § 73. Greift er nur Platz, wenn eine Handlung mehrere Rechts-

---

[1]) Kommentar, 5./7. Auflage, S, 415.

[2]) Merkel in Holtzendorffs Handbuch, Band 3, S. 730.

[3]) Vergl. die Ausführungen im gleichen Buche Kapitel I, Abschnitt 1, § 2 und Kapitel II, Abschnitt 1, § 4.

[4]) Lehrbuch, Band 1, S. 373.

güter verletzt, so muß Binding beigepflichtet werden. Dagegen ist Meyer-Allfeld im Rechte, sofern dem § 73 Genüge getan ist, wenn derselbe Erfolg durch einen Angriff herbeigeführt wird, welcher in strafrechtlicher Beziehung mehrfach zu würdigen ist. Praktisch werden sich freilich keine Abweichungen ergeben. Der betrüglich Nötigende ist jedesmal nach dem schärferen Strafgesetz zu bestrafen. Und dieses enthält der § 253 [1]).

IV. Schließlich ist denkbar, daß eine einheitliche Handlung sowohl den Erfordernissen der Erpressung als des Betruges genügt und dabei zu mehreren Vermögensverletzungen führt. Es nötigt beispielsweise jemand durch eine ernst gemeinte ausführbare Drohung, welche indessen nur wirksam ist, wenn der Genötigte dem Bedrohten die Abwesenheit eines Dritten vortäuscht. Das Glauben an dessen Abwesenheit bestimmt nun den Bedrohten einmal zu dem unerwünschten Entschluß, dann aber auch zu einem Rechtsgeschäfte, das ihn zugunsten eines anderen empfindlich schädigen muß, wenn jener in Wahrheit nicht abwesend war. Hatte der Nötigende diese Doppelwirkung seiner Täuschung beabsichtigt, so sind auch im Sinne Bindings zwei Bereicherungsdelikte gegeben, und Betrug und Erpressung stehen auch für ihn in Idealkonkurrenz.

§ 4.

Erpressung und Raub.

I. Der Raub ist nach § 249 St.G.B. Wegnahme einer fremden beweglichen Sache, die in der Absicht rechtswidriger Zueignung durch Gewalt gegen eine Person oder unter Anwendung von Drohung mit gegenwärtiger Gefahr für Leib und Leben ausgeführt wird. Der Räuber ist also ein Dieb [2]), welcher Gewalt

---

[1]) So Binding a. a. O. S. 373. Anderer Ansicht Olshausen und das Reichsgericht. Der § 263 soll das schwerere Strafgesetz statuieren, da neben Gefängnis, wenn auch nur fakultativ, auf Geldstrafe erkannt werden kann. (Olshausen, Kommentar, 8. Auflage, § 73, No. 29 bd.) Diese Ansicht wäre haltbar, wenn für Gefängnis in beiden Fällen das gleiche Mindestmaß zulässig wäre, wenn ferner beide Paragraphen die Berücksichtigung mildernder Umstände anordneten.

[2]) So mit Nachdruck Binding a. a. O. S. 312; Merkel in Holtzendorffs Handbuch, Band 3, S. 716.

oder Drohung mit gegenwärtiger Gefahr für Leib und Leben gegen den anwendete, welcher den Diebstahl zu hindern suchte. Der durch den Raub körperlich Vergewaltigte muß den Diebstahl erdulden, der durch Drohung Eingeschüchterte duldet ihn. Wie der Diebstahl (§ 242) braucht der Raub weder Vermögens- noch Bereicherungsdelikt zu sein [1]. Der Räuber kann es auf eine wirtschaftlich wertlose Sache abgesehen haben. Er kann auch ein Vermögensobjekt, etwa zu dessen Zerstörung, dem Inhaber entreißen.

II. Nach herrschender Lehre [2]) ist der Raub ein Spezialfall der Erpressung, wie es der Tatbestand des § 255 ist. Er unterscheidet sich nach ihr von diesem nur dadurch, daß die Vermögensverschiebung in Sachwegnahme zu bestehen habe, und daß die Vollendung Vermögensverletzung erfordert. Diese Auffassung geht jedoch auch dann fehl, wenn man mit herrschender Lehre Erpressung durch physische Nötigung für möglich erachtete. Sie wäre nur unter der Voraussetzung gerechtfertigt, daß der Raub nach § 249 — wie dies etwa Art. 84 des schweizerischen Entwurfs von 1908 vorschreibt — das Vermögen des Betroffenen verletzen müßte, und wenn er ferner in Bereicherungsabsicht zu erfolgen hätte [3]). Indessen sind diese Voraussetzungen nicht erfüllt. Räuberische Wegnahme einer wirtschaftlich wertlosen Sache oder eines Wertobjektes ohne die Absicht einer Vermögensverschiebung ist kein Sonderfall der Erpressung.

Ist demnach der Raub im Verhältnis zur Erpressung keineswegs der engere Begriff, so kann er dennoch im Einzelfall derart ausgeübt werden, daß ihn vom Delikt des § 255 nur die Art der

---

[1]) Insbesondere Gauß a. a. O. S. 76; Roth a. a. O. S. 46 ff.

[2]) v. Buri, Gerichtssaal, Band 29, Beilageheft, S. 6. — v. Schwarze, Kommentar, § 253, 1. — Frank, Kommentar, 5./7. Auflage, S. 415. — Liebling, Über das Verhältnis zwischen Raub und Erpressung, S. 41/42. — Hälschner, Lehrbuch Band 2, S. 381. — Entscheidungen des Reichsgerichts, Band 4, S. 429 ff.

[3]) Merkel, Holtzendorffs Handbuch, Band 3, S. 725, hat wenigstens dem Umstand Rechnung getragen, daß der Raub nicht in der Absicht, eine Vermögensverschiebung zu erzielen, zu erfolgen braucht. Er subsumiert daher beide Verbrechensarten „gemeinsam dem Begriff der in der Absicht rechtswidriger Zueignung von Vermögensobjekten erfolgenden Nötigung zu einem Tun, Dulden, Lassen".

Vermögensverschiebung (Wegnahme einer Wertsache) unterscheidet. Mithin sind beim Raube nach Maßgabe des angegriffenen Rechtsgutes zwei Formen auseinanderzuhalten, die sich zu einer dritten verbinden. Zunächst kann der Räuber sich an rechtlich geschütztem Vermögen vergreifen. Diese Wegnahme einer Wertsache kann auch der Absicht einer Vermögensverschiebung dienen. Letzterenfalls ist der Raub ein Spezialfall der Erpressung [1]). Sodann kann der Räuber eine wirtschaftlich wertlose Sache wegnehmen und so die rechtlich geschützten Interessen verletzen, welche durch Besitz der Sache befriedigt werden können. In diesem zweiten Fall wäre der Raub im Gegensatz zum ersten nicht Vermögens-, sondern bloßes Eigentumsdelikt. Es sei daher gestattet, zwischen Vermögens- und Eigentumsraub zu unterscheiden. Endlich kann der Räuber eine Sache wegnehmen, welche sowohl Vermögens- als sonstige Affektionsinteressen befriedigt. Diese dritte Form ist ein ideelles Konkurrieren der beiden ersteren. Bezweckt die Wegnahme einer solchen Wertsache eine Vermögensverschiebung, so ist diese Art des Raubes eine ideelle Konkurrenz einer Sonderform der Erpressung mit dem Eigentumsraub [2]).

Setzt man bei Beurteilung der Beziehung von Raub und Erpressung die engere Definition von Nötigung voraus, so ist der in der Absicht, eine Vermögensverschiebung zu erzielen, ausgeführte Vermögensraub nur dann ein Spezialfall der Erpressung, wenn der Beraubte die Sachwegnahme hätte dulden müssen.

---

[1]) So auch Roth a. a. O. S. 49.

[2]) Die Beziehung der Erpressung zum Raub kann im folgenden Schema veranschaulicht werden: der Raub ist:

1. entweder; Vermögensraub = Wegnahme einer Wertsache und zwar
   a) ohne die Absicht einer Vermögensverschiebung,
   b) in derartiger Absicht: Spezialfall der Erpressung,
2. oder Eigentumsraub = Wegnahme einer Sache ohne wirtschaftlichen Wert,
3. oder: ein ideelles Konkurrieren von 1 und 2 = Wegnahme einer Wertsache von besonderem Affektionswert.

Bezweckt dis Wegnahme eine Vermögensverschiebung, so konkurrieren 1b (Spezialfall der Erpressung) mit 2 (Eigentumsraub) ideell.

Mithin kann nur bei der Duldung der Sachwegnahme der Spezialfall der Erpressung mit dem Eigentumsraube in ideeller Konkurrenz einen Sonderfall bilden.

III. Die Möglichkeit einer ideellen Konkurrenz von Raub und Erpressung wird von der herrschenden Lehre [1]) in Abrede gestellt, da nach ihr der Raub ein Spezialfall der Erpressung sein soll [2]). Indessen ist diese Behauptung auch dann hinfällig, wenn ihre Begründung gerechtfertigt wäre [3]). Insofern der Raub die Tatbestandsmerkmale der Erpressung verwirklicht, konkurriert er natürlich nicht mit ihr. Die Vertreter der herrschenden Meinung beachten aber nicht, daß der Raub uno actu eine ihm selbständig zur Seite stehende Erpressung verwirklichen kann. Ist letzteres aber angängig, so darf die Möglichkeit ideellen Zusammentreffens nicht in Abrede gestellt werden.

Es lassen sich zwei Arten der Konkurrenz unterscheiden. Einmal kann das dem Dulden oder dem Erdulden der räuberischen Wegnahme entsprechende Verhalten eine weitere Vermögensverschiebung im Gefolge haben. Unter solchen Umständen wird der Raub durch die Sachwegnahme vollendet, zugleich ist aber auch durch die Drohung mit gegenwärtiger persönlicher Gefahr bzw. durch Gewalt ein Verhalten abgenötigt, das eine Vermögensverschiebung veranlassen soll, und so ist der Tatbestand des § 255 zugleich mit dem des § 249 erfüllt [4]). Sodann kann die räuberische Drohung zur Duldung der Wegnahme nötigen und zugleich einen anderen unerwünschten Entschluß herbeiführen, welcher eine Vermögensverschiebung bewirken soll [5]). Die räuberische Gewalt kann nur konkludent eine derartig motivierende Drohung zum Ausdruck bringen. Bei Fällen der letzteren Art vermag § 249 sogar mit § 253 ideell zu konkurrieren. So ist es beispielsweise möglich, daß gewaltsame Sachwegnahme die Androhung weiterer Diebstähle vermittelt. Diese konkludente

[1]) Ausgenommen v. Buri, Gerichtssaal, Band 29, Beilage, S. 74.

[2]) Insbesondere Frank, Kommentar, 5./7. Auflage, S. 415.

[3]) Dies erkennen auch Gegner der herrschenden Lehre, so Olshausen, Kommentar, 8. Auflage, § 253, No. 13c; Gauß a. a. O. S. 79.

[4]) Beispiele solcher Art gibt v. Buri a. a. O. S. 74/75.

[5]) Fälle solcher Art haben die Ausführungen von Olshausen a. a. O. § 253, No. 13c; Meyer-Allfeld, Lehrbuch, S. 487; Gauß a. a. O. S. 78 im Auge — ferner auch v. Buri a. a. O. S. 74/75.

Drohung kann zu einer Vermögensverschiebung im Sinne des § 253 nötigen. Bei den besprochenen Konkurrenzfällen ist es natürlich gleichgültig, ob Vermögens- oder Eigentumsraub oder die erwähnte Mischform gegeben ist.

Dagegen darf nicht Zusammentreffen von § 249 mit § 253 angenommen werden, wenn bei dem zum Zweck einer Vermögensverschiebung erfolgenden Eigentumsraube neben der Drohung mit gegenwärtiger Gefahr für Leib und Leben eine Drohung andrer Art zur Anwendung kam. Buri [1]), welcher die beiden möglichen Formen der Konkurrenz durch treffende Beispiele veranschaulicht, geht fehl, wenn er auch in letzteren Fällen ein Zusammentreffen behauptet [2]). Der Erpresser ist doch unter den bezeichneten Umständen deshalb als Räuber zu bestrafen, weil er das Dulden der Wegnahme durch Androhung gegenwärtiger Gefahr für Leib und Leben abnötigte. Ob er hierbei noch anderer Drohung bedurfte oder nicht, ist für die Entscheidung, ob der in Frage stehende Erpressungssonderfall nach § 249 zu beurteilen sei, gleichgültig. Unter den hervorgehobenen Voraussetzungen ist ebensowenig Konkurrenz zwischen § 249 und § 253 denkbar, als eine solche zwischen § 255 bzw. § 254 und dem § 253 möglich wäre, wenn sich der Erpresser neben der in § 255 bzw. § 254 bezeichneten Drohung einer solchen anderer Art bedienen würde.

§ 5.

Die Regelung der Erpressung durch den Entwurf eines Gesetzes betr. Änderung des Strafgesetzbuches von 1909 und durch den Vorentwurf zu einem deutschen Strafgesetzbuch.

I. Die unangemessene Ausdehnung des Erpressungsbegriffes auf Fälle rechtlich und sittlich zulässiger Vermögensabnötigung durch die reichsgerichtliche Judikatur gab den Anstoß zu einer unlängst in die Wege geleiteten Reform. Der Entwurf, betreffend Änderung des Strafgesetzbuches will eine derartige Anwendung unmöglich machen, indem er zur Vollendung der Erpressung wie

---

[1]) v. Buri: Gerichtssaal, Band 29, Beilageheft S. 74/75.

[2]) Den gleichen Fehler begeht in engem Anschluß an v. Buri Gauß a. a. O. S. 78.

beim Betrug Eintritt der Vermögensschädigung fordert. Weiter hat der Vorentwurf zum Strafgesetzbuch auf dieser Grundlage die Erpressung in enge Beziehung zum Raube gestellt.

Die von der Novelle vorgeschlagene Änderung enthält mehrere wertvolle Verbesserungen gegenüber dem geltenden § 253. Zunächst ist expressis verbis zum Ausdruck gebracht, daß die Erpressung ein Vermögensdelikt sei. Der entgegenstehenden Auffassung, Erpressung sei durch eine bestimmte Absicht qualifizierte Nötigung, ist der Boden entzogen. Sodann ist dem eigenartigen Mißverhältnis ein Ende bereitet, daß nach geltendem Recht Vollendung in einem Stadium angenommen wird, in welchem der Versuch entsprechender Vermögensverletzung noch nicht beendet zu sein brauchte. Endlich ist ein gesundes Verhältnis zu den Delikten des Raubes und des Betruges hergestellt. Der durch betrügliche Nötigung vollendeten Erpressung entspricht nunmehr der vollendete Betrug. Die räuberische Erpressung kann mit gutem Grunde mit der Strafe des vollendeten Raubes belegt werden, während ihr nach geltendem Recht an erster Stelle die Strafe des Raubversuches hatte entsprechen müßte.

Weitere Erfolge hat jedoch die Novelle nicht erzielt. Insbesondere ist durch sie keinesfalls das Problem der Rechtswidrigkeit befriedigender gelöst worden als durch das geltende Recht. Wäre das Reichsgericht mit seiner, auch in der Begründung [1]) anerkannten These, rechtswidrig sei der Vorteil, welcher rechtlich nicht beansprucht werden könnte, auf dem richtigen Wege, so müßten nunmehr die Arbeiter, welche unter Kündigungsandrohung einen angemessenen, höheren Lohn verlangen, wegen versuchter und nicht wegen vollendeter Erpressung bestraft werden. Eine Vermögensschädigung ist in diesem Falle zweifellos gegeben. Ob sich der Arbeitgeber am Kunden schadlos halten kann, ist eine weitere Frage. Besonders sichtbar wird die Vermögensschädigung, wenn der Arbeitgeber nicht in der Lage ist, den Mehraufwand abzuwälzen, mag der höhere Lohn auch an und für sich den Umständen und den wirtschaftlichen Verhält-

[1]) Entwurf eines Gesetzes betr. Änderung des Strafgesetzbuches. Reichstagsvorlage, S. 19.

nissen der Arbeiter durchaus angemessen gewesen sein. Eine Arztrechnung kann, um ein anderes Beispiel zu wählen, durchaus sachgemäß sein und doch befindet sich der in bedrängten Vermögensumständen lebende, die Honoraraufwendung kaum zu befriedigen vermögende Patient in der verhängnisvollen Zwangslage, auf die Behandlung zu verzichten oder zu zahlen [1]).

Es ist eben durchaus verfehlt, wenn die Begründung der Novelle annimmt, die Judikatur komme mit der reichsgerichtlichen Auffassung der Rechtswidrigkeit eines Vermögensvorteils deshalb beim Betruge zu zutreffenden Ergebnissen, weil dieser zur Vollendung Vermögensschädigung fordere. Der Grund für solches günstige Resultat liegt aber, wie nachgewiesen, darin, daß durch arglistige Täuschung im Zweifel stets rechtswidrig geschädigt wird, während die Schädigung durch nötigende Androhung einer Rechtsausübung in der Regel rechtlich zulässig ist. Die Auffassung des Reichsgerichtes verlangt in Wahrheit nur, daß ein rechtlich geschütztes Vermögen beeinträchtigt werde. Jedes Vermögensdelikt fordert einen rechtswidrigen Eingriff. Dieser ist beim Betruge ohne Weiteres gegeben, bei Androhung einer Rechtsausübung dagegen nicht. Eine Reform, die das Problem der Chantage zusagend löst, muß auf Normen verweisen, welche die Ausübung des Rechts, durch Androhung einer Rechtsausübung zu nötigen, entsprechend einschränken.

Indessen scheint dem Entwurfe ein richtiger Gedanke vorgeschwebt zu haben, welcher freilich nicht sachgemäß ausgestaltet wurde. Bei der Entscheidung, ob im Falle nötigender Androhung einer Rechtsverletzung Erpressung anzunehmen ist, soll nach der Begründung der Wert der beiderseitigen Leistungen in Betracht gezogen werden. Ist das Verhältnis ein a n g e m e s s e n e s, so soll die Vermögensschädigung und damit die Erpressung entfallen. Richtig ist der Satz, daß in Fällen solcher Art nicht Erpressung angenommen werden darf; doch nicht deshalb, weil keine Vermögensschädigung erfolgt sein kann, sondern weil die Benutzung der Notlage nicht den guten Sitten widersprach. Die Begründung hätte das Richtige getroffen, wenn die den guten

---

[1]) Entsprechend O b o r n i k e r, Monatsschrift für Kriminalpsychologie und Strafrechtsreform, Band 6, S. 495 ff.

Sitten widerstreitende Abnötigung eines Vorteils und vermögensschädigende Nötigung identische Begriffe wären. In diesem Sinne hat Tischendorf [1]) die Fassung des geltenden Rechtes zu verteidigen gesucht. Indessen ist jene Voraussetzung, wie auch Oborniker [2]) überzeugend nachweist, verfehlt. Eine billig bemessene Gegenleistung kann das Vermögen auf das Empfindlichste bereits treffen. Demnach will der Entwurf den Gedanken zum Ausdruck bringen: der Begriff der Erpressung fordert, soweit Androhung einer Rechtsausübung in Frage steht, die Absicht, einen den guten Sitten widerstreitenden Vorteil zu erzielen. Falsch ist freilich die Annahme, daß eine nach Maßgabe der Leistung angemessene Gegenleistung nicht das Vermögen des Leistenden zu beeinträchtigen brauche. Immerhin hat die Novelle wenigstens einer glücklicheren Gestaltung den Weg gewiesen.

II. Es bedeutet aber durchaus keine Verbesserung der Novelle, wenn der Vorentwurf diese mit einer textlichen Änderung übernimmt, um die Erpressung als Oberbegriff des Raubes hinzustellen. Auch nach § 274 des Vorentwurfs ist der Raub ein Eigentumsdelikt, während die Erpressung einen Vermögensvorteil abnötigen soll. Der Raub, der nach § 275 als Unterfall der Erpressung anzusehen ist, stellt also dennoch in einer Beziehung den weiteren Begriff dar; braucht er doch nicht unbedingt gegen das Vermögen gerichtet zu sein.

Recht bedauerlich ist der Mangel einer Bestimmung über die „räuberische Erpressung". Nach dem § 274 des Vorentwurfs ist auch Raub anzunehmen, wenn mit Gewalt gegen eine Person oder durch Drohung mit gegenwärtiger persönlicher Gefahr eine fremde bewegliche Sache in Zueignungsabsicht abgenötigt wird. Ein Fall der räuberischen Erpressung im Sinne des § 255 St.G.B. ist also zum Raube geschlagen. Dagegen fallen alle übrigen Fälle der Erpressung durch Gewalt gegen eine Person bzw. Androhung gegenwärtiger persönlicher Gefahr unter den gewöhnlichen Strafrahmen der Erpressung. Wer aus nicht ungewöhnlich verwerflichen Motiven durch Drohung mit gegen-

[1]) v. Tischendorf, Goldammers Archiv für Strafrecht und Strafprozeß, Band 55, S. 456.

[2]) Oborniker ebenda S. 496.

wärtiger persönlicher Gefahr zum Abschluß eines ein ganzes Vermögen vernichtenden Vertrages nötigt, ist nach § 275 mit Gefängnis zu bestrafen, nach § 274 aber mit Zuchthaus, wer auf gleiche Weise die Herausgabe eines silbernen Löffels abnötigte. Stellt sich eine durch Mittel des § 274 erfolgte Sachabnötigung als besonders schwerer Fall dar, so ist die Strafe Zuchthaus nicht unter fünf Jahren; dagegen ist bei gleich schwerer sonstiger Vermögensabnötigung die Strafe Zuchthaus bis zu fünf Jahren. Auch das künftige Strafgesetzbuch bedarf dringend einer Bestimmung, welche dem § 255 des geltenden Rechtes entspricht.

Dagegen enthält der Vorentwurf in der Beziehung eine Verbesserung der Novelle: die Erpressung wird im Wesentlichen in der Bestrafung dem Betruge gleichgestellt. Es trägt dies der nahen Verwandtschaft der Delikte Rechnung. Es ist unbillig, die vermögensschädigende Nötigung unter Vorspiegelung nicht vorhandener Gefahr grundsätzlich milder zu beurteilen als die entsprechende Nötigung unter Vortäuschung eines Schädigungsentschlusses. So hat auch schon Binding[1]) gleiche Bestrafung von Betrug und Erpressung für angezeigt erachtet.

---

[1]) Binding, Lehrbuch a. a. O., Band I, S. 373. Anm. 4.

Buch II.

Die Erpressung im Lichte der Rechtsvergleichung und der Rechtsgeschichte.

Kapitel I.

Die Erpressung in der außerdeutschen Gesetzgebung.

§ 1.

Die Aufgabe.

I. Die weitere Arbeit soll zuerst die Stellung der deutschrechtlichen Regelung der Erpressung zu den einschlägigen Bestimmungen außerdeutscher Gesetzgebung festlegen. Ist ein Vergleich verschieden umgrenzter Tatbestände der Erpressung möglich, so muß es einen allgemeinen Begriff der Erpressung geben, welcher den verglichenen Tatbeständen gemeinsam ist; denn die in Beziehung gesetzten Bestimmungen sind zwar verschieden gefaßt und doch darin gleich, daß sie die Erpressung regeln. Ihr allgemeiner Begriff muß bestimmte wesentliche Eigenschaften haben, die keiner konkreten Regelung fehlen dürfen, soll von Erpressung überhaupt die Rede sein.

Stellt man der deutschen Erpressungsregelung eine außerdeutsche gegenüber, lehrt das, wie sich jene wie diese ihren einzelnen Merkmalen nach zum allgemeinen Begriff der Erpressung verhält. Wird die gleiche Feststellung sukzessiv bei den verschiedenen außerdeutschen Strafgesetzen wiederholt, so ergibt sich zwar das Verhältnis der deutschen Erpressungsbestimmung zu *jeder einzelnen* außerdeutschen, allein die Stellung zur außerdeutschen Gesetzgebung *überhaupt* ist damit noch nicht nachgewiesen. Letzteres findet sich erst, wenn man zeigt, wie die einzelnen Tatbestandserfordernisse der Erpressung durch die außerdeutsche Gesetzgebung überhaupt aufgefaßt worden sind. Der Vergleich hat zu dem Ende folgenden Weg einzuschlagen: zunächst sind die wesentlichen Erfordernisse eines Erpressungsbegriffes zu kennzeichnen, sodann ist bei jedem einzelnen Erfordernis darzutun, in welcher Weise es die verschiedenen Gesetze zum Ausdruck gebracht haben. Da die Regelung des deutschen Rechtes bekannt ist, ergibt sich auf diesem Wege dessen Beziehung zur außerdeutschen Gesetzgebung überhaupt. Der hier beabsichtigte Vergleich der einzelnen Tatbestandsmerkmale hat zu fußen und weiterzubauen auf der in meisterhafter Weise von Frank[1]) bewirkten Gegenüberstellung der deutschen und einer Reihe ausländischer Strafrechtsbestimmungen.

II. Die deutschrechtliche Erpressung ist zunächst Nötigung durch Gewalt oder Drohung. Ein Angriff, der sich nicht der Nötigung bediente, ist unstreitig keine Erpressung. Wie all die Versuche, das Gesetz so zu interpretieren, daß unter Gewalt und Drohung alle nur denkbaren Nötigungsmittel getroffen werden (Binding-Thurow), herausgestellt haben, ist der Erpressung die Anwendung bestimmter Nötigungsmittel nicht wesentlich.

Der erpresserische Angriff bezweckt nach deutschem Rechte eine ein rechtlich geschütztes Vermögen verletzende Vermögensverschiebung. Binding[2]) betonte mit Recht, daß es unbillig sei, den Erpresser straflos ausgehen zu lassen, wenn er den Vorteil nicht beabsichtigte, sondern ihn bei Befriedigung seiner Schädigungsgelüste nur gerne mitnahm. In gleicher Weise ist es nicht gerechtfertigt, dann nicht wegen Erpressung zu strafen, wenn der Nötigende durch die Vermögensverletzung keinen Vorteil erzielen, sondern ein gemeines Schädigungsbegehren befriedigen wollte. Demnach ist dem allgemeinen Begriff der Erpressung zwar ein Angriff auf ein rechtlich geschütztes Vermögen wesentlich, unwesentlich dagegen, daß die Verletzung durch beabsichtigte Vermögensverschiebung herbeigeführt werde.

---

[1]) Frank, Darstellung, besonderer Teil, Band 6, S. 1 ff. Vergl. auch die zitierte Arbeit von Thurow und, soweit die Chantage in Frage steht, die genannten Monographien von Stämpfli und Reinhold.

[2]) Lehrbuch, Band 1, S. 375.

Daß es für den Erpressungsbegriff nicht von Belang ist, „kupiertes Erfolgsdelikt" zu sein, ergibt ein Vergleich des § 253 mit den Bestimmungen der Entwürfe.

Wesentlich ist endlich, daß die Erpressung sich als rechtswidriger Angriff auf rechtlich geschütztes Vermögen darstelle.

Sonach ergibt sich folgende allgemeine Definition der Erpressung: Erpressung ist Beeinträchtigung eines rechtlich geschützten Vermögens durch rechtswidrige Nötigung. Jede die Erpressung betreffende gesetzliche Regelung muß sich als Form dieses allgemeinen Begriffes erweisen. Fehlt irgendeins der ihm wesentlichen Erfordernisse, so kann nicht von Erpressung gesprochen werden.

III. Um die Stellung der Erpressung des deutschen Rechtes zum außerdeutschen zu fixieren, ist zuvörderst zu zeigen, wie das letztere dem Merkmal der Nötigung entsprochen hat. Es kann physische und psychische Nötigung berücksichtigen oder eine der beiden Arten. Die einzelne Nötigungsart kann an bestimmte Mittel gebunden sein oder auch nicht. Der Angriff auf das rechtlich geschützte Vermögen kann weiter das Vermögen überhaupt oder nur bestimmte Vermögensgüter treffen. Auch für die Angriffsart lassen sich verschiedene Erfordernisse erheben dergestalt, daß der Tatbestand ein bestimmtes verletzendes Verhalten des Genötigten (Vermögensdisposition, Vermögensverschiebung usw.) vorsieht. Endlich kann die Gesetzgebung die Rechtswidrigkeit an bestimmte Voraussetzungen knüpfen (z. B. nicht jede rechtswidrige Drohung genügt, sondern nur die mit strafbaren Handlungen). Ist auf diese Weise die Stellung gezeigt, welche das außerdeutsche Recht zu den einzelnen Tatbestandserfordernissen des allgemeinen Erpressungsbegriffes genommen hat, so ist die Beziehung der deutschen Regelung zu jenem festgelegt und die Erörterungen über die deutschen Bestimmungen haben ihre abschließende Ergänzung gefunden.

Soweit das Erfordernis rechtswidriger Nötigung in Frage steht, verlangt die Erkenntnis der Bedeutung der Beziehung des deutschen Rechtes zum fremden einen Hinweis auf die Rechtsgeschichte. Nur mit dieser Hülfe läßt es sich verstehen, daß die verschiedenen Gesetzgebungen verschiedene

Stadien einer Entwicklung darstellen, welche zu einem bestimmten Abschluß hindrängt. Die Rechtsgeschichte muß ein Bild von den nicht geringen Schwierigkeiten geben, die praktisch so bedeutsame Frage nach den Voraussetzungen der Rechtswidrigkeit sachgemäß zu lösen. Die konkreten Bestimmungen der internationalen Gesetzgebung sind als Folge derartiger kriminalpolitischer Bestrebungen aufzufassen. So rechtfertigt es sich, wenn der Vergleich der Erpressung als rechtwidriger Nötigung mit dem ausländischen Rechte auf historischer Grundlage durchgeführt wird, wenn also, insoweit die Kernfrage der Erpressungslehre zur Erörterung steht, das nächste Kapitel rechtsgeschichtliche und rechtsvergleichende Betrachtung miteinander verbindet.

§ 2.

Die verhüllte Erpressung.

I. Bevor auf den Vergleich der einzelnen Tatbestandsmerkmale eingegangen werden kann, ist das Wesen der „verhüllten" Erpressung klarzustellen. Es gibt Gesetze, nach denen Erpressungshandlungen bestraft werden müssen, obgleich ihnen ein Tatbestand der Erpressung unbekannt ist. Bei Besprechung der iberischen Rechte hat Frank[1]) auf diese eigenartige Möglichkeit verwiesen, ohne jedoch deren dogmatische Voraussetzungen darzulegen.

Die Erpressung ist verhüllt, wenn das Gesetz einen entsprechenden Tatbestand nicht kennt, dagegen derart weit gefaßte Deliktsbegriffe, daß sie die Erpressung unter sich begreifen. Was von der Erpressung überhaupt gilt, ist entsprechend auch auf einzelne, dem Gesetze nicht ausdrücklich bekannte Erpressungsformen zu beziehen. Dem Wesen der Erpressung als vermögensschädigender rechtswidriger Nötigung gemäß ist die Möglichkeit derartiger Unterordnung gegeben: 1. wenn das Gesetz Nötigung zur Herbeiführung von Interessenschädigungen unter Strafe stellt, welche auch Vermögensbeeinträchtigungen umfassen, 2. wenn es die Vermögensbeeinträchtigung durch Mittel mit Strafe belegt, welche das der Nöti-

[1]) Frank a. a. O. S. 60.

g u n g in sich schließt, 3. wenn die beiden Momente konkurrieren. — Das Gesetz inkriminiert also im letzteren Falle Interessenverletzungen, mithin auch Vermögensbeeinträchtigungen durch Mittel, zu denen auch die rechtswidrige Nötigung zählt. Demnach ergeben sich drei Formen der verhüllten Erpressung, welche auf zwei Grundformen zurückzuführen sind.

Die Erpressung kann auf diese Weise in ihrem vollen begrifflichen Umfange berücksichtigt sein oder es werden nur Einzelfälle von ihr getroffen. Sie kann ferner durch einen oder durch mehrere Tatbestände verhüllt werden. So sind beispielsweise Bestimmungen denkbar, welche das Vermögen vor verschiedenen Angriffsformen schützen sollen, von denen jede durch eine gewisse Art der Nötigung verwirklicht werden kann. Indessen ist ein Eingehen auf das Detail in diesem Zusammenhang ohne praktisches Interesse. Es genügt, dies bei den Hauptformen der Verhüllung an Beispielen aus der außerdeutschen Gesetzgebung zu veranschaulichen.

II. Interpretiert man den § 98 lit. b des geltenden österreichischen St.G.B. von 1852[1]) im Sinne von G l a s e r[2]), L a m m a s c h[3]) und K r z y m u s k i[4]), so ist er bestimmt, Rechtsgüter vor rechtswidriger Nötigung zu schützen, zu denen a u c h das Vermögen zählt. Nach ihm macht sich der öffentlichen Gewalttätigkeit schuldig, wer „jemanden mit einer Verletzung an Körper, Ehre oder Eigentum bedroht, um von dem Bedrohten eine Leistung, Duldung oder Unterlassung zu erzwingen" oder wer in gleicher Absicht „einer Person wirklich Gewalt antut". Daß die Nötigung rechtswidrig erfolgen müsse, ist unbestritten, herrscht auch keine Einigkeit darüber, ob die nötigende Drohung ein rechtswidriges Verhalten[5]) [6]) ankündigen müsse oder

[1]) Zu dem Weiteren vergl. F r a n k a. a. O. S. 33 ff; R e i n h o l d a. a. O. S. 53 ff.

[2]) G l a s e r a. a. O. S. 174.

[3]) L a m m a s c h, Grundriß des Strafrechts, 7. Auflage 1906, S, 81.

[4]) K r z y m u s k i, Wyklad prawa karnego, Band 2, S. 384 (zitiert nach R e i n h o l d a. a. O. S. 35).

[5]) So F i n g e r, das Strafrecht (Kompendium des österreichischen Rechts), Band 2, S. 113. — L a m m a s c h a. a. O, S. 87.

[6]) Androhung eines strafbaren Verhaltens fordert G l a s e r a. a. O. S. 194.

nicht[1]). Janka[2]), Finger[3]), Stooß[4]) und Reinhold[5]) erklären es freilich für gleichgültig, ob das abgenötigte Verhalten rechtlich beansprucht werden konnte; dagegen betont Glaser[6]): „nicht die bloße Störung der Freiheit, sondern die Verkürzung eines konkreten Rechtes ist die Voraussetzung des Verbrechens". Für diese Auslegung spricht alles gegen die herrschende Auffassung des § 240 RStGB. früher Gesagte. Muß aber die rechtswidrige Nötigung des § 98 lit. b, um mit Glaser zu reden, ein konkretes Recht verkürzen, so kann sie auch gegen das rechtlich geschützte Vermögen gerichtet sein. Die nach österreichischem Rechte strafbare Erpressung bildet gemäß dieser Auslegung des § 98 einen möglichen Unterfall derselben.

III. Ein interessantes Beispiel für die den romanischen Rechten[7]) charakteristische verhüllte Regelung der sog. „Vermögenserpressung" bietet der Art. 409 des italienischen Strafgesetzbuchs. Im Anschluß an Frank[8]) kann man der Sacherpressung die Vermögenserpressung gegenüberstellen; erstere verlangt Abnötigung vermögenswerter Sachen, letztere eine anderweitige Vermögensschädigung. Der Art. 409 des Codice penale von 1889 bestraft denjenigen wegen Erpressung (estorsione), der einen Andern nötigt, „a mandare, depositare o mettere a disposizione del colpevole danaro, cose o atti che importino qualsiasi effetto giuridico". Der Art. 409 trifft also die Sacherpressung in vollem Umfange, soweit sich nicht nach Maßgabe der gesetzlichen Nötigungsmittel Beschränkungen ergeben („incutendo timore di gravi danni alla persona, all' onore o agli averi"). Dagegen ist die Vermögens-

---

[1]) So Janka, das österreichische Strafrecht, 4. Aufl., von Kallina, S. 213. — Stooß, Lehrbuch des österreichischen Strafrechts, S. 280.

[2]) Janka a. a. O. S. 212/213.

[3]) Finger a. a. O. S. 110/111.

[4]) Stooß a. a. O. S. 281/282.

[5]) Reinhold a. a. O. S. 35.

[6]) Glaser a. a. O. S. 169/170.

[7]) Vergl. Code pénal français, Art 400; Code pénal belge, Art. 470; auch Codice penale italiano, Art. 407.

[8]) Frank, Vergl. a. a. O. S. 2. — Kommentar, 5./7. Auflage, S. 415.

erpressung nur verdeckt geregelt [1]). Die Vermögenserpressung ist nach Maßgabe des Art. 409 nur insoweit strafbar, als das Vermögen durch die entsprechend abgenötigte, rechtlich bedeutsame Urkunde betroffen wird. Nach Praxis des Kassationshofes wird darnach im Sinne des Wortlautes auch der entsprechende Eingriff in andere Rechtsgüter als das Vermögen, wie Freiheit und Ehre, als Erpressung geahndet [2]). Freilich erheben sich Stimmen, welche den fraglichen Artikel nur auf Urkunden von vermögensrechtlicher Bedeutung bezogen wissen wollen [3]). Es scheint damit eine Bewegung einzusetzen, die im französischen Rechte schon zum Abschluß gekommen ist. Während der oben erwähnte Art. 400 des code pénal français der Fassung nach nicht ausschließlich auf vermögensrechtlich bedeutsame Urkunden bezogen zu werden braucht, und von der älteren Praxis auch demgemäß ausgelegt wurde, fordert man heute allgemein eine Urkunde von vermögensrechtlicher Bedeutung [4]).

IV. Beispiele für die zweite Form, die Erpressung verhüllt zu regeln, bietet das spanische St.G.B. von 1870. Es enthält Bestimmungen, welche das Vermögen vor Angriffen schützt, die auch durch rechtswidrige Nötigung verwirklicht werden können.

Durch den Art. 510 wird freilich die Erpressung nicht, wie Frank [5]) dies annimmt, mit berücksichtigt. Dieser Artikel erklärt den für strafbar, „welcher ohne gesetzlich dazu berechtigt zu sein, einen anderen mit Gewalt daran hindert, etwas zu tun, was das Gesetz nicht verbietet oder ihn zwingt, etwas zu tun, was er nicht will, mag dies Recht oder Unrecht sein [6])“. Ist es aber unwesentlich, ob die gewaltsame Nötigung rechtlich geschützte

---

[1]) Ausschließlich die Vermögenserpressung berücksichtigt in entsprechender Verhüllung der Art. 407. „Chiunque . . . constringe taluno a consegnare sottoscrivere o distruggere in pregiudizio di sè o di altri un atto che importino qualsiasi effetto giuridico.“

[2]) Vergl. dazu Frank a. a. O. S. 64.

[3]) Crivellari, Il codice penale, vol. VIII, S. 150.

[4]) Garrand, Traité théorique et pratique du droit pénal français, t. V, S. 513. — Frank a. a. O. S. 41.

[5]) a. a. O. S. 61.

[6]) Übersetzung von Alfred Hartwig, Berlin 1909.

Interessen verletze, ist sie also reines Freiheitsdelikt, so kann durch die Bestimmung des Art. 510 nicht das Vermögensdelikt der Erpressung mit getroffen sein. Vielmehr sind die Art. 548 und 575 in Betracht zu ziehen. Nach ersterem soll bestraft werden, „wer einen Anderen betrügt unter Gebrauch eines falschen Namens, Anmaßung eines Amtscharakters, Vorspiegelung angeblichen Einflusses oder sonstiger Eigenschaften, fälschlicher Vorgabe von Besitz, Kredit, Auftrag, Kommission oder noch nicht bestehenden Geschäften oder unter Zuhülfenahme irgend eines anderen betrüglichen Mittels". Daß der Betrüger furchterregende Tatsachen vorspiegeln kann, ist ausführlich nachgewiesen, desgleichen, daß der Nötigungsbegriff Erregung der Gefahrvorstellung durch wirkliches Gefährden oder durch Vorspiegelung falscher Tatsachen erfordert. Also schützt § 548 das Vermögen vor einer Angriffsart, welche durch rechtswidrige Nötigung verwirklicht werden kann [1]. Art. 575 schützt fremdes Eigentum vor Beschädigungen irgend welcher Art, also auch vor solchen durch rechtswidrige Nötigung.

Daneben kennt das spanische StGB. Bestimmungen, welche vor rechtswidriger Nötigung Rechtsgüter schützen, zu denen auch das Vermögen gehört. Es kommt also auch die zuerst besprochene Art der verhüllten Regelung vor. In Frage stehen die Art. 515, 532, 534. Es macht sich strafbar, wer „unter Gewalt, Einschüchterung gegen Personen oder Gewalt gegen Sachen" sich fremder beweglicher Sachen bemächtigt (Raub, Art. 515), unbewegliche Sachen okkupiert oder ein sachliches Recht an fremdem Eigentum usurpiert (Art. 532), zum Jagen oder Fischen in geschlossenes Besitztum oder umfriedetes Feld eindringt (Art. 534). Alle diese Angriffe durch Nötigung können, aber brauchen nicht fremdes Vermögen zu beeinträchtigen. Es gilt hier, was von der Beziehung des § 249 R.St.G.B. zum § 253 gesagt wurde.

---

[1]) Man vergleiche übrigens mit diesem § 548 die Definition von Salchow, Lehrbuch des peinlichen Rechts, 3. Auflage 1823, S. 409/410: „Wer durch täuschenden Vorwand oder Mißbrauch eines Rechtes von jemandem einen Vorteil erpreßt, der begeht das Verbrechen der Konkussion."

§ 3.

Die Erpressung als Nötigung im außerdeutschen Rechte.

I. Von den außerdeutschen Gesetzen stellen es etliche außer Zweifel, daß bei der Erpressung physisch wie psychisch genötigt werden könne; sie zählen zu den Nötigungsmitteln die Gewalt und bestimmen das abgenötigte Verhalten so, daß es nicht Verwirklichung eines Entschlusses zu sein braucht.

Nach Art. 400 § 1 des Code pénal français wird physisch (force, violence) oder psychisch (contrainte) genötigt (à) la signature ou (à) la remise eines Rechtstitels irgendwelcher Art. Die „remise", die Auslieferung ist kein Verlust wider Willen, sie setzt eine Entschlußbildung voraus; nicht dagegen die Unterschrift, welche beispielsweise durch gewaltsam geführte Hand abgenötigt werden kann. Gleiches gilt vom italienischen Strafgesetzbuche Art. 407. Der Erpresser nötigt „a consegnare, sottoscrivere o distruggere un atto che importi qualsiasi effetto giuridico". Nicht die Aushändigung wohl aber Unterschrift und Zerstörung können rein gewaltsam erfolgen.

Das belgische Strafgesetzbuch Art. 470 kennt zunächst wie der französische Art. 400 § 1 die physische (violence) oder psychische (menace) Abnötigung (de) la signature ou (de) la remise d'un document. Insoweit trifft das zuvor Gesagte zu. Ferner kann aber nach Art. 470 der Erpresser abnötigen „des fonds, valeurs, objets mobiliers, billets, promesses, quittances". Das abgenötigte Verhalten wird nicht näher bestimmt, jene Sachen können also gewaltsam entzogen werden.

Wie § 253 R.St.G.B. hat die österreichische Gesetzgebung die Frage offen gelassen, ob durch Erpressung auch rein physisch ein Verhalten abgenötigt werde. Für Bejahung der Frage spricht eine Würdigung der Nötigungsmittel (Gewalt, Entwurf von 1874, § 257; Entwurf von 1889, § 258, Entwurf von 1891, § 27 — bzw. Gewalt gegen eine Person — St.G.B. § 98 lit. b; Entwurf von 1909, § 355). Für Verneinung spricht die Bezeichnung des abgenötigten Verhaltens als Handeln, Dulden und Unterlassen. Indessen ist es denkbar, daß die Gesetzgebung Dulden und Erdulden verwechselt hat; mithin kann die Frage nicht unbedingt verneint werden.

Ganz anders liegen die Verhältnisse beim niederländischen und russischen St.G.B., ferner beim schweizerischen Entwurf von 1908. Auch diese Bestimmungen kennen Erpressung durch Gewalt. Indessen ist es undenkbar, daß das abgenötigte Verhalten nicht durch einen Entschluß verwirklicht werde. Jene Gesetzesstellen müssen also unter Gewalt die sog. vis compulsiva verstehen, es wird mithin der einfachen Drohung die durch Gewalt zum Ausdruck gebrachte gegenüber gestellt.

So nötigt der Erpresser nach § 590 des russischen Strafgesetzbuches den Betroffenen, „à ceder un droit sur ses biens ou à conclure toute autre convention désavantageuse relative à ses biens“ [1]). Ein Vertragsabschluß setzt stets einen Entschluß voraus, und wenn der Erpresser ihn abnötigt „en usant pour cela de violence ou de menaces punissables ou en occasionant des lésions corporelles“, sind Gewalt oder Körperverletzung Begleiterscheinungen der Drohung. Daß § 590 der menace punissable die in besonders roher Form geäußerte Drohung an die Seite stellt, findet seine besondere Rechtfertigung in dem geringen Umfang, in welchem nach § 510 [2]) die Drohung strafbar ist.

Ähnliches trifft zu beim Art. 317 des holländischen St.G.B. Der Erpresser nötigt durch Gewalt oder Drohung mit Gewalt zur Herausgabe einer Sache oder zum Abschluß eines verpflichtenden oder eines eine Forderung erlassenden Rechtsgeschäftes. Nicht nur zum Abschluß eines derartigen Vertrages, auch zur Herausgabe kann allein psychisch genötigt werden.

Schon der schweizerische Entwurf von 1894 forderte nach seiner französischen Fassung unbedingt die Abnötigung einer Entschlußverwirklichung. Der Betroffene sollte genötigt werden, „à accorder un avantage illicite“ (Art. 74). Die deutsche Fassung sprach dagegen nur allgemein von der Abnötigung eines Vorteils. (So auch Entwurf von 1903, Art. 91.) Im deutsch verfaßten Vorentwurf von 1908 hat Art. 91 die Möglichkeit rein physischer Nötigung definitiv abgeschnitten. Der

---

[1]) Nach der französischen Übersetzung von Eberlein, Paris 1906.

[2]) Drohung mit Mord, Freiheitsberaubung, gewaltsamen Angriff aufs Leben, Brandstiftung und Explosion.

Betroffene wird genötigt, „einen Vermögensvorteil zu gewähren oder zu überlassen". Zum Gewähren oder zum Überlassen kann aber nur vi compulsiva und nicht vi absoluta genötigt werden. Das Gesagte trifft in vollem Umfange zu für die Definition der Erpressung durch Art. 552 des New-Yorker StGB.: „Extortion is the obtaining of property from another, with his consent, induced by a wrongful use of force or fear or under colour of official right."

Nach § 266 des norwegischen StGB. zwingt der Erpresser durch rechtswidriges Verhalten oder durch Drohung mit einem solchen einen Anderen zur Vornahme bestimmter Handlungen. Da jedes Handeln Entschlußverwirklichung ist, darf unter nötigendem rechtswidrigem Verhalten nicht nötigende Gewalt, noch Anwendung sonstiger Lähmungs- oder Hinderungsmittel verstanden werden.

Während bei den zuletzt genannten Gesetzgebungen nur aus der Würdigung des abgenötigten Verhaltens die Unmöglichkeit physischer Nötigung folgte, finden sich im Bereich des englischen Rechtes Bestimmungen, bei denen schon die Nötigungsmittel gegen die Möglichkeit physischer Nötigung sprechen. Es beginnt die Legaldefinition der „extortion" durch Art. 383 des Indian penal code mit den Worten: „whoever intentionally puts any person in fear ... and thereby induces the person so put in fear ... etc." Ganz entsprechend fängt sect. 322 des amerikanischen Entwurfs von 1901 an: „whoever intentionally puts a person in fear... and thereby dishonestly causes the person so put in fear to... etc."

II. Soweit sich in der fremdländischen Gesetzgebung Erpressung durch physische Nötigung findet, wird vorwiegend die Gewalt ausschließlich als Nötigungsmittel bezeichnet. Nur vereinzelt ist diese Schranke durchbrochen. Als Mittel zu physischer Nötigung kennen die meisten Gesetze nur Drohung. Indessen ist auch diese Beschränkung mehrfach aufgegeben worden.

Wie die deutsche und österreichische Gesetzgebung bezeichnet Art. 470 das italienischen StGB. die „violenza" als Mittel zu physischer Nötigung. Es kommt auf das Gleiche heraus, wenn nach Art. 400 des Code pénal français der Erpresser durch „force" oder „violence" physisch nötigen kann. Nach herrschender Lehre sind die beiden Begriffe synonym. Wenn Malvezy[1]) zu unterscheiden sucht, je nachdem die Gewalttätigkeit (violence) strafbar war oder nicht (force), so bestreitet auch er nicht, daß nach Art. 400 der Erpresser nur durch Gewalt (sie mag an sich strafbar sein oder nicht) physisch zu nötigen vermag.

Dagegen hat Art. 483 des belgisehen StGB., wie etwa § 12 des deutschen Vorentwurfs, der Gewalt eine erweiterte Bedeutung gegeben. „Par violence la loi entend les actes de contrainte physiques exercés sur les personnes." In freier, sinngetreuer Übersetzung besagt dieser Satz: „Das Gesetz versteht unter Gewalt alle physisch nötigenden körperlichen (exercés sur) Eingriffe".

Alle übrigen außerdeutschen Gesetze kennen, wie dargetan wurde, die Gewalt nur als Begleiterscheinung physischer Nötigung.

Es war in den ersten Teilen der Arbeit ausführlich nachgewiesen, daß die Drohung zwar das praktisch bedeutsamste, keineswegs aber das einzige Mittel physischer Nötigung wäre. Genötigt wird vielmehr durch jedes Erregen einer Gefahrvorstellung, sei es durch wirkliches Gefährden, sei es durch arglistige Täuschung. In diesem vollen Umfange haben mehrere Gesetzgebungen den Begriff der Nötigung dem Tatbestande der Erpressung zugrunde gelegt. Nicht ausschließlich durch Drohung müßte der straffällige Erpresser nötigen, es genügt, wenn dies durch Furchterregung schlechthin erfolgte.

Die entscheidenden Worte im Indian Penal Code, Sect. 383 lauten: „whoever intentionally puts any person in fear ... and thereby induces the person ... to"; und ganz entsprechend ist sect. 322 des amerikanischen Entwurfs gefaßt. Auch das St.G.B. von New York, sect. 552 läßt bei der Erpressung psychische Nötigung zu: „by a wrongful use of fear". Im italienischen St.G.B. Art. 409 heißt es im gleichen Zusammenhang: „Chiunque incutendo in qualsiasi modo timore ... constringe alcuno a ... Das belgische St.G.B. definiert endlich die „me-

[1]) Malvezy: Essai sur le crime d'extorsion, S. 73/74.

nace", durch welche der Erpresser nach Art. 470 nötigen kann, im Art. 483 als „tous les moyens de contrainte morale par la crainte d'un mal (imminent)".

Nicht ganz soweit wie die zuletzt erwähnten Bestimmungen geht § 266, Abs. I des norwegischen St.G.B. Nach diesem wird eine Handlung, d. h. eine Entschlußverwirklichung abgenötigt „durch rechtswidriges Verhalten oder durch Drohung mit einem solchen". Psychisch genötigt wird unter Erregung einer Gefahrvorstellung durch wirkliches Gefährden oder durch arglistige Täuschung. Das arglistige Täuschen kann jedenfalls im Sinne des § 266 I kein rechtswidriges Verhalten sein, denn es kann nicht angedroht werden. Dagegen läßt sich jede Gefährdung androhen. Demnach muß unter nötigendem rechtswidrigem Verhalten ein nötigendes Gefährden verstanden werden. Die nötigende Drohung kann natürlich ehrlich oder unehrlich gewesen sein. Der § 266 I bestimmt also im Gegensatze zu den zuvor angeführten Texten die Nötigungsmittel insofern enger, als nicht auch dann durch Furchterregung im Sinne der Erpressung genötigt werden kann, wenn eine Gefahr vorgespiegelt wurde, die nicht im Schädigungsentschluß des Erpressers begründet war.

III. Fordert eine Gesetzgebung, daß die psychische Nötigung durch Drohung erfolge, so kann sie den Begriff der Drohung weiter auch inhaltlich beschränken. Von dieser Möglichkeit ist bei der Bildung des Grundtatbestandes der Erpressung Gebrauch gemacht worden. Jedoch der Mehrzahl der Gesetze nach entspricht, wie im deutschen Recht, jede rechtswidrig nötigende Drohung dem Tatbestande der Erpressung. Der Inhalt der Drohung ist verschieden je nach der Art der angekündigten Verletzung, sodann nach der Intensität der Gefahr.

Eine bestimmte Art der Verletzung muß nach Art. 317 des holländischen St.G.B. die Drohung in Aussicht stellen. Die Nötigung muß erfolgen: „door geweld of bedreiging niet geweld." Noch weiter geht § 590 des russischen St.G.B. mit seiner Forderung, daß die angewandte Drohung, wenn sie nicht durch Gewalt zum Ausdruck kam, strafbar sei. Strafbar macht sich aber durch Drohung gemäß § 510 „celui qui aura menacé une personne ou quelconque des membres de la famille de cette personne de mort ou de privation de liberté, d'attentat violent à la vie, ou qui l'aura menacé soit incendier ses biens ou ceux de sa famille, soit de causer l'explosion ou l'incendie de ses dits biens." Ferner ist es eine inhaltliche Beschränkung, wenn § 98 lit. b des österreichischen StGB. verlangt, daß die angedrohte Verletzung an Körper, Freiheit oder Eigentum gegen den Bedrohten, dessen Verwandte oder andere seinem Schutze unterstellten Personen gerichtet sein muß. Zu diesen Personen gehört beispielsweise nicht der Freund. Nach italienischem Recht ist der einen oder der anderen der beiden Erpressungsformen (Art. 407 und 409) Genüge geleistet, wenn die Drohung sich wandte „alla persona, all' onore o agli averi". Gegen Interessen anderer Art kann also die erpresserische Drohung nicht gerichtet sein; so kann z. B. der Tatbestand des Art. 407 oder 409 nicht durch die Drohung, die Zustimmung der Eltern zu einem Verlöbnis zu hintertreiben, erfüllt werden. Ähnliches gilt vom § 355 des österreichischen Entwurfs von 1909. Die erpresserische Drohung muß entweder gerichtet sein gegen Körper, Freiheit, Vermögen oder Ehre oder eine strafgerichtliche Anzeige oder die Offenbarung eines Geheimnisses in Aussicht stellen.

Eine besonders schwere Drohung fordert für den Regelfall der schweizerische Entwurf von 1908, Art. 91; nur die Drohung, ein Geheimnis zu offenbaren braucht nicht „schwer" zu sein [1]). Entsprechend setzt das italienische Recht in Art. 407 voraus, daß die Drohung einen schweren Schaden (minaccia di gravi danni) in Aussicht stelle.

In gleicher Weise kann das Gesetz die Nötigungsmittel inhaltlich beschränken, wenn durch jede Art der Furchterregung genötigt werden kann. So fordert Art. 409 des italienischen St.G.B., daß die Nötigung erfolge „incutendo timore di gravi danni." Nach belgischem Recht muß sich die nötigende Furcht auf ein mal imminent beziehen (Art. 483 in Verbindung mit 470). Die Bedeutung des Wortes mal imminent ist zwar bestritten; für die einen ist es ein Übel, dem der Bedrohte

[1]) Daß freilich der Art. 91 so verstanden zu ganz unglücklichen Resultaten führt, wird später gezeigt werden.

nicht widerstehen kann, für die anderen ein solches, das nahe bevorsteht — indessen wird jedenfalls eine besonders intensive Gefahr gefordert [1]).

§ 4.

Die Erpressung als Vermögensdelikt im außerdeutschen Recht.

I. Durch das abgenötigte Verhalten beeinträchtigt der Erpresser das rechtlich geschützte Vermögen des Verletzten. Im Gegensatz zum § 253 des R.St.G.B., dem § 98 lit. b des österreichischen St.G.B., den österreichischen und schweizerischen Entwürfen, dem § 266 des norwegischen St.G.B. fordern die romanischen Rechte, das niederländische, russische, anglo-indische Strafgesetz ein ganz bestimmt umschriebenes Verhalten.

Nach § 98 lit. b des österreichischen Strafgesetzes kann das abgenötigte Verhalten eine „Leistung, Duldung oder Unterlassung" irgendwelcher Art sein. Die österreichischen Entwürfe haben die Formel des § 253 R.St.G.B. übernommen. Der schweizerische Entwurf von 1908 spricht in Art. 91 von „gewähren" oder „überlassen". Daß dieses auf bestimmte Weise erfolge, etwa durch Tradition oder Rechtsgeschäft wird nicht gefordert. Nach norwegischem Recht muß der Erpresser eine „Handlung" (§ 266 I) abnötigen.

Dagegen muß nach § 590 des russischen St.G.B. der Erpresser den Bedrohten nötigen: „à céder un droit sur ses biens ou à conclure toute autre convention désavantageuse." Nach französischem Recht besteht das vermögensbeeinträchtigende Verhalten in der Unterzeichnung oder Übergabe von Rechtstiteln (Art. 400 § 1) bzw. von vermögenswerten Sachen (Art. 400, § 2). Soweit Wertpapiere in Frage stehen, vertritt Art. 470 des belgischen St.G.B. den gleichen Standpunkt, dagegen ist die Abnötigung beweglicher Sachen nicht auf die „remise" beschränkt. Entsprechend ist das italienische Recht zu verstehen. Die Vermögensschädigung hat entweder durch Aushändigung, Unterschrift oder Zerstörung rechtlich erheblicher

---

[1]) Vgl. Nypels et Servais: Le code pénal belge Tome III, S. 495 und 538 f.

Urkunden zu erfolgen (Art. 407) oder durch jede Art der Preisgabe beweglicher Sachen (Art. 409: „a mandare, depositare o mettere a disposizione"). Dawider ist nach holländischem Recht (Art. 317) die Sachabnötigung auf die Herausgabe (afgifte) beschränkt; abgesehen davon muß zu einem verpflichtenden Rechtsgeschäft oder zu Schulderlaß genötigt werden. Nach sect. 383 des Indian Penal Code hat das vermögensschädigende Verhalten im Herausgeben (deliver) von Sachen oder rechtlich bedeutsamer Urkunden zu bestehen.

II. Das derart vermögensschädigende Verhalten muß nach deutschem Recht zu einer Vermögensverschiebung führen. Den gleichen Standpunkt vertritt eine Reihe außerdeutscher Rechte. Die österreichischen Entwürfe von 1874—1891 lehnen sich wörtlich an den § 253 des R.St.G.B. Der § 355 des Entwurfs von 1909 bringt keine sachliche Änderung („Wer, um sich oder einem Dritten einen unberechtigten Vermögensvorteil zuzuwenden, nötigt"). Die Fassung des deutschen Rechtes kehrt ferner wieder in den Art. 317 und 318 des holländischen St.G.B. („om sich of een ander wederrechtlyk to bevordeelen") und im § 266 des norwegischen Gesetzes („in der Absicht, sich oder einem Anderen dadurch einen unberechtigten Gewinn zu verschaffen"). Entsprechend nötigt der Erpresser gemäß Art. 91 des schweizerischen Entwurfs den Bedrohten „ihm oder einem anderen einen Vermögensvorteil zu versprechen". Auch die §§ 590 und 615 des russischen St.G.B. sind wohl richtig dahin zu verstehen, daß der erstrebte Vorteil die Kehrseite des vermögensschädigenden Rechtsgeschäftes darstellt, zu welchem der Bedrohte genötigt wird. Dagegen ist nach den romanischen Gesetzen und den englischen Töchterrechten der Erpressung die Vermögensverschiebung nicht wesentlich.

Der Tatbestand der Erpressung wird nach Art. 400, § 1 des Code pénal français erfüllt, wenn die Unterschrift oder Herausgabe der Urkunde erfolgt und gemäß Art. 400, § 2, sobald die dort bezeichneten Wertsachen überliefert sind. Indessen braucht derartiger Vermögensschädigung keine Vermögensforderung zu entsprechen. Die Abnötigung schädigender Unterschrift kann ein bloßes Rachebegehren befriedigen. Die Wertsachen können zu anderweitiger Zerstörung herausgegeben sein. Das Gleiche gilt vom Art. 470 des belgischen St.G.B. und den Art. 407 und 409 des italienischen Gesetzes. Daß einer Sachübergabe keine Vermögensverschiebung zu entsprechen braucht, ist ferner bei sect. 383 des Indian Penal Code und sect. 322 des amerikanischen Entwurfs zu beachten.

III. Nach dem Vorbilde des deutschen Rechtes ist die Erpressung gemäß den österreichischen Entwürfen mit der Abnötigung des Handelns, Duldens oder Unterlassens beendet. Dieses Verhalten braucht keine Vermögensdisposition zu sein, noch weniger sich als Vermögensschädigung darzustellen. Anders das norwegische Gesetz und der schweizerische Entwurf, dann alle Gesetze, nach denen zur Vollendung die Herausgabe von Wertsachen verlangt wird.

In Übereinstimmung mit den deutschen Entwürfen von 1909 ist nach § 266 des norwegischen St.G.B. zur Vollendung Eintritt einer Vermögensschädigung erforderlich. Gemäß Art. 91 des schweizerischen Entwurfs von 1908 hat bei vollendeter Erpressung der Genötigte den Vorteil „gewährt" bzw. „überlassen". Soweit im französischen, belgischen, niederländischen, italienischen, weiter im anglo-indischen Strafgesetz zur Vollendung Herausgabe wertvoller Sachen gefordert wird, ist die Erpressung Vermögensverletzungsdelikt.

Dagegen ist sie das nicht unbedingt, soweit sie im französischen, belgischen, niederländischen, italienischen und russischem Rechte durch Abnötigung einer Vermögensdisposition vollendet sein kann. Der Unterzeichnung oder Herausgabe einer Urkunde [1]), der Zerstörung einer solchen [2]), dem verpflichtenden oder schulderlassenden Rechtsgeschäft [3]), dem vermögensrechtlich bedeutsamen Vertragsabschluß [4]) kann eine Vermögensschädigung entsprechen, indessen kann sie auch erst eine weitere Folge jenes Rechtsakts sein, welcher, für sich genommen, das Vermögen nur gefährden würde. Im Sinne des russischen Strafgesetzes ist das ab-

[1]) Code pénal français, Art. 400. — Code pénal belge, Art. 470.

[2]) Codice penale italiano, Art. 407.

[3]) Holländisches Strafgesetzbuch, Art. 317.

[4]) Russisches Strafgesetzbuch, § 590.

genötigte Verhalten stets eine Vermögensdisposition. Dessen § 590 nimmt also genau eine Mittelstellung zwischen dem § 253 R.St.G.B. und dem § 266 des norwegischen Strafgesetzes ein: das deutsche Recht fordert zur Vollendung nicht einmal Abnötigung einer Vermögensdisposition, nach russischem ist sie wesentlich und das norwegische erheischt, daß durch die vollendete Erpressung das Vermögen verletzt sei.

IV. In Übereinstimmung mit dem § 253 R.St.G.B. kennen die meisten fremden Gesetze keinerlei Beschränkung hinsichtlich der Person des durch Erpressung an seinem Vermögen Geschädigten. Eine Ausnahme bilden vornehmlich die §§ 590 und 615 des russischen, dann Art. 317/318 des holländischen und § 266 des norwegischen Gesetzes. Nach russischem Recht muß gerade der Genötigte an seinem Vermögen geschädigt werden. Er wird nach § 590 durch den Drohenden gezwungen, à céder un droit sur ses biens ou à conclure toute autre convention désavantageuses relative à ses biens." Für den Fall des § 615 muß der Bedrohte bereit sein, „à céder ses biens ou un droit sur ses biens". Im holländischen Recht nötigt der Erpresser entweder zur Herausgabe einer Sache oder zum Abschluß eines Rechtsgeschäftes auf Eingehen einer Verpflichtung bzw. auf Schulderlaß. Letzteres Rechtsgeschäft kann aber nur das Vermögen des Genötigten oder einer Person beeinträchtigen, für die jener zu handeln berechtigt ist. Diese Beschränkung hat auch § 266 des norwegischen St.G.B. aufgenommen: der Erpresser nötigt jemanden zu einer Handlung, „durch welche dieser Person oder einer anderen, für die sie handelt, ein Vermögensverlust zugefügt wird."

V. Nach deutschem Recht ist die Erpressung Vermögensdelikt; die außerdeutsche Gesetzgebung steht grundsätzlich auf demselben Standpunkte. Indessen haben einzelne Bestimmungen diesen Grundsatz nicht konsequent durchgeführt. Soweit sie nämlich besonders des Falles gedenken, daß durch Erpressung eine Sache abgenötigt wird, ist in der Regel nicht betont, daß selbige Vermögenswert haben müsse. Die Erpressung wird also in diesen Fällen aus einem Vermögensdelikt zu einem Eigentumsdelikt, wie Diebstahl, Raub nach deutschem Rechte. So nötigt nach sect. 383 des Indian Penal Code der Erpresser den Betroffenen, „to deliver to any person any property or valuable security. Das Gleiche gilt vom amerikanischen Entwurf, sect. 322. Die sect. 552 des New-Yorker StGB. definiert die „extortion" ausdrücklich als „obtaining of property". Nach Art. 470 des belgischen St.G.B. genügt zur Erpressung die Abnötigung von „objets mobiliers" schlechthin. Die Doktrin hat daraus den Schluß gezogen, daß es zwischen derartiger Sacherpressung und gewaltsamen Diebstahl keinen Unterschied gebe [1]). Der Fassung des belgischen Rechtes ist die des Art. 409 im italienischen St.G.B. verwandt; genötigt wird zur Preisgabe von „danaro cose o atti che importino qualsiasi effetto giuridico". Soweit die Erpressung nach Art. 317 und 318 des holländischen St.G.B. durch Abnötigung einer Sache begangen werden kann, ist nur erforderlich, daß diese ganz oder zum Teil im Eigentum des Genötigten oder einer dritten Person stehe.

Diese Bestimmungen stellen also die Sachabnötigung schlechthin der Sacherpressung gleich. Unter Sacherpressung ist vermögensschädigende Sachabnötigung zu verstehen [2]). Eine derartige Erweiterung des Erpressungsbegriffes ist aber nur in verschwindenden Fällen von praktischer Bedeutung, da regelmäßig die so dem Erpressungsbegriff unterstellte Sachabnötigung auch Sacherpressung sein wird.

Im Gegensatz zum verwandten belgischen und italienischen Recht hat Art. 400 § 2 des Code pénal français nur die vermögensschädigende Sachabnötigung, im Sinne unserer Definition die Sacherpressung, dem Begriff der „extorsion" subsummiert. Der Erpresser nötigt zur Herausgabe nicht von „objets mobiliers" schlechthin, sondern von „fonds ou valeurs".

Soweit die erwähnten Gesetze die Sacherpressung zur Sachabnötigung erweitern, ist erstere gemäß § 2 dieses Kapitels verhüllt geregelt. Es gilt hier alles in jenem Zusammenhange über die Vermögenserpressung im italienischen Rechte Gesagte.

---

[1]) So Nypels et Servais: a. a. O., Band 3, S. 491, verbunden mit S. 489.

[2]) Hierzu Frank a. a. O. S. 2.

Kapitel II.

Die geschichtliche Entwickelung der Erpressung als rechtswidrige Vermögensverletzung.

§ 1.

Die Erpressung im römischen Recht.

I. Die Beziehung des geltenden deutschen Rechtes zu den Bestimmungen der ausländischen Gesetzgebung über die Voraussetzung der Rechtswidrigkeit der Erpressung wird vornehmlich auf Grund geschichtlicher Nachweise verständlich. Die Rechtsvergleichung kann Verschiedenheit in der Gesetzgebung der verglichenen Staaten nur konstatieren, die Rechtsgeschichte dagegen lehrt die einzelnen Regelungen als Stadien einer zu einem bestimmten Ziele drängenden Entwickelung erkennen. Der für das deutsche Recht bedeutsame Entwickelungsgang führt vom römischen Recht durch die mittelalterliche und gemeinrechtliche Periode zur Partikulargesetzgebung des 19. Jahrhunderts. Damit sind die Voraussetzungen für das Verständnis der heutigen deutschen und außerdeutschen Rechtslage an die Hand gegeben.

II. Im Gegensatz zur eingehenden, wenn auch nicht ausgeglichenen[1]) Regelung der zivilistischen Folgen der Vermögensabnötigung ist der Begriff der strafbaren Erpressung über eine kasuistische Kennzeichnung in den römischen Rechtsquellen nicht hinausgeführt worden.

„Die rechtswidrige Vergewaltigung erscheint als selbständiger Rechtsbegriff in der ursprünglichen römischen Rechtsordnung nicht"[2]). Die metus des Handelnden „als die Willensbestimmung maßgebend beeinflussende Angst vor einem drohenden Übel[3])" wird von dem älteren Recht weder als Ausschließungsgrund der Zurechnung anerkannt[4]), noch werden entsprechende Rechtsmittel gegeben[5]). Erst gegen Ende der Rupublik stellte

[1]) Darüber ausführlich: Brinz, Lehrbuch der Pandekten, Band 4, Aufl von Lotmar, S. 66—95.

[2]) Theodor Mommsen, Römisches Strafrecht, S. 653.

[3]) Moritz Voigt, Die XII Tafeln, Band 1 S. 424.

[4]) Ebenda S. 423.

[5]) Ebenda S. 424, Anm. 26.

der Prätor eine actio quod metus causa auf und gab eine exceptio quod metus causa, falls aus dem erzwungenen Rechtsgeschäft Klage erhoben ward[1]); überdies wurde schon seit älterer Zeit eine in integrum restitutio propter metum gewährt[2]). Über die Voraussetzungen, unter denen sie gewährt wurde, sind die Quellen zu keinem einheitlichen Standpunkt gelangt. So sagt Ulpian[3]): „si quis in furto vel adultero deprehensus vel in alio flagitio, vel dedit aliquid, vel se obligavit, Pomponius libro vicesimo octavo recte scribit, posse eum ad hoc edictum[4]) pertinere." Dagegen behauptet Paulus im gleichen Titel[5]): „si mulier contra patronum suum ingrata facta sciens se ingratam, cum de suo statu periclitabatur, aliquid patrono dederit vel promiserit, ne in servitutem redigatur: cessat edictum, quia hunc sibi metum ipsa infert." Dieser sehr beachtliche Schlußsatz — quia hune sibi metum ipse(a) infert — würde, auf l 7 § 1 eod. bezogen, Ulpian genau zum entgegengesetzten Schluß geführt haben[6]).

III. Der Deliktsbegriff der strafbaren Erpressung ist ein Produkt der späteren Kaiserzeit. Seit dem 2. Jahrhundert wird die concussio neben dem crimen repetundarum pecuniarum als selbständiges Delikt aufgefaßt[7]). Während der früheren Rechtsperioden konnte die Erpressung nur bestraft werden, insoweit sie durch andere Verbrechen gedeckt wurde[8]). Die

---

[1]) Dernburg, Pandekten, 2. Aufl. Band 1, S. 238.

[2]) Über das Verhältnis der in integrum restitutio zu der bezeichneten Rechtsbehelfen vgl. Puchta, Kursus der Institutionen, Band 2, 6. Aufl. S. 192 ff. — Savigny, System des heutigen römischen Rechts, Band 3, S. 104. — Windscheid-Kipp, Lehrbuch des Pandektenrechts, 9. Aufl. Band 1, S. 593.

[3]) l. 1, § 1. D. quod metus causa gestum erit, IV, 2.

[4]) l I. D. eod. tit. praetor „Quod metus causa gestum erit, ratum non habebo."

[5]) l. 21 pr. D. eod.

[6]) Mithin ist es nicht angängig mit Dernburg, Pendekten, Band 1, 2. Aufl. S. 238, Anm. 13. den Gegensatz zwischen l.7 § 1 und l. 21 durch die Behauptung zu heben „im ersten Fall liegt eine Unsittlichkeit vor, im zweiten nicht." Die Prämisse „quia hunc sibi metum ipse(a) infert, muß beide Male gelten oder überhaupt nicht.

[7]) Über die Beziehung der concussio zum crimen repetundarum ausführlich Mommsen a. a. O. S. 705 ff.

[8]) Vgl. unter dem vorliegenden Gesichtswinkel die Ausführungen Mommsens a. a. O. S. 652 ff. über die Ausgestaltungen des crimen vis (insbes. S. 656).

einzigen Bestimmungen über die concussio lauten: 1) „Si simulato praesidis jussu concussio intervenit, ablatum eiusmodi terrore restitui praeses provinciae iubet et delictum coercet.“ [1]) 2) „Concussionis iudicium publicum non est[2]): sed si ideo pecuniam quis accepit, quod crimen minatus sit, potest iudicium publicum esse ex senatusconsultis, quibus poena legis Corneliae teneri iubentur, qui in accusationem inocentium coierint quive ob accusandum vel non accusandum, denuntiandum vel non denuntiandum testimonium pecuniam acceperit.“ [3])

IV. Aus den angeführten Texten wäre folgendes zu entnehmen: 1) Die concussio wird als ein einheitlicher Verbrechensbegriff aufgefaßt, dessen Essentialien indessen noch nicht einheitlich geklärt sind[4]); 2) im Regelfall wird die concussio als crimen extraordinarium betrachtet, allein bei Vermögensabnötigung durch Androhung ungerechtfertigter Kriminalklage soll die ordentliche Strafe[5]) der lex Cornelia de falsis[6]) Anwendung finden; 3) die Betrachtung steht vor rudimentären Anfängen strafrechtlicher Begriffsbildung. Als gemeinsames Merkmal der Konkussionsfälle ist Androhung eines rechtswidrigen Verhaltens anzunehmen — indessen ist es noch ein weiter Weg zur völligen Klärung des Erpressungsbegriffes [7]).

§ 2.

Die Erpressung im mittelalterlichen und gemeinen Recht.

I. Erst die Gedankenarbeit der mittelalterlichen und gemeinrechtlichen Juristen hat aus den römischrechtlichen Ansätzen geklärte Definitionen der Erpressung entwickelt.

---

[1]) Mithin poena extraordinaria.

[2]) Vgl. Mommsen a. a. O. S. 717, Anm. 4.

[3]) Dig. de concussione 47, 13.

[4]) Beweis: Macer: concussionis iudicium publicum non est.

[5]) Mommsen a. a. O. S. 670.

[6]) Ebenda S. 679.

[7]) So begreift es sich, wenn Rosthirt, Geschichte und System des deutschen Strafrechts, Band 2, S. 130 für das römische Recht den Verbrechensbegriff der Erpressung überhaupt in Abrede stellt. Dagegen Glashoff a. a. O. S. 6 Vgl. auch Köstlin, Abhandlungen aus dem Strafrecht, S. 408. Anm. 2.

Dem germanischen wie dem älteren deutschen Strafrecht war der Begriff der Erpressung unbekannt. Weder die Volksrechte[1]) noch spätere Rechtsbücher und Gesetze, wie Sachsenspiegel und Carolina kennen das Delikt. Die Drohung gehört nicht zu den Merkmalen des Raubes[2]). Diese Lücke ist um so bemerkenswerter, als das ganze Mittelalter hindurch die Klage über Mißbräuche, welche dem Begriff der Erpressung zu subsumieren sind, nicht aufhören[3]).

Das kanonische Recht hat in Anlehnung an die römischen Fragmente die Erpressung als Amtsdelikt aufgefaßt. Schon das ökumenische Konzil von Konstantinopel (869) stellte Strafsatzungen gegen Erpressung von Einkünften seitens der Erzbischöfe gegen die Suffragane auf[4]). Gratian gibt c. 128 C I qu. 1 die zitierte l. 2 D. 47, 13 wörtlich wieder. Das 4. Laterankonzil verbreitet die Extorsion übermäßiger procurationes und servitia von Seiten der Prälaten gegen Untergebene[5]). Das Konzil von Vienna droht die excommunicatio latae sententiae an[6]), „ne praetextu officii inquisitionis (sc. haereticae pravitatis) quibusvis modis illicitis ab aliquibus pecuniam extorqueant[7]).

II. Es ist das Verdienst der spätmittelalterlichen und gemeinrechtlichen Juristen, derartige Einzelfälle der Erpressung durch Amtsmißbrauch mit den römischen Fragmenten in organische Verbindung gesetzt und somit für die begriffliche Klärung

---

1) Vgl. Wilde, Germanisches Strafrecht, 1842, S. 794 und (zum Raubbegriff) S. 910.

2) Brunner, Deutsche Rechtsgeschichte, Band 2, S. 647. — In Betreff des Sachsenspiegels Friefe, Strafrecht des Sachsenspiegels, S. 255. — Vgl. auch Bambergensis Art. 151, Carolina Art. 126.

3) Einige interessante Beispiele bieten Knapp, das alte Nürnberger Kriminalrecht, S. 155 — Zechbauer, das mittelalterliche Strafrecht Siciliens, S. 151. — R. Schmidt, Aufgaben der Strafrechtspflege, S. 162.

4) Darüber mit Angabe der Belege Hinschius, Kirchenrecht, Band 5, S. 194; über die Behandlung des Delikts durch die kanonische Doktrin vgl. a. a. O. S. 832, Anm. 2.

5) Hinschius a. a. O. S. 194, Anm. 5

6) Ebenda S. 832, Anm. 1.

7) Clem. l. V, t. III de haer. c. II. — Über den Ausbau, welchen die Quellen im italienischen Statutarrecht erfahren haben, vgl. Kohler, Studien aus dem Strafrecht, Band 4, S. 474 ff.

den Grund gelegt zu haben. Typisch für den Entwickelungsgang sind die Ausführungen von Aretin (†1450), welche Geldabnötigung unter Androhung falscher Zeugenaussagungen oder falscher Anklage mit den entsprechenden Amtsmißbräuchen richterlicher Personen einheitlich dem Begriff der concussio subsumieren[1]). Ein weiteres Beispiel für den Fortgang der Begriffsentwickelung bietet die Darstellung des Tiberius Decianus, welchen der analoge Ausgangspunkt zur Definition führt: „proprie autem concussio dicitur per vim pecuniae extorsio".[2]) Von besonderer Bedeutung war für die Folgezeit die Definition von Donellus, nach der concussio bestimmt wird als id genus maleficii, cum metu potestatis propriae vel alienae aut iudicii futuri illicite iniecto aliquid extorquetur ab alio id agente, ut alicuius rei praestationem se eo metu liberet."[3]) Um die Berechtigung des Wortes „illicite" drehte sich der weitere Streit für die Klarstellung des Erpressungsbegriffes.

Etwa gleichzeitig mit Donellus definiert Cujaz die concussio als terror iniectus pecuniae extorquendae causa[4]). Das Bereich der möglichen Drohungen ist im Gegensatz zu Donell nicht mehr auf die den römischen Quellen entsprechenden Spezialfälle beschränkt; die Einschränkung durch das Adverb „illicite" ist aufgegeben. Den gleichen Gesichtspunkt vertreten die großen sächsischen Kriminalisten des 17. Jahrhunderts. Nach Carpzov „crimen concussionis appellatur, cum quis iudicii, magistratus, alicuiusve potestatis, quam habet metu aut alio terrore pecuniam extorquet"[5]). Entsprechend

---

[1]) Angeli Aretini De maleficiis tractatus, 1578: De crimine concussionis, S. 456.

[2]) Tiberius Decianus Utinensis, Tractatus criminalis, 1591, lib. VIII, S. 66. — Im Sinne des Textes ist „vis" als unrechtmäßiger Eingriff durch Androhung eines unerlaubten Verhaltens zu verstehen: a. a. O. S. 67, Nr. 24.

[3]) Donellus, Commentarii de iure civili, lib. XV, cap. 39

[4]) Jacobi Cuiacii opera, 1609, t. sec. pag. 69, XIII: „De concussione autem id est: de terrore iniecto pecuniae extorquendae causa est privata actio ex edicto de calumeiatoribus et ex hoc titulo extraordinarium crimen".

[5]) Benedictus Carpzovius, Practica nova, p. II, quaest. 90, Anm. 67.

ist nach Mathäus concussio nihil „aliud quam terror iniectus pecuniae vel rei alicuius extorquendae gratia.“[1])

III. An den Definitionen des Donell und Cujaz orientiert sich die weitere Theorie wie die Gesetzgebung. Die eine Reihe der Autoren folgt den Bahnen des Donell. Die concussio ist Vermögensabnötigung durch Androhung eines rechtswidrigen Verhaltens; für die Strafbarkeit wird in mehr oder weniger enger Anlehnung an die römischen Quellen das Inaussichtstellen bestimmt bezeichneter Handlungen gefordert. Die andere Richtung entspricht der Definition des Cujaz, indem sie den Erpressungsbegriff im wesentlichen so auslegte, wie der § 253 durch das Reichsgericht interpretiert wird. Die beiden Auffassungsweisen sind an den charakteristischen Definitionen aus dem 17., 18. und 19. Jahrhundert im folgenden näher zu kennzeichnen.

Zunächst ist auf Vertreter der von Donell verfochtenen Auffassung zu verweisen. So sagt Jodocus Damhouder[2]): „est autem concussio sub pretextu et titulo officii et dignitatis, cum aliquo de iustitia ferenda aut non ferenda aut male ferenda componere et cum eo foedus aliquod pecuniarum hac causa inire.“ Des weiteren ist concussio anzunehmen bei Abnötigungen seitens des Exekutionsbeamten. Dagegen unterscheidet Theodoricus[3]) mit der herrschenden Auffassung seiner Zeit[4]) zwischen concussio publica und privata. Wesentlich ist der concussio aber auch nach ihm ein „pecuniam extorquere indebite vexando.“ In bedeutend weiterem Umfange als Donell und seine Anhänger spricht Heils[5]) von strafbarer concussio. Nach ihm „concussionis crimen committitur, quando quis alteri pecuniae vel alterius rei extorquendae causa, e. g. simulato magistratus iussu iniuste terrorem iniicit. Dagegen hat Engan[6])

---

[1]) Mathaeus, Commentarius ad lib. XLVII et XLVIII Dig. 1702. Editio quarta. Lib. XLVIII, tit. VII.

[2]) Damhouder, Praxis rerum criminalium, 1600, S. 460.

[3]) Theodoricus, Indicium criminale practicum 1671, S. 1166.

[4]) Vgl. die Zitate bei Theodoricus S. 1166, Num. 10.

[5]) Chr. I. Heils, Iudex et defensor, 1717, S. 447/448. — Vgl. auch die verhältnismäßig sehr eingehenden Ausführungen vor Mathaeus Antonius Bassanus, Theorico-praxis criminalis, 1755, S 132, Nr. 156/169.

[6]) Engan, Elementa iuris criminalis, Editio nova, 1742, S. 281/282.

die Buchstaben e. g. wieder gestrichen; nach ihm „qui simulato officio aut magistratus iussu alicui terrorem incutit pecuniae vel alterius rei extorquendae gratia, concussionis reus est."[1] In entsprechender Beschränkung auf minae iuris definiert Koch[2]: „concussio involvit quemvis terrorem minis iuris iniuste incussum, pecuniae vel alicuius rei extorquendae causa." Ähnlich werden die Ausführungen Quistorps[3] auszulegen sein. Nach Meister[4] „concussionis crimen est pactum illicitum, quo terror alteri iniicitur, absque illata tamen vi, sub iuris specie aut praetextu ad aliquid ab eo extorquendum." Tillmann[5] will in der concussio nur den Mißbrauch einer Amtsgewalt erblicken. Dagegen fordert Feuerbach[6] allgemeiner „Erpressung eines Vorteils durch den Vorwand oder durch Bedrohung mit dem Mißbrauch eines Rechtes." Ebenso legt Roßhirt[7] die Quelle aus. Auch Abegg[8] formuliert: „Erpressung (concussio) heißt die Abnötigung eines Vorteils durch den betrüglichen Vorwand oder Mißbrauch einer zustehenden Gewalt." Dagegen trennt Bauer[9] zwischen Erpressung i. w. S. und i. e. S. oder Konkussion. „Erpressung im weiteren Sinne ist die Abnötigung eines Vorteils von einem Anderen durch rechtswidrige Bedrohung des-

[1]) Vgl. auch Kreß, Commentatio in CCC, 1730, S. 340.

[2]) J. Chr. Koch, Institutiones iuris criminalis, 1791. S. 563/565.

[3]) v. Quistorp, Grundsätze des deutschen peinlichen Rechts. 5. Aufl. 1794, T. 1, S. 285.

[4]) Meister, Principia iuris criminalis, 7. Aufl. 1828.

[5]) Tittmann, Handbuch der Strafrechtswissenschaft, Band 2, 2. Aufl. 1823, S. 49.

[6]) Feuerbach, Lehrbuch des peinlichen Rechts, 14. Aufl. von Mittermaier, S. 699; vgl. insbes. S. 702, Note VIII.

[7]) Roßhirt, Lehrbuch des Kriminalrechts, 1821, S. 530.

[8]) Abegg, Lehrbuch der Strafrechtswissenschaft, 1836, S. 300. Ferner genau so: Martin, Lehrbuch des Kriminalrechts, 2. Aufl. 1829, S. 474/475. — Marezoll, das gemeine deutsche Kriminalrecht, 3. Aufl. 1856, S. 511. Vgl. auch v. Grolman, Grundriß der Kriminalrechtswissenschaft, 4. Aufl. S. 316. — Selchow, Lehrbuch, 3. Aufl. S. 409.

[9]) Bauer, Lehrbuch der Strafrechtswissenschaft, 1827, S. 358, insbes. auch S. 359, Anm. 6. Nur insoweit Bauers Bezugnahme auf Carpzov gerechtfertigt, als beide den engen, durch die Fragmente des römischen Rechts gezogenen Rahmen durchbrechen.

selben mit Übeln". „Geschieht die Abnötigung insbesondere mittels Vorspiegelung oder Mißbrauch eines Rechts, so ist es Erpressung i. e. S. (concussio)." Bluhme[1]) hat dawider den Begriff der Erpressung auf Abnötigung unter Androhung eines Mißbrauches der Amts- oder Familiengewalt beschränkt.

Eine weitere Reihe von Autoren vertritt die Anschauung des Cujaz und nimmt von einer Beschränkung der Nötigungsmittel auf Androhung unerlaubten Verhaltens Abstand. So betont Wächter[2]), daß die Abnötigung von Geld durch Denuntiationsandrohung einem wirklich Ertappten gegenüber einen Hauptfall der Konkussion bilde. Henke[3]) führt den von Wächter angeregten Gedanken weiter aus und behauptet, daß sich der Erpressung „ein Jeder schuldig macht, der, um sich oder einem Dritten einen rechtswidrigen Vorteil zu erlangen, gegen eine Person Tätlichkeiten oder Drohungen anwendet und derselben dadurch eine Handlung abnötigt, wodurch ihr oder eines Dritten Vermögen beeinträchtigt wird"[4]). So ist auch nach Häberlin[5]) Erpressung, „wenn jemand außer dem Fall des Raubes einen Anderen durch Gewalt oder Drohungen zu einer Handlung, Duldung oder Unterlassung nötigt, um sich oder einem Dritten einen rechtswidrigen Vorteil zu verschaffen." Auf gleichem Standpunkte befinden sich die Ausführungen Köstlins[6]) und Temmes[7]).

Eine Art Mittelstellung nehmen die Darlegungen von Burkhardi[8]) und von Heffter[9]) ein. Ersterer erblickt in der

---

[1]) Bluhme, System des Strafrechts, 1854, S. 56.

[2]) Wächter, Lehrbuch des römisch-teutschen Strafrechts, T. 2, 1826, S. 47.

[3]) Henke, Handbuch des Kriminalrechts und der Kriminalpolitik, T. 3, 1830, S. 173/175. Siehe auch Cucumus, Archiv des Kriminalrechts N. F. 1834, S. 62.

[4]) Vgl. mit dieser für die 30er Jahre bemerkenswerte Definition die Reichstagsvorlage betr. Abänderung des § 253 R. St. G. B. von 1909.

[5]) Häberlin, Grundsätze des Kriminalrechts, Band 3, 1845, S. 421/422. Vgl. damit § 273 des Vorentwurfs und § 253 R. St. G. B.

[6]) Köstlin, Abhandlungen aus dem Strafrecht, S. 410.

[7]) Temme, Lehrbuch des gemeinen deutschen Strafrechts, S. 360.

[8]) Burkhardi, Archiv des Kriminalrechts, N. F. 1846, S. 298 u. 299.

[9]) Heffter, Lehrbuch des gemeinen deutschen Strafrechts, 1857, 6. Aufl. S. 290/291.

Androhung einer Rechtsausübung im Regelfalle **keinen psychologischen** Zwang, wohl aber in der Drohung mit **gerechtfertigter** Kriminalanzeige. Er erläutert seine Auffassung an **Fällen** der Chantage. Nach Heffter wird Konkussion begangen unter Androhung eines Nachteils, „welcher entweder aus der Anwendung öffentlicher Machtbefugnisse oder aus einer richterlichen Kriminalverfolgung entstehen kann."

IV. Überblickt man nunmehr den Stand der gemeinrechtlichen Literatur, so wird entweder zur Erpressung Androhung eines rechtswidrigen Verhaltens (spezieller Art oder generell) gefordert — oder es wird auf dieses Erfordernis verzichtet. Soweit die Autoren Gründe für derartige Erweiterung angeben, bestehen sie regelmäßig in der Erkenntnis der Notwendigkeit, die Chantage strafrechtlich zu treffen. Einzelne Schriftsteller stehen, gleicher Erwägung folgend, soweit die Androhung einer Kriminalklage in Frage kommt, von dem grundsätzlich von ihnen aufgestellten Erfordernis der Rechtswidrigkeit des angedrohten Verhaltens ab. Die Entwickelung der späteren Chantagegesetzgebung kündigt sich an.

§ 3.

Die Erpressung in der deutschen Partikulargesetzgebung des 19. Jahrhunderts.

I. In der zweiten Hälfte der fünfziger Jahre galt in den Einzelstaaten, abgesehen von Mecklenburg, Hamburg, Bremen, Lübeck, Schaumburg-Lippe und dem braunschweigisch-hannöverschen Unterharz, kodifiziertes Strafrecht. In ihm spiegeln die verschiedenen Erpressungstatbestände die Gegensätze der gemeinrechtlichen Literatur wieder. Die eine Gruppe fordert die Androhung eines unrechtmäßigen Verhaltens, während die andere hiervon absieht. Äußerlich betrachtet, wird letztere Auffassung entweder so formuliert, daß der Gesetzgeber zunächst von Drohungen bestimmten Inhalts spricht und dann eine clausula generalis hinzufügt, oder die Fassung entspricht der des heute geltenden Rechts. Typisch für die eine Art der Formulierung ist Art. 242 des bayerischen Strafgesetzes von 1813 [1]), welcher denjenigen wegen Erpressung bestraft, der „durch Furcht künftiger Mißhandlungen oder durch Bedrohungen mit Verleumdungen, Klagen oder Denuntiationen, mit Ablehnung oder Nichtablehnung eines Zeugnisses und mit anderen dergleichen beängstigenden Zudringlichkeiten sich einen rechtswidrigen Vorteil zu erpressen sucht" [2]). Ähnlich formulieren die Strafgesetzbücher für Sachsen-Altenburg [3]) (von 1841), Baden [4]) (von 1845) und andere thüringische Staaten [5]) (1850—1852). Charakteristisch für die zweite Art der Formulierung ist der Art. 282 des St.G.B. für das Königreich Sachsen [6]) von 1855 bzw. 1868. „Wer in der Absicht, sich oder einem Anderen einen Vermögensvorteil, auf den er keinen Anspruch hat, zu verschaffen, jemanden mit Nachteilen irgend einer Art zu einer Handlung, Duldung oder Unterlassung nötigt, macht sich der Erpressung schuldig." Zur gleichen Gruppe zählen die Gesetzbücher von Württemberg [7]) (von 1839), Braunschweig [8]) (von 1840), Hessen [9]) (Großherzogtum, von 1841) und Nassau [10]) (von 1849). Hingegen verlangen die Androhung eines unerlaubten Verhaltens Hannover [11]) (St.G.B. von 1840), Preußen [12])

---

[1]) Entsprechend Art. 303 des bayerischen St. G. B. von 1861.

[2]) Vgl. Art. 247 des oldenburgischen St. G. B. von 1814.

[3]) Art. 166; zugleich St. G. B. für das Königreich Sachsen von 1838.

[4]) Badisches St. G. B., §§ 417—429.

[5]) Thüringisches St. G. B., Art. 157.

[6]) Vgl. Krug, Kommentar zum sächsischen St. G. B. von 1855, S. 191. — v. Schwarze, Das königlich sächsische revidierte St. G. B. von 1868, S. 160.

[7]) St. G. B., Art. 314. — Hufnagel, Kommentar, Band 2, S. 298.

[8]) Art. 179; zugleich St. G. B. von 1843 für Lippe-Detmold. Vgl. auch den Entwurf von Strombeck von 1829 für ein St.G.B. für das norddeutsche Staatsgebiet, namentlich für das Herzogtum Braunschweig usw. Art. 538 und 539.

[9]) Art. 349; zugleich seit 1856 St. G. B. für Frankfurt.

[10]) Art. 342, wörtlich wie Hessen.

[11]) St.G.B., Art. 334. — Leonhardt, Kommentar, Band 2, 1851, S. 432ff. — Gans, Kritische Betrachtung eines St.G.B. für das Königreich Hannover, T. 2, S. 410.

[12]) § 234; nähere Entwicklungsgeschichte unten.

(Androhung eines Verbrechens oder Vergehens) und Waldeck[1]) (St.G.B. von 1851), Oldenburg[2]) (St.G.B. von 1858) und Anhalt-Bernburg[3]) (Androhung eines Verbrechens).

II. In denselben Extremen, welche durch diese gleichzeitigen partikularrechtlichen Regelungen vertreten werden, bewegt sich die sprunghafte Vorentwicklung der gedachten Gesetze. Auf einige markante Erscheinungen im Werdegang der nicht-preußischen Bestimmungen sei hier verwiesen.

Der Codex iuris bavarici criminalis subsummierte die für strafbar erachtete Erpressung dem Raube: „Gewaltsame Abnahme und Abnötigung, oder auch bedrohliche Abschröckung fremden beweglichen Guts, um Gewinns oder Vorteils wegen auf öffentlicher Straß oder anderwärts, wird mit dem Strang bestraft.“[4]) Aus diesem „über den gleichen Kamm scheren“ von Raub und Erpressung wird zu schließen sein, daß unter bedrohlicher Abschreckung rechtswidrige Nötigung und zwar im Sinne der Zeit Nötigung unter Androhung eines rechtswidrigen Verhaltens verstanden wird. Diesen noch von Feuerbach[5]) vertretenen Standpunkt hat das Gesetz verlassen, um die entgegengesetzte Auffassung zu vertreten „da auch andere Drohungen als die des Räubers auf den Betroffenen Eindruck machen können“ [6]).

Das oldenburgische Strafgesetz von 1814[7]) war der bayerischen Bestimmung gefolgt, um 1858 nach preußischem Vorbilde den entgegengesetzten Standpunkt zu vertreten, während sich das benachbarte Bremen dem preußischen Vorgang ent-

---

[1]) § 222 des St. G. B. für Waldeck-Pyrmont von 1855.

[2]) Art. 218 wie § 234 des preußischen St. G. B.

[3]) Stenglein, Sammlung der deutschen Strafgesetzbücher, 1858, Band 3 S. 116, Anm. 7.

[4]) Cod. iur. bavar. crim. 1751. T. 1, Kap. 2. § 19.

[5]) Feuerbach, Lehrbuch des gemeinen peinlichen Rechts, 14. Aufl. von Mittermaier, S. 697 ff. In Note VIII des Herausgebers heißt es „Ob man auch die Drohung mit einer an sich erlaubten Handlung als Erpressung treffen soll? Ja, nach Temme, Beiträge 1701.“

[6]) Anmerkungen zum St. G. B. für das Königreich Bayern 1813, nach den Protokollen des königlichen Geheimen Rats, S. 175. — Stenglein, Kommentar zum bayerischen St. G. B. von 1861, T. 2, S. 436

[7]) Art. 247.

gegenstellte, weil, — wie die Motive zum Entwurfe von 1861 besagen — „selbst die Androhung eines Verbrechens oder Vergehens unter Umständen viel weniger zwingend, daher weniger gefährlich sein kann, als die Androhung z. B. einer Alimentationsklage gegen einen angesehenen Mann und Familienvater auf Grund einer außerehelichen Schwängerung“ [1]).

Nach 1828 kamen in Württemberg bezüglich der Erpressung die gemeinrechtlichen Grundsätze, im Sinne Feuerbachs ausgelegt, zur Anwendung [2]), während sich der Entwurf von 1835 [3]) und das Gesetz von 1839 [4]) auf den entgegengesetzten Standpunkt stellten.

Sachsen folgte bis zum Beginn des 19. Jahrhunderts der von Carpzov und Mathäus vorgezeichneten Auslegung von Dig. 47,13 [5]). Auf Grund eines Königlichen Spezialreskriptes vom 10. August 1810 wurden gemäß Vorschlag des Geheimen Konsiliums [6]) die Leipziger Professoren Tittmann und Erhard mit der Abfassung eines Entwurfs für ein Strafgesetzbuch beauftragt. Der Tittmannsche Entwurf [7]) von 1813 bedeutet eine einseitige Stellungnahme nach der Auffassung des Cujaz; nach § 728 macht sich der Erpressung schludig, „wer einen Anderen durch die Drohung, ein gewisses Recht gegen ihn geltend zu machen, zu einer Leistung nötigt,“ während gleichzeitig Erhard die entgegengesetzte Anschauung vorschlägt und des Verbrechens der Abnötigung für schuldig erachtet, „wer einen Anderen ungerechter Weise ohne Gewalt, jedoch entweder durch erregte Furcht oder durch Mißbrauch der Überlegenheit zu irgend einer Handlung, Erklärung, Duldung oder Unterlassung

---

1) Entwurf eines St.G.B. für Bremen mit Motiven, Band 1 1861 S. 273/274.

2) Knapp, Das württembergische Kriminalrecht, 1828, S. 427.

3) Art. 295; vergl. Knapp, Beiträge zur Strafgesetzgebung, S. 205ff.

4) Hufnagel, Kommentar, Band 2, 1842, S. 298.

5) Vgl. Erhard, Handbuch des im Königreich Sachsen geltenden peinlichen Rechts, 2. Aufl. von Schilling, S. 249/250.

6) Groß, Kriminalgesetzbuch für das Königreich Sachsen, 2. Abteil. Dresden 1838, S. 1ff.

7) Vgl. §§ 728, 1172, 1657—1659.

bringt" [1]). Das Gesetz von 1838 entschied sich im Sinne Tittmanns (Art. 166_2), in vervollkommneter Formulierung das von 1851 (Art. 282) [2]).

Der Hannoversche Entwurf zu einem St. G. B. von 1834 [3]) hatte eine dem sächsischen St. G. B. analoge Fassung vorgesehen. Indessen beschloß die I. Kammer, „daß vor »Drohungen« das Wort »unerlaubter« eingeschaltet wurde, um dadurch z. B. den Fall auszuschließen, wenn jemand mit Einziehung des Kapitals drohe, wenn nicht höhere Zinsen gezahlt würden [4])". Dagegen hatte Gans [5]) 1828 zu dem Entwurf von 1825, welcher sich im Art. 331 und 332 eng an das bayerische Vorbild angeschlossen hatte, bemerkt: „Schwerlich wird gegen diese schönen Artikel ein Einwand von Gewicht vorgebracht werden können."

III. Besonders lehrreich ist eine Betrachtung des widerspruchsvollen Werdens der preußischen Bestimmungen.

Das Allgemeine Landrecht [6]) belegte die Konkussion mit willkürlicher Strafe bzw. der des Diebstahls und des Raubes, ohne den Begriff selbst zu bestimmen. Es lag in der Auffassung der Redaktoren, daß die Quellenauslegung des Cujaz für die Praxis [7]) maßgebend sei [8]). Den eingeforderten Gutachten der Oberlandesgerichte zu Königsberg, Marienwerder, Stettin, Magdeburg, Halberstadt und Insterburg zufolge [9]) geben die

---

[1]) Entwurf eines Gesetzbuches etc., herausgegeben von Friederici, 1816. § 1167, vgl. auch § 1178.

[2]) Krug, Kommentar, II. Abteil. 2. Ausg. 1861, S. 191 (Hinweise auf die Motive).

[3]) Schlüter, Allgemeine Kriminalgesetzgebung, 1842, S. 1. Anm. 1, ferner S. 274ff.

[4]) Leonhardt, Kommentar 1851, Band 2, S. 433.

[5]) Kritische Beleuchtung des Entwurfs eines St.G.B für das Königreich Hannover, T. 2, 1828, S. 411.

[6]) A. L. R. T. II, Tit. 20, §§ 1254, 1255.

[7]) Daß auch die Praxis dieser Auffassung folgte, ergibt sich aus der Zusammenstellung „der materiellen Abweichungen des revidierten Entwurfs eines Kriminalstrafgesetzbuches vom Allgemeinen Landrecht und den übrigen gegenwärtigen Kriminalstrafgesetzen", S. 74/75.

[8]) Burchardi, Archiv des Kriminalrechts, N. F. 1846. S. 282.

[9]) Motive zu dem von dem Revisor vorgelegten I. Entwurfe des Kriminalgesetzbuches für die preußischen Staaten (gearbeitet von Schiller), Band 4 S. 164.

§§ 61—66 des 11. Abschnittes des 2. Titels des I. Entwurfes eine eingehende Regelung der Erpressung. Die dem A.L.R. zugrunde zu legende Auffassung des Cujaz wurde sanktioniert. Die Erpressung konnte begangen werden durch Bedrohungen schlechthin [1]); wurde mit „an sich erlaubten Maßregeln zur Erlangung eines rechtswidrigen Vorteils gedroht“ [2]), so sollte auf eine mildere Strafe erkannt werden [3]). Die Motive rechtfertigen diese Ausdehnung des Begriffes durch den vielbesprochenen Fehlschluß, daß die Rechtswidrigkeit des erstrebten Vorteils auch das angewendete Mittel zu einem rechtswidrigen mache [4]). Im Dankelmannschen Entwurfe von 1830 kehrt jener § 62 als § 370 wieder, der revidierte Entwurf von 1833 bleibt bei gleicher Auffassung im § 468 [5]), desgleichen der Entwurf von 1836 im § 592. Die zur Revision berufene Kommission warf für den Entwurf von 1836 von neuem die Frage auf: „ob die Erpressung durch erlaubte Mittel überhaupt für strafbar erachtet werden könne?“ Sie wurde nochmals bejaht; auf den Einwand, wie eine Drohung mit Rechtsausübung, z. B. mit Klageandrohung, rechtswidrig sein könne, wurde entgegnet: „Wer mit Klage drohe, um dadurch etwas zu erpressen, worauf er ein Recht habe, was die Verbindlichkeit des Verpflichteten übersteige, der bediene sich des Rechtes gesetzwidrig und werde allerdings strafbar. Unter Umständen könne durch die Anstellung einer Klage die ganze bürgerliche Existenz des Beklagten gefährdet werden . . .; der Bedrohte werde also alles aufbieten, um der Anstellung der Klage vorzubeugen. Benutze also jemand diesen Zustand der Dinge, um unrechtmäßig einen so großen Gewinn als möglich zu erpressen, so mache er sich offenbar einer hohen Immoralität schuldig, welche der Gesetzgeber nicht dulden dürfe.“ [6]) Die Kommission stand, wie später das

---

[1]) I. Entwurf Tit. 2, Abschn. 11, § 61.

[2]) a. a. O. § 62.

[3]) Im Gegensatz zur früheren Praxis, vgl. Motive zum I. Entwurf, Band 4, S. 170. „Materielle Abweichungen“ usw. S. 75.

[4]) Motive zum I. Enwurfe, Band 4, S. 169.

[5]) Motive zum revidierten Entwurfe von 1833, T. 1, S. 312.

[6]) Beratungsprotokolle der zur Revision des Strafrechts ernannten Kommission des Staatsrats, den 1. Teil des Entwurfs des St.G.B. betreffend. 1839, S. 374.

Reichsgericht, unter dem Eindruck der Notwendigkeit, die Chantage (hohe Immoralität) zu inkriminieren und griff gleich diesem zu jener stereotypen Scheinbegründung. Demgemäß lautete die fragliche Bestimmung im Entwurf der Staatsratskommission von 1841 [1]).

Diese Konstanz der Entwickelung durchbrach der Entwurf von 1843. Die Androhung einer Rechtsausübung genügt nicht mehr zu den Voraussetzungen des gesetzlichen Tatbestandes [2]). Die Androhung grundloser Denuntiationen oder Zivilklagen in erpresserischer Absicht zieht Gefängnisstrafe nach sich; bei grundloser Verbrechensanzeige soll die gewöhnliche Strafe der Erpressung (Strafarbeit oder Zuchthaus) Platz greifen [3]). „Der Staatsrat hielt es nicht für angemessen, die Bedrohung mit erlaubten Handlungen, wobei man wiederum auf Klagen und Denuntiationen das Absehen richtete, in das Bereich des Kriminalrechts zu ziehen, glaubte jedoch die Drohung mit wissentlich begründeten Klagen und Denuntiationen bestrafen zu müssen." [4]) Sofort erhoben sich die bekannten Einwürfe mit neuer Kraft. „Durch diese Bestimmungen hat der Entwurf zugleich einen gesetzlichen Schutz für ein Gewerbe der gemeinsten und schändlichsten Art ausgesprochen" — so Temme [5]). „Man denke hier zumal an die jetzt schon häufigen Bedrohungen mit Denuntiationen wegen Päderastie in großen Städten."[6]) Dagegen gehen die erwähnten Paragraphen den

[1]) Temme, Kritik des Entwurfs des St.G.B. für die preußischen Staaten, 1843, T 1, S. 345.

[2]) Vgl. §§ 443, 444 I, 445.

[3]) § 445. Aus dieser Bestimmung folgt, daß § 444 I — trotz seiner allgemeinen Fassung — nur auf Androhung rechtswidriger, wenn nicht gar strafbarer Maßnahmen zu beziehen ist. Andernfalls würde sich die Unmöglichkeit ergeben, daß Erpressung unter Androhung einer Rechtsausübung, z. B. einer begründeten Zivilklage, mit Zuchthaus, dagegen unter Androhung einer unbegründeten Zivilklage mit Gefängnis bestraft würde. Überdies wäre den gegen den Entwurf erhobenen Angriffen von Vertretern der Cujazischen Erpressungsauffassung der Boden entzogen. Die Bestätigung dieser Auslegung enthält die „Revision des St.G.B. von 1843", Band 2, S. 29.

[4]) Zitiert nach „Revision des St.G.B. von 1843, Band 3, 1845, S. 29.

[5]) A. a. O. S 346 ff

[6]) Hierzu Abegg, Kritische Betrachtungen über den Entwurf des St.G.B. von 1843, 2. Abteil. 1844, S. 473, welcher auf Grund der laxen Formulierung (vgl.

rheinischen Juristen nicht weit genug. Man fordert, daß die Androhung einer vielleicht rechtswidrigen, jedoch nicht strafbaren Maßregel nicht für strafbar erklärt werde. „Bisher existierte nicht einmal eine Strafe gegen das mutwillige Prozessieren selbst, jetzt will man sogar das Drohen damit bestrafen. — Das Feld der möglichen Inquisitionen würde allerdings durch die vorgeschlagenen Bestimmungen beträchtlich erweitert werden." [1]) Auf Grund der alten Bedenken und Begründung springt dagegen der revidierte Entwurf von 1845 im § 274 in das gegenteilige Extrem zurück; denn nach den Motiven „leidet es keinen Zweifel, daß auch eine an sich erlaubte Handlung dadurch zu einer strafbaren werden kann, daß sie zur Erreichung rechtswidriger Erfolge und Vorteile begangen wird." [2]) Den Stein des Anstoßes bildet natürlich wieder die Erwägung „Drohungen mit anderen, an sich erlaubten Handlungen können im gleichen Grade unmoralisch sein." (sc. wie Drohungen mit verbotenen Maßnahmen). Bei den Verhandlungen der Kommission des Staatsrates „entschied sich die Majorität der Versammlung in Übereinstimmung des revidierten Entwurfs dafür, daß auch die Erpressung durch an und für sich nicht strafbare Mittel unter Strafe zu stellen sei" [3]). Mithin wurde aus § 274 ein gleichlautender § 282 im revidierten Entwurf von 1846 [4]), welchen der Entwurf von 1847 als § 286 beibehielt. In den „Verhandlungen des im Jahre 1848 zusammenberufenen Vereinigten ständischen Ausschusses" [5]) treten sich die Gegensätze mit den alten Gründen und Scheinbegründungen von neuem gegenüber. Nach Mitteilung des Referenten ist in der Kommission zu § 286 „der Antrag gestellt worden, den Paragraphen zu streichen, indem hier nicht abzusehen, wie die Bedrohung mit einer Handlung unter Strafe gestellt werde, wenn die Vornahme der Handlung

a. a. O. Note 339) der § 445 II mit der Möglichkeit rechnet, daß die von Temme gezogenen Konsequenzen nicht aktuell werden können.

[1]) Duden, Der preußische Entwurf einer neuen Strafgesetzgebung und sein Verhalten zu den Rheinlanden, 1843, S. 303.

[2]) Die Revision des St.G.B. von 1843, 1845, Band 3, S. 30.

[3]) Verhandlungen S. 155.

[4]) Entwurf des St.G.B. für die preußischen Staaten von der Königlichen Immediatkommission dem Plenum des Staatsrats vorgelegt. 1846.

[5]) Zusammengestellt von Bleich, 1848, vier Bände.

selbst straffrei sei. Zur Verteidigung des Paragraphen wurde hervorgehoben, daß möglicherweise (sic!) eine völlig unsträfliche Handlung, wie z. B. die Anstellung eines Zivilprozesses, der unangenehme Folgen haben könne, irgend jemanden angedroht und dadurch ein höchst unsittlicher und unmoralischer (sic!) Zweck nicht nur zu erstreben, sondern auch zu erreichen. (Satzbau!) In solchen(!) Fällen sei die Bestimmung des Paragraphen zweckmäßig und seine Aufrechterhaltung wünschenswert; wie sich auch das Bedürfnis zu demselben in der Praxis häufig herausgestellt. Die Abteilung beschloß jedoch mit 7 gegen 7 Stimmen durch die entscheidende Stimme des Vorsitzenden den Wegfall des Paragraphen in Vorschlag zu bringen" [1]). Das gleiche Bild zeigt die sich diesem Referat anschließende Debatte im Plenum: mit 45 gegen 40 Stimmen wird die Streichung des § 246 beschlossen [2]). „In Übereinstimmung mit der bisherigen Rheinischen Gesetzgebung und dem Vorschlag des Vereinigten ständischen Ausschusses gemäß" [3]) hat weiter der Entwurf von 1850 die Drohung mit rechtmäßigen, ja mit straflosen Handlungen aus dem Bereich der gesetzlichen Erpressungsmittel ausgeschaltet und diese auf Bedrohung mit Verbrechen oder Vergehen beschränkt. Dieser extrem gefaßte § 216 hat der Prüfungskommission der II. Kammer „zu keinen Einwendungen Veranlassung gegeben". [4]) So wurde er dann der § 234 des St.G.B. von 1851 [5]). Die bekannte Polemik konnte nicht ausbleiben und trat abermals hervor, als der I. Entwurf eines Strafgesetzbuches für den Norddeutschen Bund den § 234 im § 230 unverändert und ohne weitere Begründung übernahm [6]). In seinen „Bemerkungen zu dem Entwurf eines

---

[1]) Verhandlungen a. a. O. Band 4, S. 247.

[2]) Verhandlungen a. a. O. Band 4, S. 247/248. Die Debatte bietet ein instruktives Resümee aller für und wider schon aufgeführten Argumente.

[3]) Motive zum Entwurf des St.G.B. von 1851, S. 64.

[4]) Bericht der Kommission zur Prüfung des St.G.B. II. Session, II. Kammer 1851, S. 128.

[5]) Goldammer, Die Materialien zum St.G.B. für die preußischen Staaten, T. 1, 1851, S. 524. — Beseler, Kommentar über das St.G.B., 1851, S. 446—448. — Hälschner, System des preußischen Strafrechts, T. 2, 1868, S. 534, Anm. 4. — Temme, Lehrbuch des preußischen Strafrechts, 1853, S. 963. — Berner, Lehrbuch des deutschen Strafrechts, 1. Aufl. 1857, S. 303.

[6]) Motive zu dem Entwurfe eines St.G.B. 1869, S. 169.

Strafgesetzbuches für den Norddeutschen Bund“ fragt Fuchs: „Soll derjenige straflos sein, welcher einen Geistlichen auf der unzüchtigen Betastung eines Mädchens ertappt und ihm durch Bedrohung mit Veröffentlichung nach und nach 100 Taler abgepreßt hat?“ Deshalb fordert Fuchs, daß jede Drohung als Erpressungsmittel anerkannt werde [1]). Dieselben Gedanken hatte Dalke in seinen „Beiträgen zur Revision des preußischen Strafrechts“ in leidenschaftlicher Bekämpfung des § 234 durchgeführt. Da nach preußischem Recht bestimmte Fälle der „dem einfachen gesunden Menschenverstande“ strafwürdig erscheinenden Vermögensabnötigung durch Androhung einer Rechtsausübung nicht getroffen werden können, befürwortet Dalke die entgegengesetzte Auffassung. Der öfters erwähnte Fehlschluß von der Rechtswidrigkeit des Zweckes auf die des Mittels dient auch hier zur Rechtfertigung [2]). Derartige Erwägungen haben die Redaktoren des III. Norddeutschen Entwurfs beeinflußt. Jener Fehlschluß rechtfertigte auch den § 248 des Entwurfs [3]) und damit den § 253 des R.St.G.B. Daß dies kein Fortschritt war sondern ein Rückfall in das seit dem Mittelalter wohl bekannte Extrem, lehrte die Geschichte der einschlägigen Reichsgerichtsjudikatur.

§ 4.

Das Gesetzmäßige der Entwickelung.

I. Seitdem sich zu Anfang der gemeinrechtlichen Periode ein einheitlicher Begriff der Erpressung herausgebildet hatte, stehen sich bei Beantwortung der Frage nach den Voraussetzungen der Rechtswidrigkeit zwei einander grundsätzlich ausschließende Auffassungen gegenüber. Nach der einen Richtung muß der Erpresser ein rechtswidriges Verhalten androhen, nach der anderen genügt dem Tatbestande auch jede Drohung mit rechtlich zulässigem Verhalten. Dieser

---

[1]) Goldammers Archiv, Band 17, S. 636. — Hälschner, Preußisches Strafrecht, S. 534, Anm. 4.

[2]) Goldammer, Archiv, Band 17, S. 11.

[3]) Motive eines St.G.B. für den Norddeutschen Bund.

während der ganzen Dauer des gemeinen Rechtes unausgeglichene Gegensatz kehrt auch in der deutschen Partikulargesetzgebung wieder. Die einzelnen Rechte folgen der einen oder anderen Richtung, nachdem sie auf ihrem Entwickelungsgange mehr oder minder lange zwischen beiden hin und her gesprungen hatten.

II. Dieser die Theorie und Gesetzgebung durch Jahrhunderte beherrschende Gegensatz findet seine Erklärung im Wesen der Erpressung als eines Delikts, dessen strafrechtliche Würdigung eine höhere Kulturentwicklung zur Voraussetzung hat. Die Erpressung der älteren Rechtsauffassung fordert psychische Nötigung. Erst die Neuzeit hat ihr vereinzelt das physische Notwendigmachen eines körperlichen Verhaltens an die Seite gestellt. Um jedoch die strafrechtliche Bedeutung eines derartig psychischen Eingriffs zu erfassen, ist eine höher entfaltete Volkspsychologie erforderlich. Die älteren, weniger ausgebildeten Strafgesetze reagieren in erster Linie oder ausschließlich gegen sinnfällige, physische Angriffe: der Tatbestand der Erpressung ist ihnen daher unbekannt. Die Entwickelung, welche zur vollen Erkenntnis dieser Straftat führt, beginnt naturgemäß mit Strafsatzungen gegen besonders hervorspringende Fälle vermögensschädigender Abnötigung. Die regelmäßige Form der Nötigung ist aber die durch Drohung. Und zwar springt bei ihr die Strafwürdigkeit zuerst in die Augen durch solche mit gewissen Verbrechen. So hebt die Geschichte der Erpressung an mit kasuistischer Regelung der Vermögensabnötigung durch Androhung bestimmter Verbrechen. Gegen Abschluß der römischen Rechtsentwickelung sind derartige Bestimmungen nachweisbar. Doch war es ein weiter Weg, bis die Theorie erkannte, daß der rechtswidrigen Abnötigung nicht Androhung bestimmter Verbrechen wesentlich sei, daß vielmehr jede Androhung eines rechtswidrigen Verhaltens für den Tatbestand ausreiche. Erst zu Anfang der gemeinrechtlichen Periode ist diese Erkenntnis zum Durchbruch gelangt. Einer Rechtsanschauung aber, welche eine solche psychologisch klare Definition der Erpressung ermöglicht, entspricht schon eine nicht geringe soziale Kultur. Einer solchen erscheinen jedoch gewisse Rechtsausübungen im Hinblick auf das gemeine Wohl als unzulässig. Entsprechend wird auch die Ausübung des Rechtes, durch Androhung einer Rechtsverwirklichung vermögensschädigend zu nötigen, unter Umständen für rechtlich unerlaubt erachtet. Derartige Nötigung — Chantage im Sinne der voraufgehenden Ausführungen — wird als strafwürdige Erpressung empfunden. Sobald demnach die kulturellen Voraussetzungen dafür gegeben sind, die Erpressung als Vermögensabnötigung durch Androhung eines rechtswidrigen Verhaltens zu bestimmen, wird auch die Strafwürdigkeit gewisser Fälle der Chantage anerkannt. Soll es aber angängig sein, Vermögensabnötigung durch Androhung einer Rechtsausübung als Erpressung zu bestrafen, so darf ihr Tatbestand nicht auf Androhung eines rechtswidrigen Verhaltens begrenzt werden. So trifft die rechtsgeschichtliche Betrachtung fast zu gleicher Zeit auf eine Definition wie des Decian einer-, des Cujaz andererseits.

III. Beide Auffassungen stützen sich auf unanfechtbare Sätze. Es ist richtig, daß zweifellos strafwürdige Nötigungsfälle nur geahndet werden können, wenn man den Tatbestand der Erpressung nicht auf Androhung eines rechtswidrigen Verhaltens beschränkt. Ebenso richtig ist es aber, daß es unmöglich erscheint, die rechtlich zulässige Abnötigung durch Drohung von der strafwürdigen zu unterscheiden, wenn auf Grund jener ersteren Erwägung das Prädikat „rechtswidrig" aus der Definition gestrichen wird. Da die Vertreter der einen Auffassung niemals die Prämissen der anderen zu widerlegen vermochten, war eine Überbrückung des Gegensatzes unmöglich. Und so erbte er sich durch die Jahrhunderte des gemeinen Rechtes fort.

Die Partikulargesetzgebung des 19. Jahrhunderts hatte daher zu den beiden sich gegenseitig verneinenden Thesen Stellung zu nehmen. Da beide gleich gut begründet waren, war es unvermeidlich, die Entscheidung für die eine zu treffen, wenn die bedenklichen Konsequenzen der anderen zum Bewußtsein gekommen waren. Hatte sich der Gesetzgeber — zumal nach schlechten Erfahrungen der Praxis — klar gemacht, daß es unausführbar sei, an der Hand der Definition des Cujaz strafwürdige Nötigungsfälle von rechtlich statthaften zu scheiden, so mußte er zum Tatbestande Androhung rechtswidrigen Verhaltens verlangen. Zog man die bei solcher Regelung vorliegende Unmöglichkeit in Betracht, fraglos strafwürdige Nötigungsfälle zu treffen, so glaubte man, von dem Erfordernis der Androhung eines rechtswidrigen Verhaltens absehen zu sollen. Sobald man sich also zu der einen Auffassung bekannt hatte, erschien regelmäßig alsbald wieder die andere als erstrebenswert. So erklärt es sich, daß die Partikulargesetzgebung stets von dem einen zum anderen Extrem sprang; daß immer die engere Auffassung durch den Satz begründet wurde: sonst sei jede rechtmäßige Nötigung als Erpressung zu bestrafen; daß die weitere durch die Gegenbehauptung gestützt wurde: andernfalls müßten zweifellos strafwürdige Nötigungsfälle straflos bleiben.

IV. Dieses Auf und Nieder, dieser seltsame circulus vitiosus mußte durchbrochen werden; die Schaukelbewegung kommt zum Stillstand mit der Einsicht, daß eine Reform nicht auf den einen oder den andern Gegensatz zurückkommen darf. Und das Streben, endlich zu wirklichem Fortschritt zu gelangen, kennzeichnet die Entwickelung unserer Tage.

Die Reform kann das Problem der Chantage *prinzipiell* oder *kasuistisch* zu lösen suchen. *Letzterenfalls* werden bestimmte Arten der Vermögensbeschädigung durch nötigende Androhung einer Rechtsausübung mit der Erpressungsstrafe belegt. Sind diese Fälle so umschrieben, daß der Rechtsausübung eine den guten Sitten widerstreitende Benutzung einer der Berücksichtigung würdigen Notlage entsprechen muß, so ist unsere Frage legislativ in eben diesem begrenzten Maße beantwortet. Kann dagegen bei bestimmten Sachlagen die fragliche Rechtsausübung nicht als Ausbeutung aufgefaßt werden, so erhebt sich die Schwierigkeit wiederum. Das Bedürfnis nach einem Kriterium der Strafbarkeit tritt auf. Doch selbst, wenn die Einzelfälle einwandsfrei umzogen sind, drängt die Entwickelung nach der Erkenntnis des *implicite* angewandten Maßstabes für die Rechtswidrigkeit. Durch die Kasuistik ist aber das Bereich der strafwürdigen Fälle nicht zu erschöpfen. Immer neue Falle der Vermögensschädigung durch nötigende Androhung einer Rechtsausübung werden sich als strafwürdig herausstellen. Wird aber die Zahl der kasuistisch geregelten Fälle erweitert, werden naturgemäß auch mehr Fehlerquellen geschaffen. Bei jedem neuen Tatbestand wird es denkbar sein, daß er unter Umständen verwirklicht wird, welche die Annahme einer Ausbeutung ausschließen. Hat der Gesetzgeber, um derartigen Unbilligkeiten vorzubeugen, die einzelnen Tatbestände so eng begrenzt, daß ihrer Verwirklichung eine Ausbeutung entsprechen muß, so bedeutet das die entgegengesetzte Gefahr, daß nämlich ein mehr oder minder großer Kreis nicht in allen Punkten dem Tatbestande entsprechender, aber den tatbestandmäßigen Handlungen völlig gleichwertiger Ausbeutungsfälle unbestraft bleiben muß. Eine kasuistische Lösung bildet demnach bloß ein Übergangsstadium. Die alten Gegensätze ringen in der neuen Fassung noch weiter. Alles drängt zur Erkenntnis des Kriteriums, nach welchem sich die Strafwürdigkeit und damit die Rechtswidrigkeit einer Vermögensschädigung durch nötigende Androhung einer Rechtsausübung bestimmt.

Ist dieses Kriterium von der Gesetzgebung erkannt, so ist damit die Entwickelung zum Abschluß gebracht worden und die Frage kann prinzipiell entschieden werden. Die Erpressung wird richtig definiert als Vermögensbeeinträchtigung durch rechtswidrige Nötigung. Die nicht durch Täuschung veranlaßte Nötigung ist rechtswidrig, wenn die Gefährdung rechtswidrig war, oder wenn die Ausübung des Rechtes zu gefährden die Ausbeutung der Notlage des derart Genötigten bedeuten würde.

VI. Daß der Gegensatz auf dem Gebiete der Erpressung Jahrhunderte hindurch nicht zum Abschluß kam, findet darin seine Erklärung, daß niemals an das Bestehen von Normen gedacht wurde, welche ein Recht zu nötigen unter bestimmten Voraussetzungen einschränken. Und es ist doch gerade die Folge der Geltung solcher Normen, daß die Chantage als strafwürdig angesehen werden muß. Läßt sich nicht auf derartige Normen verweisen, so hat man nur den einen Weg, um Fälle der Chantage als Erpressung zu strafen, nämlich das Erfordernis rechtswidriger Drohung aus der Definition zu streichen. Ferner gibt es unter den gleichen Voraussetzungen auch bloß eine Handhabe, die Bestrafung rechtmäßiger Nötigungsfälle zu unterbinden, die nämlich, die Abnötigung lediglich bei Androhung eines rechtswidrigen Verhaltens unter Strafe zu stellen. Auch bei kasuistischer Regelung müssen sich Mängel ergeben, solange der Gesetzgeber jenen leitenden Gedanken nicht klar erfaßt hat.

Diese Unzulänglichkeiten zwingen zur Beantwortung der Frage, warum die unter Strafe gestellten Fälle rechtswidrig sind. Ist die Beantwortung gelungen, so ist das Problem der Chantage legislativ gelöst und die Spezialtatbestände können aus der Gesetzgebung verschwinden.

An der Hand der also gewürdigten geschichtlichen Vorgänge ergibt sich das Verständnis für die Beziehung der außerdeutschen Chantagegesetzgebung zum geltenden Reichsrecht. Die weitere Darstellung soll unter Hinweisen auf außerdeutsches Recht zeigen, wie die (§ 1—3) veranschaulichte Entwickelung der kasuistischen Regelung der Chantage zustrebt (§ 5), wie diese indessen die Aufgabe nur unvollkommen zu erfüllen vermag (§ 6) und in welcher Weise endlich der Entwickelungsverlauf zu einer befriedigenden Lösung zu gelangen hat. (§ 7).

§ 5.

Das Einsetzen der Chantagegesetzgebung.

I. Betrachtet man zuerst die Wandlungen, welche die Regelung der Erpressung in dem österreichischen Strafgesetz und den späteren Entwürfen durchgemacht hat, so erscheint eine dem § 253 R.St.G.B. analoge Bestimmung als ein Durchgangsstadium einer fortschreitenden Entwickelung.

Der heute noch geltende § 98 des Strafgesetzes von 1852 erklärt abgesehen von der Gewalt als gesetzliches Nötigungsmittel die Bedrohung „mit einer Verletzung an Körper, Freiheit, Ehre oder Eigentum". Diese Bestimmung ist aus § 1 des Hofkanzleidekrets vom 19. Juni 1835 hervorgegangen, welches die nötigende Drohung mit gewissen Verbrechen [1]) inkriminiert. Gemäß der herrschenden Auslegung hat § 98 den bezeichneten § 1 auf die Drohungen mit rechtswidrigen Eingriffen gegen Körper Freiheit, Ehre und Eigentum überhaupt erweitert [2]). Diese

[1]) „mit Mord, schwerer Verwundung oder Verletzung, Gefangennehmung, Raub, Brandlegung, Zerstörung von Wasserwerken oder mit anderen bedeutenden Beschädigungen des unbeweglichen oder beweglichen Eigentums".

[2]) So neuerdings wieder Reinhold a. a. O. S. 34. — Glaser, Abhandlungen, S. 145 ff.

herrschende Lehre ist aber von den jüngeren Autoren nicht konsequent durchgeführt [1]). Nach ausdrücklicher Anerkennung des Satzes, daß die angedrohte Maßregel rechtswidrig sein müsse, folgt ein Zusatz, welcher die mit jener Auffassung der Erpressung stets verbundenen unglücklichen Konsequenzen eliminieren soll, der aber dabei den leitenden Grundsatz negiert. Es wird nämlich behauptet, daß eine Drohung stets auch dann rechtswidrig sei, wenn das angekündigte Übel nicht von Rechts wegen bestimmt ist, den erstrebten Erfolg zu erzielen [2]). Dagegen hat Glaser [3]) den in Frage stehenden Grundsatz mit einem gewissen großartigen Rigorismus durchgeführt. Der Entwurf von 1867, der im § 259 in Verbindung mit § 258, II eine Bestimmung vorgeschlagen hatte, welche den modernen Chantageparagraphen entspricht [4]), wurde beiseite gelegt [5]). Die beiden Entwürfe [6]) I und II (§ 257 bzw. § 251) folgten der herrschenden Auffassung und forderten zur Erpressung „Bedrohung mit rechtswidriger Zufügung von Nachteilen". Dagegen wurde in den späteren Entwürfen von dem Erfordernis der Rechtswidrigkeit abgesehen [7]). Das Streichen wurde in bekannter Weise begründet: aus der Widerrechtlichkeit des Zweckes folge die des angewandten Mittels. Mit gleichem Argument wurde eine Wiederaufnahme des fraglichen Prädikats in dem Entwurf IV von der Majorität

---

1) Von Janka, Das österreichische Strafrecht, 3. Aufl. S. 217 nicht geteilt. Auch Stoß, Lehrbuch des österreichischen Strafrechts, 1909, S. 280 fordert nicht die Rechtswidrigkeit des angedrohten Verhaltens trotz seiner ausdrücklichen Bezugnahme auf den § 1 des Dekrets.

2) Finger, Das Strafrecht, Band 2, 2. Aufl. 1900, S. 154. — Lamasch, Grundriß des Strafrechts 2. Aufl. S. 84.

3) Glaser, Abhandlungen, S. 196—206.

4) Geyer, Besprechung eines Entwurfs eines Strafgesetzes vom Jahre 1867, S. 186 ff. — Merkel, Bemerkungen über den speziellen Teil des österreichischen Entwurfs eines Strafgesetzes, 1867. 3. Fortsetzung.

5) Frank a. a. O. S. 35.

6) Entwurf Glaser. — Ofener, Über Eigentumsdelikte nach dem Entwurf eines österreichischen Strafgesetzes, S. 123.

7) Entwurf IV, § 253. Entwurf V, § 258. Entwurf VI, § 271. Entwurf VII. § 271. Dazu: Ofener, Einige Reformvorschläge zum Strafgesetzentwurf im Oesterreichischen Zentralblatt für juristische Praxis, Jahrgg. 7, 1889. — Besonders Lammasch, Das Werk des Strafgesetzausschusses, S. 18 ff.

des Strafgesetzausschusses abgelehnt [1]). Somit hatten sich die Entwürfe völlig dem geltenden deutschen Rechte angeschlossen. Dem gegenüber hat der schließliche Entwurf von 1909 eine bedeutsame Änderung vorgenommen. Man hatte die unheilvollen Folgen der Auslegung im Sinne des Cujaz in Anschlag gebracht und forderte zur Erpressung für den Regelfall die Androhung eines rechtswidrigen Verhaltens; um jedoch nicht infolge der engen Schranken dieser Definition mit dem Volksbewußtsein in Konflikt zu geraten, welches gewisse Fälle der Vermögensabnötigung durch Androhung einer Rechtsausübung der Erpressung i. e. S. gleichstellt, sind die nach Meinung der Redaktoren in Frage kommenden Nötigungshandlungen ausdrücklich aufgezählt und unter Strafe gestellt worden. Der damit in seiner entwickelungsgeschichtlichen Bedeutung gewürdigte § 355 lautet: „Wer, um sich oder einem Dritten einen unberechtigten [2]) Vermögensvorteil zuzuwenden, jemand zu einer Handlung, Duldung oder Unterlassung dadurch nötigt, daß er gegen ihn oder eine ihm nahestehende Person Gewalt anwendet oder sie mit einem rechtswidrigen Nachteil an Körper, Freiheit oder Vermögen, mit einem Angriff auf die Ehre, einer strafgerichtlichen Anzeige oder mit der Offenbarung eines Geheimnisses bedroht, dessen Bekanntwerden geeignet ist, die bürgerliche Stellung des Bedrohten zu untergraben, wird mit Gefängnis von 4 Wochen bis zu 3 Jahren bestraft."

II. Im geltenden schweizerischen Kantonalrecht sind die in der österreichischen Rechtsentwickelung durchlaufenen Stadien neben einander vertreten. Die Mehrzahl der Gesetzbücher steht auf dem Standpunkt der weiteren Auffassung des Cujaz bzw. des deutschen Rechts. Eine zweite Gruppe fordert die Androhung rechtswidriger Maßnahmen, während Genf und Neuenburg, ihrem französischen Vorbilde folgend,

---

[1]) „Die Zusammenstellung der wichtigeren Abänderungen, welche der 1874 eingebrachte Strafgesetzentwurf in den Ausschußberatungen und späteren Regierungsberatungen erfahren hat." Zu 210 der Beilagen zu den stenographischen Protokollen des Abgeordnetenhauses, XI. Session, 1891, S. 313.

[2]) Vgl. Norwegisches St.G.B. von 1902, § 266.

besondere Tatbestände der Chantage aufgestellt haben [1]). Die weitere Fassung des Begriffs vertreten Thurgau (Art. 133, 134), Waadt (Art. 275 ff.), Graubünden (Art. 154), Aargau (Art. 146), Wallis (Art. 304), Schaffhausen (Art. 208), Luzern (Art. 196), Tessin (Art. 374), Glarus (Art. 128), Freiburg [2]) (Art. 227), Appenzell-AR (Art. 112), Solothurn (Art. 141) und St. Gallen (Art. 67). Die Androhung einer rechtswidrigen Maßregel ist dagegen festgesetzt von Obwalden (Art. 98), Zug (§ 114 bzw. § 11 des Abänderungsgesetzes zum St.G.B. von 1882), Appenzell-IR. (Art. 112), Basel (Art. 148), Bern (Art. 208), Zürich (Art. 161) und von Schwyz (Art. 77 in Form einer interessanten Wiedergabe der gemeinrechtlichen Auslegung von D. 47, 13). Endlich berücksichtigen Genf (Art. 332) und Neuenburg (Art. 381) speziell den Fall der Abnötigung durch menace écrite ou verbale de révélations ou d'imputations diffamatoires [3]).

Für das zu erlassende gemeinsame schweizerische St.G.B. adoptierten die drei ersten Entwürfe im Einklang mit der Mehrheit der Kantonalgesetze die weitere Fassung des Erpressungsbegriffes. Sie trugen damit zugleich einer Tendenz Rechnung, welche sich in den Rechtsgebieten der zweiten Gruppe nachweisen läßt: die enge Auffassung des Delikts interpretativ zu verlassen. Es handelt sich um einen Vorgang dem analog, welcher sich bei Betrachtung des österreichischen Rechts in den Schriften von Finger und Lammasch zu erkennen gab. So stehen Bern und Zürich, dem Wortlaut ihrer Gesetze zum Trotz, praktisch [4]) auf dem Boden der ersterwähnten Gruppe [5]). Demgemäß begeht nach dem I. Entwurfe Art. 72

---

[1]) Stoß, Die schweizerischen Strafgesetzbücher zur Vergleichung zusammengestellt. — Stoß, Die Grundzüge des schweizerischen Strafrechts, Band 2, S. 102—106. — Stämpfli, a. a. O. S. 73—115. — Frank, Rechtsvergleichung S. 54/55.

[2]) Zum Begriff der menace grave, moins grave und dem des cas de peu de gravité vgl. Stämpfli, a. a. O. S 113. Je nach Auslegung dieser Termini gehört Freiburg in die erste oder zweite Gruppe.

[3]) Neuenburg, Art. 381 „scandaleuses ou diffamatoires".

[4]) Stämpfli, a. a. O. S. 106—108 (Bern); S. 87 (Zürich).

[5]) So rechtfertigt es sich, daß Frank Bern in die erste Gruppe eingereiht, Rechtsvergleichung S. 55.

bzw. Art. 74 [1]) Erpressung „wer jemandem durch Gewalt oder Drohung einen unrechtmäßigen Vorteil abnötigt." Zur Rechtfertlgung hat S t o ß [2]) auf die von ihm dargestellten „Grundzüge des schweizerischen Strafrechts" verwiesen, welche den bekannten Satz enthalten: „rechtswidrig ist der Vorteil, wenn der Täter kein Recht dazu hat" [3]). In der Expertenkommission glaubte man, diese Bestimmung durch einen ausdrücklichen Hinweis auf die im Sinne des neuenburgischen St.G.B. gefaßte Chantage ergänzen zu müssen, verkannte dabei aber, wie S t o ß [4]) selbst hervorhebt, den Umfang des Drohungsbegriffes [5]). Um aber jedes Mißvertsändnis zu heben, spricht der Vorentwurf nach den Beschlüssen der Expertenkommission statt von Drohung schlechthin von „Drohungen irgendwelcher Art" [6]). Der Art. 91 des Entwurfs von 1903 bringt keine Änderung. Wohl aber ist in dem von 1908 die Entwickelung dahin fortgeschritten, daß der neue Art. 91 jetzt lautet: „Wer jemand durch Gewalt oder s c h w e r e Drohung nötigt, ihm oder einem Anderen einen Vermögensvorteil zu gewähren oder zu überlassen, auf den er keinen Anspruch hat — wer jemand wissen läßt, er werde etwas bekannt machen, anzeigen oder verraten, was ihm oder einer Persoon, die ihm nahe steht, nachteilig ist und ihn dadurch a r g l i s t i g veranlaßt, sein Schweigen zu erkaufen — wird ... bestraft". Was hier unter „schwerer" Drohung zu verstehen ist, muß unentschieden bleiben. Gewiß ist nur, daß die Bestimmungen widersinnige Folgen nach sich ziehen, solange nicht darunter die Drohung mit einem rechts-

---

[1]) Art. 72 = Fassung von April, Art. 74 von Juli 1874.

[2]) S t o ß , Schweizerisches Strafgesetzbuch, Vorentwurf mit Motiven, 1894, S. 116.

[3]) A. a. O. S. 105. Dazu erhebt F r a n k a. a. O. S. 58 die gleichfalls bekannten Einwürfe.

[4]) Verhandlungen der Expertenkommission über den Vorentwurf zu einem schweizerischen St.G.B., 1895, S. 536. — Im gleichen Sinne S t ä m p f l i a. a. O. S. 125 ff.

[5]) Die Antragsteller bzw. die Kommission begingen denselben Fehler, welcher die erwähnte Arbeit von R e i n h o l d durchzieht; man hielt eine typische aber akzidentelle Form der Drohung für begriffswesentlich.

[6]) S t o ß , Bericht über den Vorentwurf zu einem schweizerischen St.G.B. nach den Beschlüssen der Expertenkommission, 1901. S. 15.

widrigen Verhalten verstanden wird. Sollte dies auch nicht der Sinn des Entwurfes sein, läßt sich doch leicht dartun, daß dessen sachgemäße Ausgestaltung dieser Auffassung zu folgen hat.

Wie frühere Erörterungen gezeigt haben, ist das „wissen lassen, man werde einen Andern schädigen" eine bestimmte Art der Drohung. Hat man nun unter schweren Drohungen nicht solche mit rechtswidrigem Verhalten zu verstehen, so würde nach § 91 jede Androhung eines unerlaubten Verhaltens nur dann dem Tatbestand der Erpressung genügen, wenn sie eine „schwere wäre"; dagegen könnte durch jede „leichte" Drohung, eine Sittenlosigkeit kund zu tun, Erpressung begangen werden. Wäre also ein redlicher Mann mit Zerstörung irgend eines Rechtsguts bedroht, so könnte nur dann wegen Erpressung bestraft werden, wenn ihn der Verlust „schwer" getroffen hätte. Wäre hinwieder ein sittenloses Subjekt mit Enthüllung einer Niedrigkeit bedroht, so müßte wegen Erpressung verurteilt werden, wenn das Bekanntwerden dem Bedrohten — etwa bei einer Spekulation auf die Gutgläubigkeit anderer — „nachteilig" wäre.

Bei einem derartigen Ergebnisse kann eine gesunde Rechtsentwickelung nicht stehen bleiben. Es ist unangemessen, daß eine Vermögensabnötigung durch Androhung rechtswidrigen Verhaltens nur dann als Erpressung gestraft werde, wenn den Bedrohten die Rechtsverletzung schwer getroffen hatte. Man muß also entweder das Wort „schwer" streichen oder ihm einen besonderen Sinn unterlegen. Würde es wegfallen, so wäre der Art. 91 des Entwurfs von 1908 nur eine redaktionelle Verschlechterung desjenigen im Entwurf von 1903. Es hätte ja gar keinen Wert, den im zweiten Absatz berücksichtigten Spezialfall besonders hervorzuheben. Dieser Absatz ist nur dann gerechtfertigt, wenn er einer im ersten nicht enthaltenen Art der Drohung gedenkt. Nun handelt es sich im zweiten Absatz aber um die Androhung einer Rechtsverwirklichung. Diese wird jedoch nicht durch den ersten getroffen, wenn er nur auf Androhung eines rechtswidrigen Verhaltens zu beziehen ist. Mithin gibt der Art. 91 von 1908 nur dann einen brauchbaren Sinn, wenn die Auslegung unter „schwerer Drohung" diejenige mit rechtswidrigem Verhalten zu verstehen hat. So interpretiert, entspricht dieser Artikel dem § 355 des letzten österreichischen Entwurfs.

III. Ein interessantes Beispiel für ein erstes Einsetzen der zuvor dargestellten Entwickelung bietet das geltende italienische Recht. Die Theorie versteht die Art. 407 und 409 dahin, daß unter minaciadi gravi danni alla persona o agli averi (Art. 407) bzw. alla persona, all' onore o agli averi (Art. 409) die Androhung einer rechtswidrigen Maßnahme anzunehmen ist [1]). Indessen neigt die neuere Wissenschaft dazu, in der Androhung einer Enthüllung eine minacia di danni all' onore zu erblicken. Mithin wird bei Androhung einer Ehrverletzung von dem Erfordernis der Rechtswidrigkeit der angedrohten Maßnahmen abgesehen [2]). Demnach stünde Italien praktisch auf gleichem Boden wie etwa der österreichische Entwurf von 1909. Für den Regelfall ist nur Erpressung i. e. S. strafbar, die Chantage bloß bei der Androhung einer Enthüllung ehrenrühriger Wahrheiten. Eine ähnliche Entwickelung hatte sich bei den verwandten schweizerischen Kantonalrechten und der dem § 98 lit. b. des Strafgesetzes von 1852 folgenden österreichischen Theorie gezeigt.

§ 6.

Die moderne Chantagegesetzgebung und ihre Schwächen.

I. Abgesehen vom deutschen, belgischen, italienischen und österreichischen Recht kennen alle wichtigen Kodifikationen unserer Zeit, welche die Erpressung ausdrücklich regeln, besondere Bestimmungen über die Chantage, welche im wesentlichen dem erwähnten § 355 des österreichischen Entwurfs entsprechen. Zur Veranschaulichung der Rechtslage sei auf die einschlägigen Texte verwiesen.

Wenn der französische Art. 400, § 1 force violence ou contrainte als Nötigungsmittel der „extorsion" aufführt, um sodann in — dem erst später [3]) hinzugefügten — § 2 Nötigung

[1]) Carrara, Programma del corso di diritto criminale. 4. Ediz. vol IV, § 2138 und 2139. — Crivellari, Il codice penale, vol. VIII, S. 118.

[2]) Ebenda S. 153, dagegen Carrara a. a. O. § 2139 zu Anfang.

[3]) Gesetz vom 13. Mai 1863.

„à l'aide de la menace écrite ou verbale de révélations ou d'imputations diffamatoires" zu fordern, so müßte die Chantage als durch mildere Strafe privilegierte extorsion angesehen werden [1]), sofern man nicht die contrainte nur bei Nötigung durch das Inaussichtstellen rechtswidriger Maßnahmen annehmen will [2]). Dieser Auslegung würde die Entstehungsgeschichte des § 2 entsprechen [3]). Müßte die contrainte auch jede beliebige Drohung unter sich begreifen, so hätte gar kein Anlaß zur Erweiterung des Art. 400 vorgelegen. Wollten in den vierziger Jahren des vorigen Jahrhunderts die rheinischen Juristen in Preußen mit rühmendem Hinweis auf das französische Recht nur bei Androhung strafbaren Verhaltens Erpressung angenommen wissen, so spricht auch dies für die vertretene Auslegung [4]) [5]). Dagegen sind die imputations ou rélévations diffamatoires nur insoweit strafbar, als die Voraussetzungen der „publicité" gemäß den Gesetzen vom 17. Mai 1819 bzw. 29. Juli 1881 gegeben sind.

Das russische St.G.B. von 1903 fordert zum Tatbestand der Erpressung i. e. S. im § 590 strafbare bzw. gewalttätige Drohungen, während Chantage begangen werden kann (§ 615) durch die Drohung „de divulguer des renseignements réels ou mensonges sur: 1. une circonstance portant atteinte à l'honneur de la personne lésée ou d'un membre de sa famille, même décédé; 2. une infraction commise par la personne lésée ou un membre de sa famille, même décédé, et punie comme un crime ou comme un délit; 3. une circonstance portant atteinte au crédit commercial de la personne lésée.

Das niederländische St.G.B. verlangt zur Erpressung i. e. S. Drohung mit Gewalt (Art. 317), während die Chantage (afdreiging im Gegensatz zum afpersing) „door bedreiging met

[1]) So denn auch Stämpfli a. a. O. S. 51.

[2]) Frank, Rechtsvergleichung, S. 43.

[3]) Zu finden u. A. bei Cheveau et Hélie, Théorie du code pénal, 6. édition. t. 5, S. 304 ff. — Malvezy, Essai a. a. O. S. 8. — Stämpfli a. a. O. S. 30 ff.

[4]) Duden, Der preußische Entwurf und sein Verhalten zum Rheinlande, 1843, S. 303.

[5]) Die französische Literatur gibt merkwürdiger Weise keinen Aufschluß. Vgl. z. B. Malvezy a. a. O. S. 70 ff. — Garraud, Traité théorique et pratique du droit pénal français, t. 5. 10me édition 4. 2219. — Auch Frank, Rechtsvergleichung, S. 43. — Stämpfli a. a. O. S. 52.

smaad, smaadschrift of openbaring van een geheim" begangen werden kann.

Endlich kennt das angloamerikanische Recht in sect. 383 und 388 des Indian Penal Code, in sect. 322 und 323 des amerikanischen Entwurfs und in sect. 552, 553, 558, 254 des New Yorker St.G.B. ähnliche Bestimmungen. Nach ihnen kann strafbare Erpressung durch Androhung von Strafanzeigen [1]) oder mit sonstiger Bloßstellung, insbesondere durch Schmähschriften [2]) begangen werden.

II. Von der oft weitgehenden Einschränkung des gesetzlichen Begriffs der Erpressung i. e. S.[3]) abgesehen, variieren diese die Chantage betreffenden Bestimmungen drei schwerwiegende Fehler. Zunächst kennt keine der erörterten Regelungen eine klare Scheidung von Erpressung i. e. S. und Chantage [4]). Nirgends ist zwischen der Androhung einer Verleumdung und einer Enthüllung wahrer Tatsachen ein Unterschied gemacht, obzwar nach sämtlichen in Frage stehenden Gesetzgebungen Ankündigungen bezeichneter Art straflos bzw. erlaubt sein können [5]).

Der zweite Fehler ist durch den ersten bedingt. Keine der Bestimmungen kennt die Möglichkeit, nach einheitlichem Prinzip strafwürdige Fälle der Vermögensabnötigung durch Enthüllungsandrohungen von solchen abzugrenzen, welche als rechtmäßig anzuerkennen sind. Man denke etwa an folgendes Vorkommnis. Ein scheinheiliger Geistlicher versteht es, seine private Mildtätigkeit in ein helles Licht zu setzen; selten reich will er die Witwe des verunglückten Seemanns Z. unterstützt haben,

---

[1]) Allein im Indian Penal Code, sect. 388 berücksichtigt.

[2]) Besonders hervorgehoben in sect. 323 des nordamerikanischen Entwurfs und in der sect. 558 und 254 des St.G.B. von New York.

[3]) Zu diesem Begriffe vgl. die Bestimmung durch Anm. 1, S. 158.

[4]) Daß der schweizerische Entwurf anders aufgefaßt werden **kann**, ist weiter noch hervorzuheben.

[5]) Vgl. österreichischen Entwurf von 1909, § 355 in Verbindung mit §§ 328 bis 330. — Über den schweizerischen Entwurf von 1908, Art. 91 siehe unten. — Loi du 29 juillet 1861, Art. 83 in Verbindung mit Art. 400, § 2 du Code pénal français Ortolan, a. a. O. S. 377, t. 1. — Russisches St.G.B. von 1903, §§ 537, 538, 541 in Verbindung mit §§ 590 und 615. — Niederländisches St.G.B. von 1881, Art. 261, 262, 263, 264; 272, 273 mit 318.

welche in Wahrheit bei ihm stets eine verschlossene Tür gefunden hatte. Bei weiteren Bittgesuchen wird die Z. auf die warme Unterstützung des Pfarrers P. verwiesen. Auf ihre Behauptung, von diesem nichts erhalten zu haben, wirft man die „undankbare Person“ vor die Türe. In ihrer Not wendet sie sich an den Pfarrer: sie droht ihm die Maske der Nächstenliebe herunterzureißen, wenn er nicht wirklich so handle, wie er es von sich glauben machte und er ihr nicht zur Abwendung der drückendsten Not wenigstens 20 Mark geben wolle. Nach Maßgabe der angezogenen Chantagegesetzgebung hätte sich die Unglückliche eines entehrenden Verbrechens schuldig gemacht. Alle diese gesetzlichen Bestimmungen leiden eben, wenn auch in geringerem Grade, an der Schwäche des § 253 R.St.G.B.; bei ihrer uneingeschränkten Anwendung müssen auch unstreitig als rechtmäßig anzuerkennende Handlungen als Erpressung verfolgt werden. Das für Annahme der Rechtswidrigkeit der Nötigung entscheidende Kriterium kann aber nur zum Ausdruck gebracht werden bei deutlicher Scheidung von Erpressung i. e. S. und Chantage, denn bloß bei der Frage nach der Rechtswidrigkeit der vermögensabnötigenden Androhung einer erlaubten Maßregel kommt es in Betracht. Es ist denkbar, daß der Art. 91 des schweizerischen Entwurfs von 1908 durch das Wort „arglistig“ einen Hinweis auf die richtige Lösung des Problems geben wollte; freilich mußte dann mit der oben vorgeschlagenen Interpretation unter schwerer Drohung eine solche mit rechtswidriger Maßnahmen verstanden werden.

Der dritte Fehler entspringt wieder aus dem zweiten. Da der Gesetzgeber sich nicht des Prinzips bewußt war, nach welchem Chantage und rechtmäßige Abnötigung durch Androhung einer Rechtsausübung auseinander zu halten sind, mußten bestimmte typische Fälle herausgegriffen werden, bei denen die Wahrscheinlichkeit vorliegt, daß der Verwirklichung die Strafwürdigkeit korrespondiert. Es bleiben also alle übrigen gleich strafwürdigen Fälle der Chantage straflos, so diejenigen unter Drohung mit ungerechtfertigtem Zivilprozeß, mit materiell nicht rechtmäßigem, formell aber gültiger Exekutionstitel, mit Mißbrauch wirtschaftlicher oder sozialer Überlegenheit. Solange das leitende Prinzip nicht besteht, wird die Gesetzgebung wiederum die eklatantesten

Fälle kasuistisch zu treffen suchen. Je weiter aber die Kasuistik sich erstreckt, desto größer wird die Gefahr, zu Bedenklichkeiten zu führen; und immer mehr nähert sich solche Regelung dem Tatbestande des § 253 R.St.G.B. Gelangt man nicht zu der Erkenntnis, daß die Frage der Strafbarkeit und der Rechtswidrigkeit der Chantage nur unter Bezugnahme auf Normen zu lösen ist, welche das Recht zur Vermögensabnötigung durch Rechtsausübung eindämmen, so gibt es keinen Ausweg, dem circulus vitiosus zu entrinnen, welcher der gemeinrechtlichen und modernen Strafrechtslehre eine Vervollkommnung vortäuschte. Die moderne Chantagegesetzgebung müßte auf den Standpunkt zurücksinken, welcher überwunden werden sollte.

§ 7.

Der Abschluß der Entwickelung.

Die einzige moderne Chantagegesetzgebung, welche nicht den ersten der ebenzuvor bezeichneten Fehler beging und damit auch den zweiten entrinnen konnte, ist die Norwegens. Der in Betracht kommende § 266 lautet:

„Wer in der Absicht, sich oder einem Anderen dadurch einen unberechtigten Gewinn zu verschaffen, jemand durch rechtswidriges Verhalten oder durch Drohung mit einem solchen zwingt, eine Handlung vorzunehmen, durch welche dieser Person oder einer anderen für die sie handelt, ein Vermögensverlust zugefügt wird, oder wer dazu mitwirkt, wird mit Gefängnis bis zu 5 Jahren bestraft.

„Mit Geldstrafe oder mit Gefängnis bis zu 3 Jahren wird bestraft, wer in der bezeichneten Absicht als Täter oder Teilnehmer jemanden zur Vornahme einer solchen Handlung dadurch rechtswidrig zwingt, daß er mit Anklage oder Anzeige einer strafbaren Handlung oder mit dem Vorbringen ehrenkränkender Beschuldigung droht."

Erpressung i. e. S. (Absatz 1) ist scharf von der Chantage getrennt. Nach den Motiven ist die Androhung einer Rechtsausübung in Nötigungsabsicht dann rechtswidrig, wenn zwischen dem erstrebten Vorteil und dem angedrohten Übel kein n a t ü r l i c h e r Z u s a m m e n h a n g besteht[1]). Diesen Gedanken soll der Absatz 2 zum Ausdruck bringen. Daß jener eine im Grunde richtige, wenn auch wenig glückliche Fassung des für Annahme der Chantage entscheidenden Kriteriums darstellt, ist oben nachgewiesen worden. Wird dieser — wenn auch unzureichend formulierte — Absatz im Sinne der Motive in der Praxis gehandhabt, so ist der norwegischen Jurisprudenz die Norm, auf welche die Entscheidung, ob Chantage anzunehmen ist oder nicht, gestützt werden muß, zum Bewußtsein gekommen. Im Gegensatz zu sonstiger mit Chantagebestimmungen arbeitender Rechtssprechung ist hier der Richter nicht genötigt, in Fällen wie dem angeführten vom scheinheiligen Pfarrer wegen Erpressung zu verurteilen.

Ist aber jenes Grundprinzip legislativ festgelegt, so kommt auch jeder Grund für die norwegische Beschränkung der Chantage in Wegfall. Der spätere Gesetzgeber kann zur Erpressung rechtswidrige Nötigung fordern in der richtigen Erkenntnis, daß im Sinne des norwegischen Rechts das Recht, durch Rechtsausübung zu nötigen, nicht ausgeübt werden darf, wenn hierdurch die Notlage des Betroffenen in den guten Sitten zuwiderlaufender Weise zu dessen Schädigung benutzt wird. Eine derartige Gesetzesfassung macht Spezialbestimmungen gegen die Chantage überflüssig; mit ihr wäre die Entwickelung zum Ziele gelangt.

---

[1]) F r a n k, Rechtsvergleichung S. 92/93.

BUCH III.

Die Erpressung in einem künftigen deutschen Strafrecht.

§ 1.

Die Erpressung als Nötigung.

I. Die Auslegung des geltenden Rechtes stieß bei Betrachtung eines jeden Tatbestandmerkmals der Erpressung auf Unklarheiten und Lücken im Gesetze. Die Schlußerwägungen dieser Arbeit sollen dem Versuche dienen, den Begriff des geltenden Rechtes an der Hand des dargelegten Materials so auszugestalten, daß jene Schwächen gehoben werden. Die nächste Aufgabe hierzu hat darin zu bestehen, Klarheit über die tatbestandsmäßige Nötigungsart und die Nötigungsmittel zu verschaffen.

II. Die Auslegung des § 253 vermag die Frage nach der Nötigungsart im Sinne des Gesetzes nicht ohne Willkürlichkeit zu beantworten. Nach dem abgenötigten Verhalten zu urteilen, konnte der Erpresser nur psychisch nötigen, nach dem gesetzlichen Nötigungsmittel dagegen wäre auch physische Nötigung denkbar. Ein künftiges Recht muß unbedingt eine sichere Antwort ermöglichen. Der Widerspruch zwischen abgenötigtem Verhalten und Nötigungsmitteln ist auszugleichen. Der Gesetzgeber hat sich klar für die rein psychologische Auffassung der Nötigung oder für die weitere Bestimmung gemäß der herrschenden Lehre zu entscheiden.

Unzweifelhaft ist nach heutiger Volksauffassung der Erpressung die Abnötigung eines Entschlusses wesentlich. In bezeichnender Weise lassen namhafte Vertreter der herrschenden Lehre nur zu leicht außer acht, daß nach ihrer Auslegung des Gewaltbegriffes ein rein physisches Erzwingen eines Verhaltens dem Tatbestand der Erpressung genügen kann. Sofern also nicht anderweitige Bedenken dagegen sprechen, wird der Gesetzgeber gut daran tun, den Begriff der Erpressung im Einklang mit der Volksauffassung auf die Abnötigung eines Entschlusses zu beschränken.

Eine Regelung der Erpressung an der Hand der herrschenden Auffassung der Nötigung wäre ein — nur von wenigen außerdeutschen Rechten befürwortetes — Abweichen von der Jahrhunderte hindurch konstanten Tradition des römischen, mittelalterlichen und gemeinen Rechts. Die Ausdehnung des ursprünglich nur psychisch gefaßten Nötigungsbegriffes auf das physische Erzwingen eines körperlichen Verhaltens mußte zur Quelle großer Unklarheiten werden. Dasselbe Wort: Nötigung dient jetzt zur Bezeichnung von zwei toto genere verschiedenen Vorgängen. Die Nötigungsmittel haben völlig von einander abweichende Funktionen, je nachdem sie einen Entschluß oder eine Körperlage herbeiführen sollen. So hat die herrschende Lehre die Gewalt als Mittel zu psychischer und zu physischer Nötigung ins Auge gefaßt und dabei übersehen, daß durch Gewalt als solche niemals ein Entschluß herbeigeführt werden kann. Gleichfalls hat man die Frage, ob durch Drohung physisch genötigt werden könne, durch den Hinweis bejaht [1]), daß eine Drohung als Lähmungsmittel zu wirken vermöge. Dabei ist eben unbeachtet gelassen, daß nicht die Drohung, sondern der durch sie veranlaßte Schrecken den Betroffenen lähmt. Dem Lähmen durch Erschrecken ist die Anwendung der Drohung jedoch keineswegs wesentlich. Ein hinter dem Rücken abgegebener Schuß kann demselben Zwecke dienen. Die Zwiespältigkeit des Nötigungbegriffes ist also in die Nötigungsmittel hineingetragen. Die Gewalt wird auch als Drohung und die Drohung auch als Gewalt aufgefaßt. Mithin scheinen Gewalt und Drohung, diese völlig verschiedenen Vorgänge, Begriffe zu sein, welche in einander fließen. Soll hier endgültige Klarheit geschaffen werden, so muß in gesicherter Weise die psychische Nötigung von der physischen getrennt werden. Eine derartige Abtrennung wäre erzielt, wenn die Erpressung nur durch psychische Nötigung begangen werden

---

[1]) Vgl. z. B. Glaser, a. a. O. S. 32ff. — Binding, Lehrbuch, Band 1, S. 84. — Winkler a. a. O. S. 12.

könnte. Mit solcher Begriffsbestimmung verbände sich der weitere Vorzug, daß alsdann Strafrecht und Zivilrecht die Erpressung gleichartig beurteilen würden.

Unter der Herrschaft des geltenden Rechtes erhebt sich gegen die eben gedachte Auffassung der Erpressung allerdings der Einwand, daß ihr zufolge jede Vermögensverschiebung durch gewaltsames Erzwingen oder Verhindern eines Körperverhaltens straflos bleiben müßte. Wenn es sich aber, wie gegenwärtig, um eine Reform an Haupt und Gliedern handelt, ist ein solcher Einwurf hinfällig. Gewiß müssen die gemäß jenem Vorschlage aus dem Begriff der Erpressung ausgeschiedenen Fälle der Vermögensverletzung unter Strafe gestellt bleiben. Indessen können derartige Eingriffe einen selbständigen Tatbestand bilden. Das künftige Gesetz müßte zu dem Zwecke drei parallel konstruierte Vermögensdelikte aufweisen: den Betrug, die durch psychische Nötigung ausgeführte Erpressung und die gewaltsame Vermögensschädigung. Jeder der drei Tatbestände umschreibt eine Vermögensverletzung durch rechtswidrige Beeinflussung einer Person. Die gewaltsame Vermögensschädigung müßte durch alle Arten, auf rechtswidrige Weise physisch ein Verhalten notwendig zu machen, ausgeübt werden können. Die Bezeichnung des Deliktes als vermögensschädigende Gewalt wäre nach dem Prinzipe: denominatio fit a potiori gerechtfertigt.

III. Fordert nach dem also begründeten Vorschlage die Erpressung Abnötigung eines Entschlusses, so erhebt sich die Frage, ob das Gesetz zur Erfüllung des Tatbestandes besondere Nötigungmittel zu verlangen habe.

Unter dem heutigen Recht machte sich die Lücke fühlbar, daß die rechtswidrige Abnötigung eines Entschlusses nicht dem Tatbestande des § 253 genügt, falls der Erpresser sich keiner Drohung bedient hatte. Die Abnötigung einer Vermögensverschiebung durch arglistige Vorspiegelung einer Gefahr ist nur als Betrug zu bestrafen. Nötigte aber der Erpresser dadurch, daß er eine wirkliche Gefahr veranlaßte, ohne zu drohen, so mußte er straflos ausgehen. Diese durch nichts zu rechtfertigende Gesetzeslücke glaubte T h u r o w durch eine, freilich verfehlte Auslegung des Gewaltbegriffes schließen zu können. Ein künftiges

Gesetz hat hier Abhülfe zu bringen, indem es auf die Beschränkung des Begriffes durch das Nötigungsmittel der Drohung verzichtet. Das deutsche Recht hätte sich also der vom belgischen, italienischen, anglo-amerikanischen Recht gebildeten Gruppe anzuschließen. Die Worte des Art. 409 des Codice penale italiano: „Chinique incutendo in qualsiasi modo timore constringe alcuno" können als Vorbild dienen.

IV. Wird durch die künftige Bestimmung deutlich zum Ausdruck gebracht, daß der Erpresser einen Entschluß abnötigen muß, so bedarf das abgenötigte Verhalten keiner weiteren Bezeichnung mehr. Daß jeder Entschluß durch ein Tun, Handeln oder Unterlassen zu verwirklichen ist, erscheint selbstverständlich. Ganz unglücklich wäre es, das abgenötigte Verhalten durch die Formel des § 253 zu bezeichnen, es hieße auch die Auslegung des künftigen Rechtes unsicher machen infolge der naheliegenden Verwechselung der Begriffe „Dulden" und „Erdulden".

Nach der de lege ferenda vertretenen Auffassung der Erpressung wären also die Worte des § 253: „Wer einen Anderen durch Gewalt oder Drohung zu einer Handlung, Duldung oder Unterlassung nötigt" durch die folgenden zu ersetzen: „Wer einem Anderen durch Furchterregung, insbesondere durch Drohung einen Entschluß abnötigt". Der Zusatz „insbesondere durch Drohung" soll dem Irrtum entgegentreten, daß jedes Furchterregen eine Drohung sei. Ferner wurde von „Abnötigung" eines Entschlusses gesprochen, um dadurch auszudrücken, daß die weitere Vermögensverletzung durch die Entschlußverwirklichung veranlaßt werden muß. Indessen ist die Formel pleonastisch. Es folgt aus dem Wesen der Entschlußabnötigung, daß diese nur durch die Erregung einer Gefahrvorstellung, also von Furcht erfolgen kann. Mithin kann sich der Gesetzgeber auch mit der knappen Formel „Wer einem Anderen einen Entschluß abnötigt" begnügen.

§ 2.

Die Erpressung als Vermögensdelikt.

I. Daß mit der Novelle von 1909 und dem Vorentwurf zu einem deutschen St.G.B. zur Vollendung der Erpressung Eintritt einer

Vermögensschädigung zu fordern sei, ist ausdrücklich befürwortet worden. Es hieße nur unter jähem Durchbrechen der für das deutsche Recht bedeutsamen geschichtlichen Kontinuität die Struktur des Deliktes verwirren, wenn man der Erpressung nach Vorgang des indischen, amerikanischen, belgischen und italienischen Rechtes den Charakter eines Vermögensdeliktes nehmen wollte. Mit den romanischen und ihnen nahestehenden Rechten ein fest umrissenes vermögensschädigendes Verhalten zu verlangen, liegt für den deutschen Gesetzgeber keinerlei Anlaß vor. Ebensowenig ist ein Bedürfnis vorhanden, ähnlich dem russischen oder norwegischen Gesetz Erpressung nur dann anzunehmen, wenn bestimmte Personen (der Genötigte, bzw. diejenigen, für welche der Genötigte handelt) an ihrem Vermögen beeinträchtigt werden. Demnach hat sich die Erwägung de lege ferenda nur damit zu befassen, ob der Vermögensschädigung auch zukünftig wie nach § 253 R.St.G.B. eine Vermögensverschiebung entsprechen müsse.

II. Es ist eine zweifellose Unbilligkeit, daß nach § 253 der Erpresser straffrei auszugehen hat, wenn er durch die Abnötigung der Vermögensschädigung nicht sich oder einen Anderen bereichern, sondern nur seine Rachsucht befriedigen wollte. Ein Grund, die gesetzliche Beschränkung bestehen zu lassen, ist nicht auffindbar. Die Richtigkeit dieser Erwägung ist durch § 291 des deutschen Vorentwurfs bestätigt worden. Neben dem Betruge, für welchen § 276 die Absicht fordert, „sich oder einem Dritten unrechtmäßigen Gewinn zu verschaffen", wird die bloße böswillige Vermögensbeschädigung durch arglistige Täuschung unter Strafe gestellt. Diese Bestimmung ist durchaus angezeigt, denn es spricht nichts dafür, die Vermögensschädigung durch arglistige Täuschung straffrei zu lassen, wenn der Betrüger nicht sich oder einem Dritten unrechtmäßigen Gewinn schaffen wollte. Freilich erscheint das geringere Strafmaß des § 291 gegenüber dem des § 276 unangebracht. Wer aus Haß, Schadenfreude, Gemeinheit ein Rechtsgut rechtswidrig beeinträchtigt, handelt ohne Frage verwerflicher als derjenige, den nicht ausschließlich antisoziale Motive zum Vergehen brachten. Es wäre mithin entschieden dafür einzutreten, daß neben dem unter die Betrugsstrafe gestellten Tatbestande des § 291 der des § 276 in Wegfall käme. Was aber vom Betrug gesagt wurde, trifft in jeder Hinsicht für die Erpressung zu. Dasselbe Bedürfnis, das beim Betrug zum § 291 führte, hätte den Gesetzgeber zu einer Bestimmung veranlassen müssen, welche zur Erpressung im gleichen Verhältnisse stände. Und wieder wäre vergeblich nach einem Grunde zu suchen gewesen, die Vermögensabnötigung, bei welcher es auf keine Vermögensverschiebung abgesehen war, nicht der Strafe für die Erpressung zu unterstellen. Mithin hat ein kommendes Gesetz, insoweit dem Vorbild des französischen, belgischen und italienischen Rechtes folgend, von dem Erfordernis der Vermögensverschiebung abzusehen.

In Verbindung mit den Ergänzungen des vorigen Paragraphen ist an Stelle der Worte des § 253: „Wer, um sich oder einem Dritten einen Vermögensvorteil zu verschaffen, einen Anderen durch Gewalt oder Drohung zu einer Handlung, Duldung oder Unterlassung nötigt" als Formulierung vorzuschlagen: „Wer durch Abnötigung eines Entschlusses ein Vermögen vorsätzlich schädigt."

III. Finger[1]) hatte bei Besprechung der Novelle bedauert, daß ihr zufolge Subjekte, die nach § 253 wegen Vollendung bestraft wurden, mit der Versuchsstrafe davon kämen, bloß weil die Vermögensschädigung nicht eingetreten sei. Eine mildere Behandlung der Erpressung würde jedoch unzweifelhaft dem Zeitbedürfnis widerstreiten. Es würde daher durchaus zu billigen sein, wenn der Versuch der Erpressung ebenso wie die Erpressung selbst gestraft würde, sobald der Entschluß abgenötigt sei. Der Fehler des geltenden Rechts besteht aber darin, daß der Versuch zu einem Zeitpunkt bereits als Vollendung behandelt wird, zu welchem noch Rücktritt offen gestanden hätte. Die Möglichkeit des Rücktrittes würde natürlich durch das besondere Strafmaß nicht beschränkt. Derartige Bestrafung des schon bis zur Entschlußabnötigung gediehenen Versuches würde zugleich eine sachgemäße Verknüpfung der jetzigen und der späteren Behandlung der Erpressung darstellen.

---

[1]) Gerichtssaal, Band 74, S. 357.

§ 3.

Die Erpressung als rechtswidrige Rechtsgüterverletzung.

I. Der Schlüssel zum Problem der Chantage liegt in der Erkenntnis, daß bestimmte Normen das Recht zu nötigen unter bestimmten Voraussetzungen einschränken können. Nach geltendem Rechte ist die Chantage strafbar, weil es nach der mit § 302e St.G.B. indirekt gegebenen Norm unzulässig ist, sich eines Rechtes in der Absicht zu bedienen, eine der Berücksichtigung würdige Notlage zur Schädigung des Betroffenen auszubeuten. Die geschichtliche Betrachtung wie die Rechtsvergleichung haben gelehrt, daß eine befriedigende Lösung des Chantageproblems mit der legislativen Anerkennung jener Gedanken erzielt ist. Der deutschen Judikatur wäre mancher Irrweg erspart geblieben, wenn sie sich bei Verurteilung wegen Abnötigung unter Androhung einer Rechtsausübung auf jene Norm gestützt hätte.

II. Es folgt zwar aus dem Wesen der Erpressung als eines Vermögensdeliktes, daß sie gegen ein rechtlich geschütztes Vermögen gerichtet sein muß. Indessen wird es sich empfehlen, dieses Erfordernis bei Formulierung des Tatbestandes hervorzuheben. Die unglückliche These des Reichsgerichts: rechtswidrig sei jeder Vorteil, welcher nicht rechtlich beansprucht werden kann, hat weitgehende Verbreitung gefunden. Mit diesem hat der künftige Gesetzgeber zu rechnen. Von vornherein muß aber die Annahme ausgeschlossen werden, daß der Tatbestand der Erpressung schon erfüllt ist, wenn der Nötigende die Vermögensschädigung nicht rechtlich beanspruchen konnte. Wie die früheren Ausführungen dargetan haben, ist in diesem Falle zwar eine Beeinträchtigung eines rechtlich geschützten Vermögens gegeben. Der Tatbestand der Erpressung erheischt aber weiter, daß die Verletzung des rechtlich geschützten Vermögens durch rechtswidrige Nötigung erfolge. Es ist daher angezeigt zu betonen, daß die Nötigung rechtswidrig sein und ein rechtlich geschütztes Vermögen beeinträchtigen müsse.

III. Die Nötigung ist rechtswidrig, wenn der Handelnde zu der nötigenden Maßnahme nicht berechtigt war und wenn er sein Recht zu nötigen unter Voraussetzungen ausübte, bei deren Vorliegen dessen Verwirklichung unzulässig war. Erstere Möglichkeit braucht durch den Tatbestand nicht hervorgehoben zu werden, wohl aber die zweite. Mithin muß die Bestimmung gegen Erpressung den Satz enthalten: die Ausübung eines Rechts zu nötigen ist unzulässig, wenn dessen Verwirklichung eine der Berücksichtigung würdige Notlage zur Schädigung des Betroffenen ausbeuten würde. Sonach würde der Tatbestand der Erpressung in einem demnächstigen Gesetze dahin zu fassen sein:

„Wer durch rechtswidrige Abnötigung eines Entschlusses ein rechtlich geschütztes Vermögen vorsätzlich schädigt, ist wegen Erpressung zu bestrafen.

„Die Ausübung eines Rechts zu nötigen, ist unzulässig, wenn dieselbe eine der Berücksichtigung würdige Notlage zur Schädigung des Betroffenen in den guten Sitten widerstreitender Weise benutzen würde".

Es ist natürlich möglich, den zweiten Absatz mit dem ersten zu verschmelzen. Die Bestimmung könnte auch dahin gefaßt werden: „Wer rechtswidrig nötigt, insbesondere wer ein Recht zu nötigen in den guten Sitten widerstreitender Weise zur Schädigung eines von einer der Berücksichtigung würdigen Notlage Betroffenen benutzt und dadurch vorsätzlich ein rechtlich geschütztes Vermögen schädigt, ist wegen Erpressung zu bestrafen." Indessen würde letztere Formulierung nicht das eigenartige Wesen der Chantage auf den ersten Blick erkennen lassen. Wie wichtig aber diese Erkenntnis ist, haben die geschichtlichen und vergleichenden Betrachtungen und nicht zum wenigsten die Erfahrungen mit der deutschen Judikatur gelehrt.

§ 4.

Das Strafmaß der Erpressung.

I. Bei der Festsetzung des Strafrahmens für den Grundtatbestand der Erpressung ist deren nahe Beziehung zum Betruge und zum Wucher zu beachten.

Die Nötigung kann durch Vortäuschung einer Gefahr ausgeführt werden. Die also erzielte Vermögensverschiebung erfüllt den Tatbestand des Betruges. Dieser ist aber nicht deshalb besonders strafwürdig, weil der Getäuschte an das Bestehen einer Gefahr glaubte. Derartige betrügliche Nötigung kann daher unter Umständen mit der niedrigsten Betrugsstrafe belegt werden. Dieselbe Handlung ist aber zugleich Erpressung. Mithin kann auch für die Erpressung die niedrigste Strafe des Betruges ausreichen. Demnach muß für die beiden Delikte die gleiche Mindeststrafe gefordert werden.

Das Nämliche hat von der Beziehung der Erpressung zum Wucher zu gelten. Der Wucher kann ein Teilakt der Chantage sein. Gegen unbillig hohe Opfer hilft der Wucherer dem Geschädigten aus der Gefahr. Gerade infolge der Benutzung solcher Notlage erscheint die Handlungsweise des Chanteurs als strafbar. Nicht zwar die Ausübung des Rechtes, den Anderen zu gefährden, ist unerlaubt, sondern die Ausnutzung der damit geschaffenen Notlage. Der Chanteur ist eben darum strafwürdig, weil er sich wie ein Wucherer benimmt.

II. Entschieden sachgemäß wäre es, wenn ein kommendes Recht — wie das geltende bei Betrug und Wucher — neben der wegen Erpressung erkannten Freiheitsstrafe auch eine hohe Geldstrafe zuließe. Besonders bei Vermögensdelikten würde häufig die hinzutretende Geldstrafe eine geeignete Handhabe zu gerechter Vergeltung sein.

III. Wie allseitig anerkannt, gehört die Erpressung zu den Delikten, welche nicht selten den Täter in besonders bedenklichem Lichte erscheinen lassen. Es ist deshalb die Zulässigkeit sichernder Maßnahmen gegen den verurteilten Erpresser durchaus angebracht. Das geltende Recht gestattet in § 256 die Polizeiaufsicht, wenn wegen Erpressung auf Zuchthaus erkannt war. Der Vorentwurf zum deutschen St.G.B. läßt die sichernde Maßnahme des Arbeitshauses zu, wenn das Delikt auf Liederlichkeit oder Arbeitsscheu zurückzuführen war und die Strafe mindestens 4 Wochen Gefängnis betrug (§ 42). Da sich vorzugsweise in großen Städten das Treiben von Erpresserbanden bemerklich macht, wäre es völlig am Platze gewesen, wenn der Vorentwurf, wie etwa beim Glücksspiel, auch bei der Erpressung die Aufenthaltsbeschränkung (§ 53) als statthaft bezeichnet hätte.

Gerade der Aufenthalt des Erpressers an bestimmten Orten kann mit besonderer Gefahr für Andere (§ 53) verbunden sein. Der Erpresser kann dort, wo er alle Lebensverhältnisse ausspioniert hat, wo ihm Helfershelfer zur Seite stehen, zu einer latenten Gefahr werden.

§ 5.

Die Notwendigkeit von Sondertatbeständen.

I. Sondertatbestände mit speziellen Stafbestimmungen werden notwendig, wenn der normale Strafrahmen gewissen Fällen nicht gerecht zu werden vermag. Nach deutscher Rechtsauffassung ist die Erpressung grundsätzlich ein Vergehen. Besonders geregelt müssen also die Fälle werden, in denen die Erpressung als Verbrechen erscheint. Zum Verbrechen kann die Erpressung werden im Hinblick auf die Art der Nötigung, auf die Größe der Vermögensschädigung und auf die Person des Täters.

II. Die Erpressung wird zum Verbrechen, wenn die Mittel des Raubes: Drohung mit gegenwärtiger Gefahr für Leib und Leben zur Anwendung kamen. Die Notwendigkeit, diese „räuberische Erpressung" wie den Raub zu bestrafen, ist ausführlich begründet worden. Ist aber die Erpressung unter Drohung mit gegenwärtiger Gefahr für Leib und Leben ein Verbrechen, so ist nicht abzusehen, warum die Abnötigung milder beurteilt werden sollte, wenn der Genötigte den Eintritt einer anderen, aber entsprechend schweren Rechtsverletzung fürchten mußte. Der Furcht vor einem sofortigen Angriff auf Leib und Leben kann aber die vor jedem anderen Verbrechen im technischen Sinne gleichgeachtet werden. Im geltenden Rechte hätte der § 254 nicht bestimmte Verbrechen herausgreifen sollen, vielmehr wäre für jede Erpressung unter Androhung eines Verbrechens Zuchthausstrafe zweckmäßig gewesen. Allerdings hätte das Gesetz bei dieser Verfügung, wie bei der räuberischen Erpressung, mildernde Umstände zulassen müssen. Mithin ist es ganz am Platze, daß auf Zuchthaus erkannt werden kann, sofern der

Genötigte fürchten muß, der Erpresser werde ein Verbrechen begehen, falls er nicht den unerwünschten Entschluß fasse.

III. Die Erpressung kann einen außerordentlich schwer wiegenden Verlust nach sich ziehen; sie kann die Existenz des Geschädigten tief erschüttern oder ganz vernichten. Hatte der Täter derartig schwere Folgen vorausgesehen oder beabsichtigt, so ist die Zuchthausstrafe angemessen. Nach dem Vorentwurf ist bei Versuch oder Erpressung zu Zuchthaus bis zu 5 Jahren zu verurteilen, wenn die Folgen der Tat ungewöhnlich bedeutend sind u n d der verbrecherische Wille ungewöhnlich stark und verwerflich erscheint. War sich der Erpresser der ungewöhnlich schweren Folgen seines Handelns bewußt, so braucht das Verhängen der Zuchthausstrafe wohl nicht an das Erfordernis eines besonders verwerflichen verbrecherischen Willens geknüpft zu werden.

IV. Vornehmlich schwer wiegt die Strafwürdigkeit der Erpressung, wenn den Täter gerade die Stellung, welche die Nötigung ermöglichte, zu besonderer Beachtung seiner Rechtspflichten hätte führen müssen. Ein Beamter, welcher seine ihm zur Wahrung von Recht und Sitte anvertraute Amtsgewalt zu erpresserischer Nötigung mißbraucht, verdient mit Zuchthaus bestraft zu werden. Entsprechendes gilt, wenn eine Vertrauensstellung in grober Weise zur Nötigung des Auftraggebers oder des Schutzbefohlenen benutzt wird. Auch in solchen Fällen muß Zuchthaus zulässig sein. Eine besondere Vertrauensstellung genießt auch die Presse. Wird das durch die Preßfreiheit zum Ausdruck gebrachte Vertrauen durch eine Revolverpresse in Erpressungsabsicht gemißbraucht, so rechtfertigt die Gemeingefährlichkeit und Unwürdigkeit derartigen Vorgehens die Zuchthausstrafe.

V. Endlich ist die gewerbs- oder gewohnheitsmäßige Begehung der Erpressung und die durch Mitglieder förmlicher Erpresserbanden unter besonders schwere Strafe zu stellen. Der Vorentwurf bestraft den gewerbs- oder gewohnheitsmäßigen Betrug im Regelfalle mit Zuchthaus bis zu 10 Jahren. Auch bei der Erpressung wäre eine gleichlautende Bestimmung zutreffend gewesen. Gilt der Diebstahl als Verbrechen, sofern er von mehreren bandenmäßig geübt wird, so müßte auch die Erpressung dann mit Zuchthaus geahndet werden, wenn der Täter von einer Bande unterstützt zu Werke ging.

Abschluß.

Eine Regelung der Erpressung, welche an der Hand des vorgeschlagenen Grundtatbestandes die in den beiden letzten Paragraphen hervorgehobenen Gesichtspunkte beachtete, würde etwa die nachfolgende Gestalt anzunehmen haben:

§ m

„Wer durch rechtswidrige Abnötigung eines Entschlusses vorsätzlich ein rechtlich geschütztes Vermögen beschädigt, ist wegen Erpressung mit Gefängnis zu bestrafen, neben welchem auf Geldstrafe erkannt werden kann.

„Der Versuch ist strafbar, bei vollendeter Nötigung tritt die Strafe der vollendeten Erpressung ein.

„Die Ausbeutung eines Rechtes zu nötigen ist unzulässig, wenn dieselbe eine der Berücksichtigung würdige Notlage in den guten Sitten widerstreitender Weise zur Schädigung des Betroffenen benutzen würde.

„Bei Verurteilung wegen Erpressung sind sichernde Maßnahmen zulässig.

§ n

„Falls nicht mildernde Umstände vorliegen, ist statt auf Gefängnis auf Zuchthaus zu erkennen, wenn die Erpressung begangen wurde:

1. durch Nötigung unter Androhung gegenwärtiger Gefahr gegen Leib und Leben (räuberische Erpressung),

2. durch Erregen der Furcht, der Erpresser werde ein Verbrechen begehen,

3. indem der Täter den Eintritt einer besonders schwer wiegenden Vermögensschädigung voraussah,

4. durch Mißbrauch einer besonders verpflichtenden Vertrauensstellung oder sonstigen Berechtigung, insbesondere durch Mißbrauch eines Amtes oder der Presse,

5. gewerbs- oder gewohnheitsmäßig oder in Verbindung mit einer Erpresserbande."

Die unter § n, Nr. 4 angedeutete Bestimmung wird erst nach grundsätzlicher Regelung der Amts- und Pressedelikte eine abschließende Fassung erhalten können.

Die beiden Paragraphen sollen lediglich die in der Arbeit angeregten legislativen Gedanken in strafgesetzlicher Form veranschaulichen.

FSC
www.fsc.org
MIX
Papier | Fördert gute Waldnutzung
FSC® C083411

Kolibri 360 GmbH
Ferdinand-Jühlke-Straße 7
99095 Erfurt, Deutschland
produktsicherheit@kolibri360.de